你的口才价值百万

NIDEKOUCAIJIAZHIBAIWAN

刘志勇 编著

吉林文史出版社
JILIN WENSHI CHUBANSHE

图书在版编目（CIP）数据

你的口才价值百万 / 刘志勇编著 . — 长春：吉林
文史出版社，2019.4（2023.4 重印）

ISBN 978-7-5472-6107-1

Ⅰ. ①你… Ⅱ. ①刘… Ⅲ. ①口才学—通俗读物
Ⅳ. ①H019-49

中国版本图书馆 CIP 数据核字（2019）第 073306 号

你的口才价值百万

编　　著：刘志勇
责任编辑：程明
封面设计：点滴空间
出版发行：吉林文史出版社有限责任公司
电　　话：0431-81629369　　邮编　130118
地　　址：长春市福祉大路出版集团 A 座
网　　址：www. jlws. com. cn
印　　刷：北京一鑫印务有限责任公司
开　　本：165mm×235mm 1/16
印　　张：20
印　　次：2019 年 4 月第 1 版　　2023 年 4 月第 2 次印刷
书　　号：ISBN 978-7-5472-6107-1
定　　价：68.00 元

前　言

　　人生在世，你无法生活在一个与世隔绝的空间里，无论我们怎样度过漫漫人生，选择什么样的生活方式，实现什么样的目标，都不可避免地要与他人交往、沟通、相处。因此，拥有良好的口才，成为会说话的人，是生命中最基本，也是最重要的一件大事。

　　著名学者王了一说过："说话是最容易的事，也是最难的事。最容易，因为三岁的孩子也会说话；最难，因为最擅长辞令的外交家也有说错话的时候。"口才是一门学问，更是一门艺术。一句恰如其分的话，可以改变一个人的命运；一句不合时宜的话，可以毁掉一个人的一生。有的人说起话来，娓娓动听，使人听了全身筋骨都感觉舒畅；有的人说起话来，锋芒锐利，令人十分恐惧；有的人说起话来，虚伪客套，一开口就让人讨厌。

　　口才好，小则可以讨喜、动人，大则可以保身、兴邦。远有苏秦、张仪游说诸侯，战国格局为之改变；诸葛亮说服孙权，三国鼎立之势成；近有罗斯福之"炉边谈话"，温暖千万心灵。好口才给予的力量，能使我们无论是在与人谈判、安慰亲朋、恋爱道歉，还是应对上司、求人办事等各个方面都如鱼得水，达成我们希望的结果。

　　口才不好，小则树敌、伤友，大则丧命、失天下。由于一言之失，导致兵戎相见、血流成河的浩劫，在中外历史上屡见不鲜，故《论语》有言："一言可以兴邦，一言可以丧邦。"因一言不慎而招致杀身之祸的也不乏其人。不懂得说话技巧，你有可能丢掉机会、失去朋友、丧失顾客，还会给自己惹来一身麻烦。口才拙劣，不善言谈，很容易给人留下能力低下和思维匮乏的印象。

　　口才可以体现一个人的内涵、素质。一个说话讲究艺术魅力、讲究技巧的人，常常是说理切、举事赅、择辞精、喻世明；轻重有度、褒贬有节，进退有余地、游刃有空间；可陶冶他人之情操，也可为济世之良药，对人生的成败往往还会产生举足轻重的影响。

　　杰出的口才不是天生的，若想把话说出水平，说得有意思，说得有创意，并不容易，而要做到口吐莲花、能言善辩、打动人心，更非一日之功。但是通过后天的努力，在知识面上培养、在说话技巧上训练、在气质性格上熏陶，在现实环境中锻炼，获得好的口才也并非难事。

正是基于这样的考虑，《你的口才价值百万》一书应运而生。本书共分技巧篇和场景篇，从技术角度和实践应用方面切入，教会大家如何说话能受他人的欢迎、如何说话能使自己更具有影响力、如何说话能解决问题。在充分展示好口才巨大威力的基础上，将理论与实践相结合，以通俗易懂的语言深入浅出地论述了口才的艺术，是一部内容全面、技巧丰富、方法实用的口才学大全集。

本书的最大的特点就是有实例有论述，不因有论无证而无操作性，也不因有证无论而没有内涵。从理论上，讲述了练就说话艺术的重要性、提高说话技巧的途径和方法；在实践上，指导读者如何把握好沉默的分寸，把握好说话时机、说话曲直、说话轻重和与人开玩笑的分寸，把握好调解纠纷时和激励他人时的说话分寸，掌握如何同不同的人说话的技巧、不同场景下的说话艺术、怎么说别人才会听你的、最讨人喜欢的说话方式及如何说好难说的话等。同时还以生动具体的事例向读者展示了同陌生人、同事、老板、客户、朋友、爱人、孩子、父母、对手沟通的艺术，在求职面试、求人办事、谈判演讲、尴尬时刻、宴会应酬、主持会议、探望病人及应酬亲友时的说话艺术。

阅读本书，让你轻松面对尴尬、获取提升机会，扩大交际范围，在不同的场合、面对不同的人群，说好想说的话，说好难说的话，提高说话技巧，改变一生命运。

目　录

上篇　技巧篇

上篇

技巧篇

第一章 口才定律

比林定律：不该答应的事就要拒绝

比林定律是美国幽默作家比林提出的，指的是，人的一生，几乎有一半的麻烦是由于太快说"是"，太慢说"不"造成的。

因此在与人交往中，要懂得发言的艺术，考虑问题不能急躁，也不能怠慢。觉得自己无法做到的事情，就要明确而快速地告诉对方，以免给自己造成不必要的麻烦。

一般人都不太好意思拒绝别人，但在很多情况下，我们为了避免多余的困扰，对一些不合理或不合自己心意的事有必要拒绝，但怎样既不伤害对方自尊心又能达到拒绝的目的呢？当对方提出请求后，不必当场拒绝，你可以说："让我再考虑一下，明天答复你。"这样，既使你赢得了考虑如何答复的时间，也会使对方认为你是很认真对待这个请求的。

某单位一名职工找到上级要求调换工种。领导心里明白调不了，但他没有马上回答说"不可能"。而是说："这个问题涉及好几个人，我个人决定不了。我会把你的要求带上去，让厂部讨论一下，过几天答复你，好吗？"

这样回答可让对方明白：调工种不是件简单的事，存在着两种可能，使对方思想有所准备，这比当场回绝效果要好得多。不仅给人留住了面子，也使自己摆脱尴尬的境地。可以说是一举两得。

某位作家接到老朋友打来的电话，邀请他到某大学演讲，作家如此答复："我非常高兴你能想到我，我将查看一下我的日程安排，之后回电话给你。"

这样，既使作家表示不能到场的话，他也就有了充裕时间去化解某些可能的内疚感，并使对方轻松、自在地接受。

陈涛夫妻俩下岗后，自谋职业，利用政府的优惠贷款开了一家日用品商店，两人起早摸黑把这个商店办得红红火火，收入颇丰，生活自然有了起色。陈涛的舅舅是个游手好闲的赌棍，经常把钱扔在了麻将桌上，这段时间，手气不好又输了，他不服气，还想扳回本钱，又苦于没钱了，就把眼睛瞄准了外甥的店铺，打起了主意。一日，这位舅舅来到了店里对陈涛说："我最近想买辆摩托车，手头尚缺五千块钱，想在你这借点周转，过段时间就还。"陈涛了解舅舅的嗜好，借给他钱，无疑是肉包子打狗。何况店里用钱也紧，就敷衍着说："好！再过一段时间，等我有钱把银行到期的贷款支付了，就给你，银行的钱可是拖不起的。"这位舅舅听外甥这么说，没有办法，知趣地走了。

陈涛不说不借，也不说马上就借，而是说过一段时间，等支付银行贷款后再借。这话含多层意思：一是目前没有，现在不能借；二是我也不富有；三是过一段时间不是确指，到时借不借再说。舅舅听后已经很明白了，但他并不心生怨恨，因为陈涛并没有说不借给他，只是过一段时间再说而已，给了他希望。

因此，处理事情时，巧妙地一带而过比正面拒绝有效，且不伤和气。

波特定律：批评宜曲缓而不宜直接

在日常生活中，我们常常会用到批评这种手段，但我们有些人批评起人来简直让人无地自容，下不了台。其实，这种批评方式不但无法达到让他人改正错误的目的，而且有碍于你的人际关系，严重时甚至会毁掉一个人。

波特定律原是经济管理方面的术语，由美国心理学家莱曼·波特提出。本意是指当遭受许多批评时，下级往往只记住开头的一些，其余就不听了，因为他们忙于思索论据来反驳开头的批评。正因为这个原因，在口才交际方面，在批评他人时，就必须照顾到被批评者的心理感受，注意批评的方式，以较为缓和的语气来表达自己的意见。因此，批评他人，宜曲缓而不是直接"放大炮"。

宋朝知益州的张咏，听说寇准当上了宰相，对其部下说："寇公奇才，惜学术不足尔。"这句话一语中的。张咏与寇准是多年的至交，他很想找个机会劝老朋友多读些书。

恰巧时隔不久，寇准因事来到陕西，刚刚卸任的张咏也从成都来到这里。老友相会，格外高兴。临分手时，寇准问张咏："何以教准？"张咏对此早有所考虑，正想趁机劝寇公多读书。可是又一琢磨，寇准已是堂堂宰相，居一人之下，万人之上，怎么好直截了当地说他没学问呢？张咏略微沉吟了一下，慢条斯理地说了一句："《霍光传》不可不读。"回到相府，寇准赶紧找出《汉书·霍光传》，从头仔细阅读，当他读到"光不学无术，阘于大理"时，恍然大悟，自言自语地说："此张公谓我矣！"是啊，当年霍光任过大司马、大将军要职，地位相当于宋朝的宰相，他辅佐汉朝立有大功，但是居功自傲，不好学习，不明事理，这与寇准有某些相似之处。因而寇准读了《霍光传》，很快明白了张咏的用意。

张咏与寇准过去是至交，但如今寇准位居宰相，直接批评效果不一定好，而且传出去还会影响寇公的形象；批评太轻了，又不易引起其思想上的震动。在这种情况下，张咏的一句赠言"《霍光传》不可不读"，可以说是绝妙的。别看这仅仅是一句话，其实它能胜过千言万语。"不学无术"，这是常人难以接受的批评，更何况是当朝宰相，而张咏通过教读《霍光传》这个委婉的方式，就使寇准愉快地接受了自己的建议。正所谓："借它书上言，传我心中事。"

有一次，几个属鼠的男同学在期中考试中考了满分，挺得意，有点飘飘然。他们的班主任发现了，就对他们说："怎么，得意了？你们知道得意意味着什么吗？请注意今天下午的班会。"那几个男学生猜想：糟了！在下午的班会上，等待他们的准是狂风暴雨！可奇怪的是，在班会上，班主任的批评却妙趣横生，他说："树林子要是大了，就什么鸟儿都有，自然，天下大了，就什么老鼠都有。我就听说过这么一个故事。有只小老鼠外出旅游，恰好两个孩子在下兽棋，小老鼠就悄悄地看。

"它发现了一个秘密，那就是，尽管兽棋中的老鼠可以被猫吃掉，被狼吃掉，被虎吃掉，却可以战胜大象。于是立刻认定，我才是真正的百兽之王呢！这么一想，小老鼠就得意起来了，从此瞧不起猫，看不起狗，甚至拿狼开心。

"有一天，它还大摇大摆地爬到老虎的背上，恰好老虎正在打瞌睡，懒得动，就抖了抖身子。小老鼠于是更加得意，它还趁着黑夜钻进了大象的鼻子。大象觉得鼻子痒痒，就打了个喷嚏，小老鼠立刻像出膛炮弹似的飞了出去。飞了好半天，才'扑通'一声掉在臭水坑里！好，现在就请大家注意一下，'臭'字的写法，怎么写的呢？'自''大'再加一点就是'臭'。有趣的是，今年正好是鼠年，咱们班有不少属鼠的同学，那么，这些'小老鼠'们会不会也掉到臭水坑里呢？我想不会，但必须有一个条件，这就是永不骄傲！"说到这儿，这位班主任还特意看了看那几个男同学，那几个男同学当然明白，老师的批评全包含在那个有趣的故事中了！他们挺感激老师，很快改正了自己的缺点。

间接指出别人的错误，要比直接说出口来得温和，且不会引起别人的强烈反感。那些对直接的批评会非常愤怒的人，间接地让他们去面对自己的错误，会有非常神奇的效果。

在生活和工作中，我们不可能没有批评，但要学会巧妙地批评，让他人既意识到自己的错误，同时也理解你善意批评的意图，使他内心里对你心存感激。批评最好的方式就是进行暗示。

波什定律：背后和推测性赞美最好

波什定律指的是出于人们对他人肯定的强烈渴望，故而对方一旦有所成就，就要毫不保留地称赞对方，它的好处在于，一旦知道了什么地方做得很好，人们就会去努力把这一地方做得更好。而在众多的称赞方式中，背后赞美和推测性赞美更能调动人们的积极性。

1. 背后赞美

世上背后道人闲话的人不少，大家都很清楚，被说之人一旦知道便会火冒三丈，轻则与闲话者绝交，重则找闲话者当面算账。因此，要引以为戒，不要犯背后说他人闲话的忌讳。但是，背后说人优点却有佳效。

背后说别人的好话，远比当面恭维别人或说别人的好话，效果要明显好得多。不用担心，我们在背后说他人的好话，是很容易就会传到对方耳朵里去的。

赞美一个人，当面说和背后说所起到的效果是很不一样的。如果我们当面说人家的好话，对方会以为我们可能是在奉承他、讨好他。当我们的好话是在背后说时，人家会认为我们是出于真诚的，是真心说他的好话，人家才会领情，并感激我们。

在日常生活中，背着他人赞美他往往比当面赞美更让人觉得可信。因为你对着一个不相干的人赞美他人，一传十，十传百，你的赞美迟早会传到被赞美者的耳朵里。这样，你赞美的目的也就达到了。

在日常生活中，如果我们想赞扬一个人，不便对他当面说出或没有机会向他说出时，可以在他的朋友或同事面前，适时地赞扬一番。

据国外心理学家调查，背后赞美的作用绝不比当面赞扬差。此外，若直接赞美的度不足会使对方感到不满足、不过瘾，甚至不服气，过了头又会变成恭维，而用背后赞美的方法则可以缓和这些矛盾。因此，有时当面赞扬不如通过第三者间接赞扬的效果好。

当你面对媒体时，适当地赞美你的同行，是一种风度，也是一种艺术。

多在第三者面前去赞美一个人，是你与那个人关系融洽的最有效的方法。假如有一位陌生人对你说："某某朋友经常对我说，你是位很了不起的人！"相信你感动的心情会油然而生。那么，我们要想让对方感到愉悦，就更应该采取这种在背后说人好话、赞扬别人的策略。因为这种赞美比一个魁梧的男人当面对你说："先生，我是你的崇拜者。"更让人舒坦，更容易让人相信它的真实性。

2. 推测性赞美

借用推测法来赞美他人，虽然这种方式有一定的主观意愿性，未必是事实，但是能从善意的想象中推测出他人的美好东西，就能给人以美好的感受。

推测性赞美有两种，一种是祝愿式的推测。一种是预言式的推测。

祝愿式推测，主要强调一种美好的意愿，用一种友好的心情去推测对方，带有祝愿的特点。这种推测也未必很可行，但推测者是诚挚而善意的。

预言式推测，带有一些必然性、预见性，可以针对工作、生活中可能会取得的成绩进行预测。

当然，推测并不等于明确的结果，而是具有多种可能性，但前提是被赞美者本身有实力，有可能获得好结果。

预言式推测较适用于同事与同事之间，或父母对孩子的推测，总之，是对身边较熟悉的人所采用的方式。它起到一定的激励作用。

权威效应：利用权威赋予你的权力

权威效应，又称为权威暗示效应，是指一个人要是地位高，有威信，受人敬重，那他所说的话及所做的事就容易引起别人重视，并让他们相信其正确性，使吹毛求疵或别有所求之人打消原有的念头。

在说服别人的时候，也可以抬出权威来加强自己说话的力度，这就是权威说服法。有些推销人员在卖人寿保险的时候，他们喜欢提到权威人士。他们说："你们工厂的经理也买我们的人寿保险。"大家会说："噢，我们公司的经理那么精明能干，他们都买你们的人寿保险，看来你们的人寿保险是不错，买吧。"他没有经过很深的判断，他就这么做了。这就是利用了权威的心理。

有的时候没有这种权威人士给你做宣传，那怎么办呢？用数字、用统计资料。一般人认为数字是不会骗人的，所以你说，"这家工厂用了我们的机器后，产量增加20%，那个工厂用了我们的计算机后，效率提高了50%"，把这些数字拿给客户看，客户很容易就接受了。有的时候，统计数字还太少，产品刚刚出现，还没有那么多客户的时候，还有一种方法，就是用前面的顾客买了他们的产品觉得满意而写来的信函。这个时候，这种做法对新顾客，对一些小的公司也能起一定的影响作用，这就是权威的心理。

权威效应还有另外一个内涵，即利用角色说服对方。如"让你换成我，你该怎么办"这种说服法利用了"角色扮演"，使对方有互易立场的模拟感觉，借此模拟感觉而达到说服对方的目的。

美国人际关系专家吉普逊，他认为他的好友之一，某陆军上将之所以有今日之成就，完全得力于他有了超人的说服技巧。他说："他从小就憧憬着军旅生涯，1929年美国经济恐慌，人人被生活逼得走投无路，年轻人都一窝蜂挤入各兵种的军事学校。他特别钟情于西点军校军校，可是有限的名额早就被有办法人的子弟占据了。他只是个升斗小民，于是乎，他鼓起勇气，一一拜访地方有头有脸的人物，不怕碰钉子，勇敢地毛遂自荐：'我是个优秀青年，身体也很棒，我平生最大的意愿，是进西点军校报效国家，如果您的子弟和我一样处境，请问你会怎么办呢？'"

"没想到，这些有办法的人物，经过他这么一说，十之八九都给了他一份推荐书。有的人更是积极为他打电话，拜托国会议员，他终于成了西点军校的学生了。"

任何人对自己的事，总是怀有很大的兴趣和关切。这位年轻人如果不以"如果您的子弟和我一样"作为攻心战术的话，他哪能有今日的成就？

要说服别人，先得使他进入情境，对你的问题感同身受，兴起关切之心。别人在回答"如果你是我……"的问题时，不自觉地便把自己投射在该问题中了，最起码的收获，他的回答已经为我们提供了比较客观的解决方法。

赫洛定律：给他最想要的一种赞美

所谓赫洛定律，是一种人际关系的需求理论，它强调满足对方的渴求，以此获得他人的认可与信任。就说话来讲，我们与人交谈，从某种意义而言，就是一种探求对方需求的过程，通过这种过程，我们知晓对方的心理活动，由此制定下一步的谈话内容。

在人的一生中，有无数让他们引以为自豪的事情，这些都是一个人人生的闪光点。这些东西又会不经意地在他们的言谈中流露出来，例如，"想当年，我在朝鲜战场上……""我年轻的时候……"等。对于这些引以为荣的事情，他们不仅常常挂在嘴边，而且深深地渴望能够得到别人由衷的肯定与赞美。

对于一位老师而言，引以为荣的往往是他教过的学生在社会上很有出息，你为了表达对他的赞美，不妨说："你的学生×××真不愧是你的得意门生啊！现在已经自己出书了。"对于一位一生都默默无闻的母亲，引以为荣的往往是她那几个有出息的孩子，你可以对她说："你有福气啊，两个儿子都那么有出息。"她一定会高兴不已。对于老年人来说，他们引以为荣的往往是他们年轻时的那些血与火的经历。

真诚地赞美一个人引以为荣的事情，可以更好地与之相处。

乾隆皇帝喜欢在处理政事之机品茶、论诗，对茶道颇有见地，并引以为荣。有一天，宰相张廷玉精疲力竭地回到家刚想休息，乾隆忽然来造访，张廷玉感到莫大的荣幸，称赞乾隆道："臣在先帝手里办了13年差，从没有这个例，哪有皇上来看下臣的！真是折杀老臣了！"张廷玉深知乾隆好品茶，命令把家里的隆年雪水挖出来煎茶给乾隆品尝。乾隆很高兴地招呼随从坐下："今儿个我们都是客，不要拘君臣之礼。生而论道品茗，不亦乐乎？"水开时，乾隆亲自给各位泡茶，还讲了一番茶经，张廷玉听后由衷地赞美道："我哪里省得这些，只知道喝茶可以解渴提神。一样的水和茶，却从没闻过这样的香味。"李卫也乘机称赞道："皇上圣学渊源，真叫人瞠目结舌，喝一口茶竟然有这么多的学问！"乾隆听后心花怒放，谈兴大发，从"茶乃水中君子、酒乃水中小人"开始论起"宽猛之道"。真是妙语连珠、滔滔不绝，众臣洗耳恭听。

乾隆的话刚结束，张廷玉赞道："下臣在上书房办差几十年，两次丁忧都是夺情，只要不病，与圣祖、先帝算是朝夕相伴。午夜扪心，凭天良说话，私心里常也有圣祖宽，世宗严，一朝天子一朝臣这个想头。我为臣子的，尽忠尽职而已。对陛下的旨意，尽力往好处办，以为这就是贤能宰相。今儿个皇上这番宏论，从孔孟仁恕之道发端，譬讲三朝政治，虽然只是三个字'趋中庸'，却发聋振聩令人心目一开。皇上圣学，真是到了登峰造极的地步。"其他人也都随声附和，乾隆大大满足了一把。

张廷玉和李卫作为乾隆的臣下，都深知乾隆对自己的杂经和"宏论"引以为豪。而张李二人便投其所好，对其大加赞美，达到了取悦皇帝的目的。

一个人到了晚年，人生快要走到尽头了，当他回首往事的时候，更喜欢回味和谈论自己曾经经历的那些大风大浪，希望得到晚辈的赞美和崇敬。

一位现在已经八十多岁的老人，一生中最大的骄傲便是独自一个人将7个孩子养大成人，现在眼见一个个孩子都成家立业，他经常自豪地对孙子们说："你奶奶死得早，我就靠这两只手把你爸他们几个养大成人，真是不容易啊！"每当这时，如果他的孙子能乘机美言几句，老人就会异常高兴。

抓住他人最胜过于别人的、最引以为豪的东西，并将其放在突出的位置进行赞美，往往能起到出乎意料的效果。在这一点上，有一个很经典的实例。

一次，曾国藩用完晚饭后与几位幕僚闲谈。他说："彭玉麟、李鸿章都为我所不及。我可自许者，只是生平不好谀耳。"一个幕僚说："各有所长：彭公威猛，人不敢欺；李公精敏，人不能欺。"说到这里，他说不下去了。曾国藩又问："你们以为我怎样？"众人皆低头沉思。忽然走出一个管抄写的后生过来插话道："曾师是仁德，人不忍欺。"众人听了齐拍手。曾国藩十分得意地说："不敢当，不敢当。"后生告退而去。曾氏问："此是何人？"幕僚告诉他："此人是扬州人。入过学，家贫，办事谨慎。"曾国藩听完后说："此人有大才，不可埋没。"不久，曾国藩升任两江总督，就派这位后生去扬州任盐运使。

他人最想要的赞美一定是真诚的，不是那种公式般的赞美，千篇一律，最让人反感。

言之有物是说一切话所必具的条件，与其泛说久仰大名、如雷贯耳，不如说"您上次主持的讨论会成绩之佳，真是出人意料"等话，直接提及对方的著名工作。若恭维别人生意兴隆，不如赞美他推销产品的努力，或赞美他的商业手腕；泛泛地请人指教是不行的，你应该择其所长，集中某点请他指教，如此他一定高兴得多。恭维赞美的话一定要切合实际，到别人家里，与其乱捧一场，不如赞美房子布置得别出心裁，或欣赏壁上的一幅好画，或惊叹一个盆栽的精巧。若要讨主人喜欢，你要注意投其所好，主人爱狗，你应该赞美他养的狗，主人养了许多金鱼，你应该谈那些鱼的美丽。赞美别人最近的工作成绩，最心爱的宠物，最费心血的设计，这比说上许多无谓的、虚泛的客套话更佳。

口才加油站

白岩松答记者问

白岩松是中国中央电视台著名的节目主持人，也是一位出色的记者，他不仅采访过别人，也被别人采访过。在答记者问中他同样以真诚谦逊、质朴自信、机智警策的语言风格，展示了央视名嘴的风采。以下是他在悉尼奥运会解说工作结束回国后的一次答记者问。

记者（以下简称记）：有媒体评论说，白岩松是中央电视台最火的主持人。半个月的评说奥运，使亿万观众更加认可你了。你如何看待这种评论？

白岩松（以下简称白）：我曾经跟朋友开玩笑说，把一条狗牵进中央电视台，每天让它在一套节目黄金时段中露几分钟脸，不出一个月，它就成了一条名狗。我在《东方时空》已经待了七年，如此而已。这没有什么值得骄傲的，相反的给生活带来了一些不便，比如没有随便出门逛街的自由。

记者的话无疑是对白岩松的赞扬，而这种赞扬是高规格的。面对赞扬，白岩松没有沾沾自喜，更没有自鸣得意，他巧借一个比方表明了自己对这一问题的看法：一来是自谦，二来揭示自己的名气与媒体的关系，尤其是与中央电视台这种特殊媒体的关系，从而极其巧妙地把赞扬声指向了给他带来荣光、带来名气，乃至带来些许不便的地方——中央电视台。

记：最近我看到有传媒把你和中央电视台的其他名嘴做了比较，给你的打分是最高的，在强手如林的竞争中，你感觉到有对手吗？

白：事业跟百米赛有相似的地方，我跑的时候，眼睛只向着前面那条线，而绝不会去考虑对手。但人生跟百米还不太一样，百米就一条线，人生是你撞了一条线后还有另一条线，你得不断去撞，直至死亡。

记者想以事实说话，用事实来证明白岩松是最棒的，并以此引出他的对手的评价以及面对竞争对手时的态度，可谓头号的机智。而白岩松答得更为精彩，他首先从对方话中引出比方，然后寻找人生与百米赛的相同点，"眼睛只向着前面那条线"，含蓄地告诉世人——自己的心中有恒定的奋斗目标，自己所做的一切都在向心中的那个目标迈进，无须过多地考虑对手。短短的一句话，不仅显示了白岩松的自信，而且显示了他看准目标，孜孜以求的坚韧。接着，白岩松又点出人生与百米赛的不同点：百米赛的目标是单一固定的，而人生的追求却永无止境。语言是心灵的折射，从白岩松的话中，我们能不为他永不停息的精神所感动吗？

记：你到《东方时空》时，只是一个25岁的小伙子，而且一点电视经验也都没有。第一次面对镜头，你是不是很紧张？

白：不紧张。因为我都不知道镜头在哪里。开拍前，导演告诉我，你要放松，就当没有镜头，于是我就不去想它。现在再看那次录像，还是很放松的。如今面对镜头，我感觉到的只是一种工作状态，比如，它开机了。

这是一个回顾性的问题，旨在了解白岩松的成长过程。白岩松的回答依旧保持着他一贯的风格：实话实说——"不紧张。因为我都不知道镜头在哪里"；称赞他人——"导演告诉我，你要放松"；自信务实——"我感觉到的只是一种工作状态"。整个答问，要言不烦，语言精炼，似乎未谈自己的成长，但我们仍然能从"找镜头"到"工作状态"看到白岩松成长的足迹。

记：无论你承认不承认，你已经是一个明星，一个传媒明星。如何在明星和记者之间摆正自己的位置呢？

白：有一位年轻人曾求教于一位大提琴家："我如何才能成为一个优秀的大提琴家？"大提琴家回答说："你先成为一个优秀的人，再成为一个优秀的音乐人，然后会很自然地成为一个优秀的大提琴家。"这对我们也一样，先成为一个优秀的人，再成为一个优秀的记者或主持人。

记者的问题问得很有价值，因为对于一个明星式的记者而言这是一个必须要解决的问题。白岩松并没有正面作答，他先用类比的手法来引发我们每个人对这一问题的思考，"优秀的人——音乐人——大提琴家"的三个阶序列，让我们扩大了对记者所提问题的思考范围，无论是做主持人、记者还是其他工作，一个最基本的前提是：首先要做一个优秀的人。这样的回答充满了睿智，它不仅让我们了解了白岩松的人生态度，而且也让我们获得了人生的感悟：事业有成的基础和前提是什么？

记：我听到的观众对你的唯一的意见是，你太过严肃，不苟言笑，为什么不能在屏幕上露出一点笑意呢？

白：有不少观众说不习惯我老是一副"忧国忧民"的脸，可如果我换上一副笑容灿烂的脸是不是就习惯了呢？我以前做的节目大都是一些学生的话题，背后有太多不适于公开的背景，我笑不出来。职业病。我也曾努力笑过，但我一笑就不会说话，平常也是这样，一笑我所有的身体语言就都失去了。因此，我绝对不是故作深沉，而平常就是这样。真实是最自然的。

这是一个很有趣的话题，说它有趣，是因为观众对白岩松的屏幕印象确实如此，许多观众都想知道其中原因，可以说记者问出了许多观众想问而没有机会问的问题。白岩松的回答不但化解了观众之感，而且表明了自己的生活态度，既诙谐幽默——"老是一副'忧国忧民'的脸"，又真挚坦诚——"我以前做的节目大都是一些沉重的话题"，而且机智警策——"真实是最自然的"。这样的回答，不但让我们理解了他的"严肃"，而且在对他的"严肃"深怀敬意的同时，能对自己的生活态度做出正确的定位。

看白岩松主持的节目我们能够感受到正义的力量，听白岩松妙答记者问，我们能够受到他人格的魅力：坦诚、质朴、谦逊、平易。在我们欣赏白岩松连珠妙语的时候，我们也真诚地祝福白岩松：在事业的旅途上不断进取，永远优秀！

第二章　口才资本

成事资本：好口才是成功的翅膀

事业的成功与失败，往往决定于某一次谈话。在富兰克林的自传中有这样一段话：

我在约束自己的时候，曾有一张美德检查表。当初那表上只列着12种美德。后来，有一个朋友告诉我，说我有些骄傲，这种骄傲，常在谈话中表现出来，使人觉得盛气凌人。于是我立刻注意这位友人给我的忠告，我相信这样足以影响我的前途。然后我在表上特别列上虚心一项，我决定竭力避免说出一切直接触犯别人感情的话，甚至禁止自己使用一切确定的词句，像"当然""一定""不消说"……而以"也许""我想""仿佛"……来代替。

富兰克林又说："说话和事业的进展有很大的关系。你如出言不慎，跟别人争辩，那么，你将不可能获得别人的同情、别人的合作、别人的助力。"这是千真万确的。所以，你想获得事业上的成功，必须具有能够应付一切的口才。

要使别人瞧得起自己，先要自己瞧得起自己，绝不可露出乞怜的样子。你可以谦逊，但决不可谄媚。你不可单是唯唯诺诺，使人觉得你一无动人之处。你发表意见时不可恣意批评别人；更不可告诉对方说你的计划一定成功，如果雇用你，必可使业务发展等语。这些事情只能让对方心里称许，不应由自己说出。自夸必连带着固执，这种态度只会使人厌恶。去访问一个人，把目的简单地说出之后，你就应该告辞。即使环境许可你逗留一些时间，你也应该立刻把话题转到别处。

应聘工作的晤谈，最重要的是表现自己的资格和能力，不过打肿脸充胖子的行为是不宜的，只能瞒骗一时。如果应聘工作的晤谈令你胆战心惊，那么这也许是你深深地明白自己肚子里究竟有几滴墨水的缘故。工作晤谈不是社交拜会，不宜摆出一副安逸的姿态。谈话的范围要守在一定的界限内，不要谈办公室的陈设，不要谈对方的一身装束。应聘晤谈时间有一定的限制，你必须把你的资格和能力浓缩表达，在一个很短的时间内将其交代清楚，所以这时就是检验你所受训练、教育及能力如何的关键时刻。

在工作上，要能胜任并心情愉快，不要摆一副冷面孔，尽量减少情绪上的困扰及不切实际的空想。你可以和同事谈谈工作上所需要的知识，谈谈工作上的经验，要诚心诚意，不存任何成见。在一块儿工作的人，必须彼此敬重、关心，互道平安，态度温和。我们要彼此坦诚相待，心中有话，必定直言不讳。我们在团队精神的表现上尤应具有高境界。

失言是常有的事，此时不要虚张声势，除非你遭遇的情势已牵涉到别人的情感问题。这样，你应该立即承认自己犯了错误。你认错就不致使情况恶化，而且你很可能还有所收获。现在有勇气说"我错了"的人已经不多了，因此，敢说"我错了"就能赢得尊重。这样无心的错误，还不难让人谅解。更有一种错误，几乎不能让人原谅。显然，我们最好不要公开取笑任何人的缺点。如果你已犯了这种错误，那么就勇敢地认错或道歉并请求对方宽恕，然后闭上嘴巴。

主动资本：好口才始于自我突破

1. 你的言辞智商是多少

所谓"言辞智商"，是指对一个人能否机智流利地运用，恰当有效地表达自己观点的综合测度。它是考察一个人能否很好地控制自己语言的方式。一个人言辞智商的高低，取决于其言辞是否流利、准确，是否有适度的幽默。

具有良好的言辞智商，可以增强人的自信心，给别人留下深刻的印象，并能影响别人。在西方的各类培训计划中，对受训者言辞智商的训练是一项非常重要的内容。一个语言表达力强，并且十分得体的人在竞争日趋激烈的今天将具有很大的竞争优势。

2. 跳蚤与"自我设限"

科学家们做过一个有趣的实验：

把跳蚤放在桌上，一拍桌子，跳蚤立即跳起，跳起的高度均在其身高的

100 倍以上，堪称世界上跳得最高的动物！然后在跳蚤头上罩一个玻璃罩，再让它跳，这一次跳蚤碰到了玻璃罩。连续多次后，跳蚤改变了起跳高度以适应环境，每次跳跃总保持在罩顶以下高度。接下来逐渐改变玻璃罩的高度，跳蚤都在碰壁后主动改变自己的高度。最后，玻璃罩接近桌面，但这时跳蚤已无法再跳了。于是科学家把玻璃罩打开，再拍桌子，跳蚤仍然不会跳，变成"爬蚤"了。

跳蚤变成"爬蚤"，并非它已丧失了跳跃的能力，而是由于一次次受挫学乖了，习惯了，麻木了。最可悲之处就在于，实际上的玻璃罩已经不存在了，它却连"再试一次"的勇气都没有。玻璃罩已经罩在了它的潜意识里，罩在了心灵上，于是行动的欲望和潜能被自己扼杀！科学家把这种现象叫做"自我设限"。

现实中，许多人有意无意便给自己戴上了"金箍罩"，永远活在自我设定的水平线下，使自己饱满的热情、昂扬的斗志消磨殆尽，对现状过于满足，对失败习以为常，丧失了信心和勇气，渐渐养成了自卑、狭隘、不思进取、害怕挑战的消极心态。同样，无数的人因为口才不佳溃败于商场，因为羞于启齿错失良机，因为结巴或不良的言谈习惯，使得人生之路困厄多端。可是，这些都不是可悲的根源，真正的根源在于他们已习惯了说"没办法"，抑或是习惯了活在"笨口难开"的阴影中，最终的结果只能成为人际交往圈子里的"跳蚤"。

要解除"自我设限"，关键在自己。西方谚语说得好，"上帝只拯救能够自救的人"。同样，成功只属于愿意成功的人。你不愿成功，谁拿你也没办法；你自己不行动，谁也帮不了你。

成功并不是一个固定的蛋糕，数量有限，别人切了，你就没有了。成功的蛋糕是切不完的，关键是你是否去切。你能否成功，与别人的成败毫无关系；只有自己想成功，才有成功的可能。

3. 积极暗示，重塑自我

培根在《论幸运》中写道："炫耀于外表的才干固然令人赞美，而深藏不露的才干则能带来幸运，这需要一种难以言传的自制与自信。西班牙人把这种本领叫做'潜能'。一个人具有优良的素质，能在必要时发挥这种素质，从而推动幸运的车轮转动，这就叫'潜能'。"

在这里，我们不妨将这种"潜能"理解为一种心理暗示或是潜意识。那么什么是心理暗示？心理暗示是指通过语言、行动或其他方式对于自己或别人的心理活动产生影响和发生改变的过程。其表现形式多种多样，从暗示的主体来分，可以分为人际暗示与自我暗示两大类。人际暗示也叫他人暗示，比如下面这个故事。

一位教授在讲台上拿一个玻璃瓶对学生说："瓶子里装着有异味的气体，现在要测一下这种气体在空气中的传播速度，等打开瓶盖后，谁闻到这种异味，就请举手。"教授打开瓶盖，自己很快露出闻到异味的表情，随即看表计时。15秒后，前排同学举起了手，1分钟后，四分之三的同学都举起了手。然而，瓶里装的只是普通的空气。这是心理学关于人际暗示的一个典型试验。教授和首先举手的同学以自己的语言和行为，影响了许多同学的心理活动和行动。

心理暗示的另一大类是自我暗示。在心理暗示中还可以从不同角度分为直接暗示与间接暗示，正暗示与反暗示，积极暗示与消极暗示等。

自我暗示是指一切由个人给予自己的意识的所有暗示和刺激，也就是一个人自觉地用语言或其他方式对自己的知觉、思维、想象、情感、意志、动机等方面的心理状态产生某种刺激影响的过程。自我暗示就是自动暗示，它是人的心理活动中有意识的思想部分与潜意识的行动部分之间的沟通媒介；它是一种启示、提醒和指令；它会告诉你注意什么，追求什么，改变什么和坚持什么以及怎样去行动。因而，它能支配和影响你的思想和行为，这是每个人都拥有的一个看不见的而又具有魔力的法宝。

成功学的创立者拿破仑·希尔有一句名言："一切成就，一切财富，都始于两个意念。"他所说的意念也就是自我暗示。同样，一切失败，一切贫弱，也都始于两个意念。这就是说，我们每个人习惯于在心理上进行什么样的自我暗示，便决定了自己有什么样的自我意识和心理态度，从而也就导致了自己有什么样的选择和行为以及精神状态，这就是一个人弱与强、贫与富、失败与成功的根本原因。我们之所以一直强调树立积极的自我意识，发展积极的心理态度，就是为了学会和坚持心理上的积极的自我暗示。我们正是在积极暗示与积极心态的相互依存与彼此促进的过程中，再塑一个成功的自我！

同时，自我暗示也直接影响着潜意识。潜意识就像一块肥沃的土地，如果不在上面播下积极的自我意识的良种，就会野草丛生，一片荒芜。自我暗示就是播撒什么样的种子的控制媒介。一个人可以经由积极的心理暗示，自动地把成功的种子和创造性的思想灌输到潜意识中；相反，也可以灌输消极的种子或破坏性的思想，而使潜意识这块肥沃的土地野草丛生。当你初步领会了成功心理的道理时，便会有一种自信主动，想要改变自己的愿望，但这时候，你的妄识并没有一下子改变，那么你的选择和行为依然还是消极的，或者是浅尝辄止，顾此失彼的，难以达到预期的效果。如此状况下，唯有以高度的自觉和顽强的意志坚持心理上积极的自我暗示，才能突破难关，开创新局面。

我们每个人都应该点燃积淀于内心深处的能量，让潜能得到最大限度的释放；让勃然燃起的火光，照亮尘封的心理阴霾，为拥有成功的好口才指引前程，为成为滔滔辩才的期待注入希望。

知识资本：内涵深厚才妙语连珠

口才反映一个人的道德修养、学识水平、思辨能力。要想使自己的语言具有艺术魅力，光靠技巧是不够的，一味地追求技巧而忽略自身的素质培养只能是舍本逐末。因此，我们在学习语言技巧的同时，还应全面提高自身的学识修养。

有人说：在这个世界上，我们唯一可以依靠的人就是我们自己。而好的口才，也在于平时我们自己的积累和锻炼，所谓"厚积薄发"是有一定道理的。因为言语是以生活为内容的，有生活，有实践经验，才有谈话的内容；有丰富的生活内容，有丰富的实践经验，谈话的内容才能丰富起来。因此，对于家事、国事，都要经常关注，以吸取对我们有用的东西。对于所见所闻，都要加以思考、研究一番，尽量去了解其发生的过程、意义，从中悟出一些道理。

这些都是学习和积累知识的机会。在日常生活中，要随时计划、安排、改进生活，不能随意性太强，让机会白白溜掉。

你若不安于做一个井底之蛙，就应静下心来努力地学习，拓展自己的视野。你若不想说话空洞无物，就应下决心积累大批的、雄厚的、扎实的知识，武装自己的头脑，让自己说话的内容丰富起来。

下面介绍一些积累素材的方法。

1. 多读书多看报

日常生活中，我们每天都离不开报纸、杂志和书。在读书看报时，备一支笔、一些卡片纸和一把剪刀，把所见到的好文章或让自己心动的话语画出来，或者剪下来，或摘抄在卡片上。每天坚持做，哪怕一天只记一两句，也是很有意义的。日积月累，在谈话的时候，会不经意地用上曾抄下来的语句，也许它们会随时随地地从你的头脑里冒出来，让你尽情地谈吐，给你一个意外的惊喜。

2. 积累警句、谚语

在听别人的演讲或别人的谈话时，随时都可以听到表现人类智慧的警句、谚语。把这些话在心中重复一遍，记在本子上，久而久之，你谈话的题材、资料就越来越多，你的口才就越来越好了，你就可以说起话来条理清楚，出口成章。

3. 积累谈话素材

对于谈话的题材和资料，一方面要认真去吸收，另一方面要好好地去运用。懂得如何运用，一句普通的话也可以带给你惊人的效果。学习吸收的目的是为了很好地应用，不能应用的学习吸收毫无意义。

4. 提高观察问题、思考问题的能力

只要你有观察问题、思考问题时的尖锐的眼光，有丰富的学识和经验，有丰富的想象力、强烈的敏锐感，就能提高口才。

随着口才的提高，你的生活也将丰富多彩，整个人的个性品质和各方面的能力都会提高，从而成为一个社交高手。

胆魄资本：想有好口才必须敢说

在公众面前讲话时感到恐惧、怯场是一种较为普遍的现象。20 世纪 80 年代，美国的心理学家曾进行过一次有趣的测验，题目是："你最害怕的是什么？"测验的结果竟然是"死亡"名列第二，而"当众演讲"却名列榜首。有 41% 的人对在公众面前讲话比做其他事情感到恐惧。可见，在大多数人看来，当众讲话是一件令人害怕的事情。

一位代表本单位参加演讲比赛的年轻姑娘，一站到讲台上，脸就涨得通红，两腿微微颤抖，说话的声音变调，呼吸也显得急促起来。她刚说了几句就忘词了。她越发感到恐惧，好像所有人的目光都像利箭一样射向她。她想尽快躲避，但又不甘心临阵脱逃。她不能当众出丑，给本单位丢脸，可她唯一能感觉到的是心跳加快，而脑子里一片空白，早已背熟的语句全都飞得无

影无踪。她放弃了这次演讲，跑回自己的座位坐下。直到演讲会结束，她也没敢把头抬起来。

一位即将毕业的研究生，作为见习老师第一次登上讲台，当学生起立，师生互致问候时，他想好的开场白不知跑到哪儿去了。惊慌中，他用颤抖的声音说了句："同学们，再见！"同学们莫名其妙，面面相觑，见老师满脸通红，不知所措，不由得哄堂大笑。他努力让场面安静下来，但换来的不是镇静，而是脑门上潸潸的汗珠。当他下意识地掏出"手帕"揩汗时，台下又是一阵哄堂大笑。这是为什么？经一位学生暗示，他才发现自己手里拿的不是手帕，而是一只袜子——真该死！大概是昨晚洗脚时，不知怎么鬼使神差地把袜子装进衣兜了。他想避开几十双眼睛的注视，抓起板擦擦黑板，整个课堂闹得翻了天。他窘得无法自控，无地自容，只好跑下了讲台，慌乱中一抬脚又踢翻了讲台旁的热水瓶……

纵览古今中外，很多政治家、演说家最初都有过怯场的经历。就拿林肯来说，他当年在演讲台上窘迫不已，恐惧得甚至连一句话都说不出来，直到被轰下台去。但他并未就此消沉下去，而是勇敢地面对现实，勤讲多练，绝不放过每一次讲话机会，演讲水平日益提高。后来他的就职演讲被誉为最精彩的总统就职演讲之一。

又如雅典著名的演讲家狄里斯，在最初走上演讲台时，尽管经过周密细致的思索，作了充分的准备，但仍然遭到了失败。极度的恐惧让他语无伦次，别人不知他在说什么。但他并没有就此灰心泄气，丧失信心，而是比过去更努力地训练自己的讲话胆量。他每天跑到海边，对着岩石呐喊，向着浪花抒怀；回到家里对着镜子做发声练习，反复矫正，坚持不懈。经过几年的努力，功夫不负有心人，他终于成功了，被誉为"历史的雄辩家"。可见，克服恐惧是演讲成功者的必备素质，是迈向卓越口才的第一步。为此，平时做一些抗怯场练习，是非常有好处的。

这里特推荐美国著名魅力专家都兰博士发明的抗怯场练习的几种方法，供选择使用。

1. 追蝴蝶练习

在登台前最后一刻做，效果最好。

（1）双脚开立，与肩相齐，膝微屈，挺背，双臂放松垂于身体两侧。

（2）不必刻意呼吸，边叫"呜"边做蹦跳，一共10次，尽量用力，"呜"声要短、急、用力。每次做完"呜"，双拳向下猛砸。

（3）放松闭嘴，缓慢深呼吸。

（4）"嘶嘶"吸气，微张嘴，弯腰至膝，蹲于地。重复3遍，做缓慢深呼吸。

2. 摇来摆去练习

（1）双腿分开站立（与肩相齐），同时摆动身躯、脖子和头，先向右，再向左。

（2）让双臂自由摆动，随身体转来转去，最后双臂放松地围住双肩。

（3）在摆动时，尽可能大声叫："我不在乎！"

（4）如此反复，也可叫："不，我不在乎！"或"你奈我若何！"重复几十次。

（5）身体摆动时，保证头随身子转。

（6）尽可能轻松自在地去做。

3. 空手劈柴练习

（1）双足分开约40厘米，屈膝，握拳，手放两边，嘴唇紧闭。深呼吸三次后抬臂高举过头。

（2）"哗啦"一声，双手用力地劈下，并尽可能放喉大声叫喊："哈哈哈哈哈哈哈！"（屈膝）

（3）尽可能用劲地重复5次。

4. 劈柴动作练习

（1）两腿分开约35～45厘米，脚尖向前，两膝轻松放直，攥紧双手。

（2）吸气，摆动紧握着的手，高抬过头。

（3）把举起的手摆下来，猛向前屈，吐气。手下来时，大叫一声"哈"。（屈膝）

（4）吸气，再举手。

（5）重复上述动作，做上10次或20次。

注意：吸气时要闭着嘴，直到你的手下摆时叫"哈"，这样就可吸进更多氧气，练习就更有效。

5. 蒸汽机练习

（1）双脚与肩齐站在那里，屈膝，将头抬起，闭嘴，右臂后拉，左臂前伸，尽量用力，同时深呼吸。

（2）左右臂换个方向，重复上述动作。节奏要平稳。

（3）开始要慢，随后要越来越快，持续做 3 ~ 5 分钟。记住要闭着嘴。

6. 心怀世界练习

（1）吸气，感觉你像是在扩张，张开双臂，拥抱整个世界。伸展四肢，感觉你的心脏是世界的扩充与展开。

（2）至少坚持一分钟以上，让世界置于你的怀抱中，手放胸前，双手轻抵。

（3）如此重复 4 次，把消极的意念都去除掉。努力去喜欢这个世界，把它容纳进来，放在心上，化恨为爱。

7. 减压练习

（1）站在门槛上，手掌挤着两边门框，鼓气用力。面部、头部、脖子会有热血上涌。尽量多坚持一会儿。

（2）突然完全放松。

（3）深呼吸。

（4）重复 3 遍。

"墨水"资本：胸中有墨才能说得远

如果你能和任何人谈上 10 分钟并使对方发生兴趣，你便是很好的交际人物了。因为人的范围是很广的，也许是个工程师，也许是个法学家，或者是个教师，或者是个艺术家，或者是个采矿工人。

总之，无论三教九流，各种阶层的人物，你若能和他谈上 10 分钟使他感兴趣的话，真是不容易。不过不论难易，我们都要设法打通难关，常见许多人因为对于对方的事业毫无认识而相对默然，这是很痛苦的。其实如果肯下功夫，这种不幸情形就可减少，甚至于做个不错的交际家也并非难事。工欲善其事，必先利其器。虽是一句老话，直到现在仍然适用，所以要充实你自己的知识。

一个胸无点墨的人，当然不能希望他在说话中应对如流。学问是一个利器，有了这利器，一切皆可迎刃而解。你虽不可对各种专门学问皆作精湛的研究，但是所谓的常识却是必须具有的。有一般的常识，倘若能巧妙地运用起来，那么应付任何人作 10 分钟的兴趣谈话，应该是不难的。你须多读书多看报，世界的动向、国内的建设情形、科学界的新发明和新发现、世界各地的地方特点或人物的特性以及艺术新作、时髦服饰、电影戏剧作品的内容等，皆可从每日的报纸和每月的杂志中看到。诚能如是，则应付于各种人物，自然胜任愉快。

美国科学家爱因斯坦乘车到某大学去讲授相对论。他的司机对他说："博士，我听您讲过相对论已经有三十多次了，您说的那些话，我都能背下来了……"

爱因斯坦笑着说："那太好了！今天，我戴上你的帽子充作司机，由你自称是爱因斯坦去讲课吧！反正这个学校的人都不认识我，我正好休息休息。"

于是，司机果然出色地讲了课。正当他要离开时，一位教授请他解答一个复杂的问题，司机想了一下说："这个问题太简单了，连我的司机都会解答，您不妨向他请教吧……"

这个故事不一定确有其事。然而，单纯分析这位司机的表现对我们认识口才与学识的关系很有启发。这位司机的"口才"，大概是不错的，所以，他能模仿爱因斯坦的言辞、语气，"出色地"代替爱因斯坦讲课。但是，这位司机并不具有爱因斯坦的学识。所以，当那教授向他请教一个新的问题时，他"卡壳"了。可见，口才是要以学识为基础的。

诸葛亮的辩才是名垂青史的，尤其是他在赤壁之战中，舌战群儒和智激周瑜的故事更是脍炙人口。让我们看看他是怎样智激周瑜的：

江东孙权治理吴国时，内事不决问张昭，外事不决问周瑜。是战是和，周瑜是一个关键人物。面对这样一位年轻气盛的将领，诸葛亮背诵了曹操写的《铜雀台赋》，借用赋中"揽二乔于东南兮，乐朝夕之与共"的句子，作为曹操想夺孙策和周瑜二人的妻子的证据，以此来激怒周瑜（"二乔"中的大乔是孙策的妻子，小乔是周瑜的妻子）。周瑜听罢，勃然大怒，离座指北而骂曰："老贼欺人太甚！"接着，周瑜明确表示了抗曹的决心："望孔明助一臂之力，共破曹贼。"诸葛亮就这样圆满完成了联吴抗曹的使命。

在关键时刻，引用一赋竟能有如此巨大的激励作用，实在令人赞叹。这个故事生动地证明，平时积累知识，适时适地恰到好处地运用它，对于增进言辞的雄辩性是何等重要！诸葛亮平时若从未读过曹操的《铜雀台赋》，又怎能在与周瑜交谈之时用得上呢？

学识渊博者能在军国大计的决策中，起到一锤定音的作用，而在民间交往中，博学多才者的言辞也往往能博得满堂彩：

1924 年 5 月 8 日，印度大诗人泰戈尔在北京度过了他 64 岁寿辰，北京学术界代表在东单三条协和礼堂为泰翁举行了祝寿仪式。

梁启超首先登上讲台，向这位须发皓然的老寿星致祝词："泰翁要我替他起个中国名字。从前印度人称中国为'震旦'，原不过是支那的译音，但选用这两个字都含有很深的象征意味。从阴雾霾霾的状态中必然一震，万象复苏，刚在扶桑浴过的丽日，从地平线上涌现出来，这是何等境界。'泰戈尔'原文正合这两种意义，把它意译成'震旦'两字，再好没有了。从前自汉至晋而西来的'古德'（'古德'，就是古代有道德的高僧），都有中国姓名，大半以所来之国为姓，如安世高来自安息，便姓'安'，支娄迦谶从月支来便姓'支'，康僧会从康居来便姓'康'，而从天竺——印度来的都姓：'竺'，如竺法兰、竺佛念、竺护，都是历史上有功于文化的人。今天我们所敬爱的天竺诗人在他所爱的震旦地方度过他 64 岁的生日，我用极诚恳、极喜悦的心情，将两个国名联起来，赠给他一个新名、叫'竺震旦'。"

这时，全场大鼓掌。

梁启超接着说："我希望我们对于他的热爱，跟着这名字，永远嵌在他心灵上，我希望印度人和中国人的旧爱，借'竺震旦'这个人复活起来！"

这番精彩的讲话中包含着丰富的历史文化知识，梁启超熟悉历史，不光熟悉古中国——震旦，也熟悉古印度——天竺，还懂得"泰戈尔"原文的含义，也就是所具有的外语知识，佛教知识和历史知识都十分丰富。这些引人入胜的史实文典与为泰戈尔命名这一话题有机结合起来，妙趣横生，摇曳生姿，无怪乎引起"全场大鼓掌"这样轰动的表达效果。

"有知"之言摧枯拉朽，锐不可当，"无知"之言谬误百出，贻笑大方。

然而我们平时的言辞中往往由于知识不足而或多或少地闹点儿笑话或误会。因此，为了练就"三寸不烂之舌"，必须努力扩大自己的知识面。

鲁迅先生在给一位青年的信中说过这样一段名言："先前的文学青年，往往厌恶数学、理化、史地、生物学，以为这些都无足轻重，后来连常识也不懂，研究文学不明白，自己做起文章来也糊涂，所以我希望你们不要放开科学，一味钻在文学里。"有志于提高自己说话水平的人，读了这段话后应有启示吧！

创造资本：口才也是一种生产力

哪里有声音，哪里就有力量；哪里有口才，哪里就有了战斗的号角，练好口才，就好像看到了胜利的曙光，"一人之辩，重于九鼎之宝；三寸之舌，强于百万之师"。古有战国苏秦数国游说不辱使命，三国孔明力排众议舌战群儒，近有革命领袖宣传爱国救亡图存演讲风起云涌，不战屈人之兵，谋划临阵倒戈，战前的动员，士气的鼓舞，人文的凝聚，乾坤的扭转……这一切都要通过口才表现出来。口才在无形之中改变了历史的进程，推动了历史的巨轮滚滚向前。口才，无疑也是一种巨大的生产力。

在西方，在世界经济腾飞的每一个国家，在全面建成小康社会的今日中国，口才无论在商贸谈判、产品销售、技术引进、公共关系还是进行思想教育、组织生产和经济活动中都起着至关重要的作用，很多企业高层都把提高员工讲话能力作为扩大生产的一种手段。因为商战英雄所见略同，口才也是生产力！

演讲在车间，流汗只等闲；演讲在军营，热血在沸腾，在课堂，在舞台，在社交场所，在谈判桌上，只要有人的地方，就需要交流，就需要对话，就需要高超的讲话能力。

只要不是哑巴或口吃，讲话能力人人具备，但是敢讲、能讲而会讲的人却不多。许多人茶壶里煮饺子——倒不出来，许多人只懂地方话却不懂普通话，许多人懂得了普通话却不会外语，因而交流受阻，发展受限。你羡慕那些在大庭广众之中风度翩翩、侃侃而谈、妙语生花、自信从容、吐词清朗、感染大众的演讲家吗？那，正是新时代对人才的最新要求。

一个人的讲话水平，可以决定他的生活层次，一个企业员工的整体讲话水平，可以决定企业的发展速度，一个国家公民的整体讲话水平则决定着这个国家的兴衰、国际竞争的成败。大到修身、齐家、治国、平天下，小到求职、恋爱、晋升、谋发展，哪一种离得了口才呢？

其实，你有一千个理由羡慕别人的口才，你更有一万个理由成为具备高超讲话能力的人。找到路，则不怕路长，不善讲话不要紧，关键的是要认识口才的重要，加强学习，因为讲话能力可以通过日常训练百炼成钢。日日行，千里不在话下；天天读，万卷亦非难事；时时练，讲话能力就会日益增强。到那时，你就会口吐莲花，笑傲江湖；妙语连珠，平步青云。

能力资本：如何提高说话的能力

有位美国政界要人曾说过，个性和口才的能力比起外语知识和哈佛大学的文凭更为重要。的确，口才很重要。但你也许会说："我先天不足怕开口，见人就脸红，没口才。"那么，我们告诉你：朋友，这不要紧，路就在脚下。口才不会与生俱来，也不会从天而降，就像庄稼需要施肥、道路需要整修，口才也要培养。

一切美丽的花朵，都植根于沃土之中，离开了泥土，它也就失去了养分；没有了泥土，它就会干枯、凋零。空中没有盛开的鲜花。

如果我们把口才也看成是百花园中的一朵鲜花，那么它扎根的沃土就是人的思想、知识、能力、毅力，离开了人的这些素质，那么口才也就成了一朵空中的花，一朵永远不会盛开的花。

崇高的思想、渊博的知识、远见卓识以及一定的记忆能力、较强的应变能力、持之以恒的毅力，这些都是我们培育"口才之花"的"养料"，离开了这些，练口才只能是一句空话。

1. 要有崇高的思想

大家或许都有过这样的体验，当一个言行欠佳的同学或老师批评你的时候，你的心里一定很不服气。甚至在心里说：你自己做得也不怎么样，有什么资格说我呢！你会感到这人言行不一。中国有句老话，叫作"近朱者赤，近墨者黑"，品德、修养恶劣的人带给别人的也只能是卑鄙的灵魂、低级的趣味，而且很难受到大多数人的欢迎。这就是一种人格力量。无论是演讲、谈话、论辩都可以说是一种向听众做宣传的活动，你的思想、品德、感情、修养都会在有意与无意中影响着听众的思想、品德、感情、修养。而演讲者、说服者只有具备了高尚的思想修养，他的话才具有说服力。身教胜于言教就是这个道理。

想必我们不少人听过曲啸的《心底无私天地宽》的演讲。这个演讲之所以能打动人、教育人、感染人，是与曲啸本人的崇高品德分不开的，是与他热爱党、热爱人民的炽烈感情分不开的，也是与他坚定的共产主义信念分不开的。如果一个演讲者、一个论辩员没有高尚的思想修养做后盾，那么他的演讲、论辩是不可能成功的，其结果只能是台上他讲，台下讲他。

所以，我们要练口才，首先就要培养自己的思想美、心灵美、行为美，培养自己热爱祖国、热爱人民的高尚情操，学会使用正确的方法、立场去分析问题、解决问题，只有这样，你才能用美好的语言去感染听众、说服听众、宣传听众，你练就的口才也才能为人民服务，为祖国服务。

2. 要有渊博的知识

要想给别人一杯水，自己要有一桶水。这是一个普通的常识。我们要说给别人听，首先就得自己有。别小看了演讲时的几分钟、论辩时的几句话，就这几分钟、这几句话，需要我们有丰厚的知识积累。

可以养成这样一个好习惯：准备一个小本子，把每天从报纸、杂志、课文中看到的观点、方法，好的词、句子都记录下来，有时间就拿出来看看，天长日久，就形成了自己的思想，有了自己的见解，也有了自己的词汇库。说起话来也就头头是道，也不觉得没词儿可说了，甚至常常能妙语惊人，这就是积累的结果。

3. 要有远见卓识

远见卓识是演讲者、交谈者、论辩者必须具备的一种素质。我们不论是演讲，还是谈话、论辩，面对的都是人，或是广大的听众，或是单个的个人。但不论是人多，还是人少，谁都不愿意去浪费时间听那些老掉了牙的、人人皆知的陈词滥调。如果你总是人云亦云，从没有自己的见解、自己的观点，那么你永远也不会成为一名受人尊敬、受人欢迎的演讲者、谈话者、论辩者。你永远不可能征服你的听众。而要想自己的见识超群，见解独到，就要站得高，看得高，高瞻远瞩，言别人之未言，说别人之难说。但是，千万记住决不要去追求华而不实的噱头，决不要去哗众取宠。

4. 较强的应变力

著名相声演员马季，有一次到湖北省黄石市演出。在他表演之前，有一位演员错把"黄石市"说成了"黄石县"，引起了观众的哄笑。在笑声中，马季登台演出。他张口就说："今天，我们有幸来到黄石省演出……"这话把哄笑中的观众弄糊涂了。正当大家窃窃私语时，马季解释道："方才，我们的一位演员把黄石市说成县，降了一级。我在这里当然要说成省，给提上一级，这样一降一提，哈，就平啦！"几句话，引得全场哄堂大笑，马季机智巧妙地给圆了场，使演出得以顺利进行。

马季之所以能把场圆下来，关键还在于他有很强的应变能力。一个艺术家

26

如此，一个演讲者、谈话者、论辩者也是如此。我们无论是演讲、谈话，还是论辩，都是在与听众进行感情交流，在进行信息传递。这就需要我们在演讲、谈话、论辩的过程中随时地注意对方的变化，观察对方的表情，掌握听众的情绪，并要根据听众的反馈及时调整我们演讲、谈话、论辩的内容及角度，把听众不愿听而你又打算讲的东西删掉，加进一些听众感兴趣的内容，若没有较强的应变能力是做不到的。

另外，我们在与人交际、交流时，常常还会遇到一些意想不到的事情。如你正在演讲时却有人起哄，正在交谈时却遭人抢白，你的辩词受到人们的反对，这一切都需要有从容镇定的应变力。所以，为了使你在窘境中得到解脱，为了练就在任何情况下都对答如流的口才，为了在社交场合免受尴尬之苦，为了你临危不乱，请培养应变能力吧！

5. 一定的记忆能力

记忆力也是演讲者、谈话者、论辩者的一项重要的素质。我们的演讲词、论辩词包括谈话的一些内容都是需要记忆的，通过记忆把演讲、论辩的内容储存在大脑中，登台演讲或进行交谈、论辩时，才能张口即来，滔滔不绝。如果记忆力不强，到了台上，一紧张就会丢三落四，甚至张口结舌。

我们在积累知识时也需要有较强的记忆力，否则，打开书什么都知道，合上书又什么都忘了，这样是不行的。

培养记忆力是要下点苦功夫的。记忆的方法很多，我们可以自己从学习中寻找、总结一些记忆规律，供自己使用。也可以学习、借鉴他人的成功方法，如形象记忆法、数字记忆法、联想记忆法等。总之，我们只有过目成诵，才能出口成章。

6. 持之以恒的毅力

以上我们谈的几种练口才的素质，是必备的，但不是天生的，不是与生俱来的，而是后天的苦学、苦练得来的。"书山有路勤为径，学海无涯苦作舟。"西方也有一句格言为："诗人是先天的，演说家是后天的。"确实，要练就悬河之口，非下一番苦功夫不可。

古希腊有一位卓越的演讲家德摩斯梯尼，年轻时有发音不清、说话气短、爱耸双肩的毛病。最初他的演讲很不成功，以致被观众哄下了讲台。但德摩斯梯尼没有因失败、嘲笑、打击而气馁。他一方面博览群书、积累知识，一方面他又刻苦练习。为了练嗓音，他把小石子含在嘴里朗诵，迎着呼啸的大风讲话；

为了克服气短的毛病，他故意一面攀登，一面不停地吟诗；为了克服耸肩，每次练习口才时他都在自己的双肩上方挂两柄剑，剑尖正对双肩，迫使自己随时注意改掉耸肩的不良习惯。他还在家中安装了一面大镜子，经常对着镜子练演讲，以克服自己在演讲中的一些毛病。经过苦练，德摩斯梯尼终于成了世界闻名的大演讲家。

"宝剑锋从磨砺出，梅花香自苦寒来。"这就是德摩斯梯尼成功给我们的启示。

只要你持之以恒地勤奋学习，刻苦练习，那么你一定会成功，口才家、雄辩家的桂冠就一定能戴在你的头上。

口才加油站

贾平凹的辞宴信

6月16日粤菜馆的饭局我就不去了。在座的有那么多领导和大款，我虽也是局级，但文联主席是穷官、闲官，别人不装在眼里，也不把我瞧得上，哪里敢称作同僚？他们知道我而没见过我，我没有见过人家也不知道人家具体职务，若去了，他们西装革履我一身休闲，他们坐小车我骑自行车，他们提手机我背个挎包，于我觉得寒酸，于人家又觉得我不合群，这饭就吃得不自在了。

要吃饭和熟人吃着香，爱吃的多吃，不爱吃的少吃，可以打嗝儿，可以放屁，可以说趣话骂娘，和生人能这样吗？和领导能这样吗？知道的能原谅我是懒散惯了，不知道的还以为我对人家不恭，为吃一顿饭惹出许多事情来，这就犯不着了。酒席上谁是上座，谁是次座，那是不能乱了秩序的，且常常上座的领导到得最迟，菜端上来得他到来方能开席，我是半年未吃海鲜之类了，见那龙虾海蟹就急不可耐，若不自觉筷子先伸了过去如何是好？即便开席，你知道我向来吃速快，吃相难看，只顾闷头吃下去，若顺我意，让满座难堪，也丢了文人的斯文，若强制自己，为吃一顿饭强制自己，这又是为什么来着？席间敬酒，先敬谁，后敬谁，顺序不能乱，谁也不得漏，我又怎么记得住哪一位是政府人，哪一位是党里人？而且又要说敬酒词，我生来口讷，说得得体我不会，说得不得体又落个傲慢。敬领导要起立，一人敬全席起立，我腿有疾，几十次起来坐下又起来我难以支持。我又不善笑，你知道，从来照相都不笑的，在席上当然要笑，那笑就易于皮笑肉不笑，就要冷落席上的气氛。

更为难的是我自患病后已戒了酒，若领导让我喝，我不喝拂他的兴，喝了又得伤我身子，即使是你事先在我杯中盛白水，一旦发现，那就全没了意思。

官场的事我不懂，写文章又常惹领导不满，席间人家若指导起文学上的事，我该不该掏了笔来记录？该不该和他辩论？说是不是，说不是也不是，我这般年纪了，在外随便惯了，在家也充大惯了，让我一副奴相去逢迎，百般殷勤做妓态，一时半会儿难以学会。而你设一局饭，花销几千，忙活数日，图的是皆大欢喜，若让我去尴尬了人家，这饭局就白设了，我怎么对得住朋友？而让我难堪，这你又于心不忍，所以，还是放我过去，免了吧。几时我来做东，回报你的心意，咱坐小饭馆，一壶酒，两个人，三碗饭，四盘菜，五六十分钟吃一顿！如果领导知道了要请我而我未去，你就说我突然病了，病得很重，这虽然对我不吉利，但我宁愿重病，也免得我去坏了你的饭局而让我长久心中愧疚啊！

第三章　说话原则

修养原则：说话必须有修养

言语能力并非人天生的本能，而是后天练习的结果。口才的完善是很长一段时间思想、语言行为、仪态、情绪等各个方面综合磨炼的过程，也是内在修养的过程。

1. 尊重他人的意见

说话是人的思想的反映，尊重他人的意见，也就如尊重他这个人。但有些人为使自己的意见突出，引起他人对他谈话价值的充分认同，常自觉不自觉地对他人意见加以贬低、否定。结果引发了对方的不满和对抗，不仅自己意见未得到重视，反而遭到冷落和否定，自己的形象也受到贬损。有些善说话者，在发表己见时，恰恰采取相反的态度，他们会巧妙地从不同角度对已发表出来的意见加以肯定和褒扬，甚至采取顺势接话、补充发言的方式陈明己见，这样别人就会保持一个积极的、良好的心态倾听他们的高论，他们的意见圆满发表了，他们的风格也显示出来了。

2. 不与他人抢话争话

自己有真知灼见希望尽快发表出来，这种心情是可以理解的。但你同样也要给别人发言的机会，不能迫不及待，在他人侃侃而谈时，硬是卡断他的话头，让自己一吐为快；或者他人正欲发言时，你捷足先登，把别人已到嘴边的话硬是挤回去，让自己畅所欲言。发表己见首先应具备的修养就是耐心，待别人充分发表了意见之后，或轮到你的次序时，你再发言也不迟，这不仅不会减轻你发言的分量，还会调动大家的情绪。

3. 不说侮辱性话语

说到口才修养，不得不提口德，"德"可以说是口才的灵魂。生活中，有些词语我们应尽可能避而不用，尤其是有关生理特点的，如矮冬瓜、瘸子、聋子等；身份卑微的，如乞丐、私生子、拖油瓶、妓女、白痴……一个注重言语修为的人，一个有益于他人的人，自然易于为他人所接受，他的话也就可能被别人奉为圭臬。"文如其人"是从写作角度说的，我们也完全有理由说"言如其人"。心理上的专注力、耐受力、进取心等品质，也将使你更具个人魅力，使你的口才更富内涵。

在与人交往时，口才是非常重要的才能，但仅仅靠话语是不够的，更重要的是一个人的风度。

规范原则：说话要讲究规矩

说话必须符合一定的语言规矩。它是指说话人在言辞交际过程中，必须遵守语言规范的要求，不能因为语言表达的混乱、不完整而词不达意，让人不知所云。

语言的规矩主要包括两方面：

1. 语音清晰准确

说话人要表达什么，必须是不含混、不模糊，清清楚楚、明明白白地说出来，让接受者一听就明，一听就懂。这样，表达才有作用，交际的目的才能实现。

做好下列三个方面，有助于达到语音清晰准确的要求。

（1）与非本方言区的接受者交谈，最好不要用方言。

（2）遇到容易产生歧义的读音，应予以适当解释。

（3）对一些关键字词的发音，尽量说得慢一些，说快了、急了，容易产生声音共振而使语音含混，让人听不清楚，或产生误听。

2. 语句通顺明了

主要指用词前后协调准确、意思完整，不多余、不错乱等。

要做到语句通顺明了，以下两点应该注意：

（1）不生造词语。生造，是指按照自己的意愿杜撰、编造出谁也不懂的语词。虽然语词在人民群众的交际实践中不断丰富、发展，但它的产生应有一定社会基础，必须经过一段时间的运用，为交际区域的群众所接受才行，绝不是任何人都可以随便生造。像"打的""打工""撮一顿""大款""倒爷"等已被人们熟悉，用于言辞交际当然可以，但如果有人说："我来迟了，实有抱惭。"这里的"抱惭"就是生造。何不用通俗的"抱歉"或"抱愧"呢？

（2）符合习惯要求。习惯是人们在长期的社会生活中逐渐形成的规矩、风尚，有些虽然从逻辑或语法的角度看并不规范，但既然已经在长期的社会生活中形成，就应当按约定俗成的原则来处理。比如"打"，其词义一为用手或器具撞击物体——打人、打鼓；一为发生与人交涉的行为——打官司、打交道；一为制造——打毛衣、打镰刀，等等。但"打的""打工""打瞌睡""打酱油""打折扣""打圆场"之"打"，就无上述意义。使用这些词汇时，只能是约定俗成，大家都按习惯办。还有像"打扫卫生""救火""养病""晒太阳"之类，也属此种情况。

另外，由于国别、民族、地域、信仰等差别，或是习惯要求的不一致，表达者需要入乡随俗，使自己言辞合于接受者的习惯，否则就要出差错、闹笑话。

分寸原则：说话也要讲分寸

"分寸"二字无处不在，日常生活中，不管是与人说话、交往，还是办事，时时处处都蕴藏着分寸的玄机。如果一个人在社会上不会把握分寸，就说不好话，办不好事，更不用说愉快地与人交往了。

纵观古今，凡是有作为的人，都把说话讲分寸作为必备的修养之一。蜚声海内外的周恩来，他应变机敏睿智，言辞柔中有刚，就连谈判对手也情不自禁地露出赞许之态。尼克松称赞周恩来在谈判时"显示出高超的技巧，在压力面前表现得泰然自若，恰得分寸"。

什么是"分寸"？从一定意义上说，分寸是一种不偏不倚、可进可退的中庸哲学。但中庸之道的抽象，不足以恰当地把握其中的内涵，而分寸之道，却是一种被形象化了的尺度，更易于让人明确地把握，具有可为人所用的实际操作性。

通常所说的"掌握火候""矫枉过正""过犹不及""欲速则不达"等讲的都是这种"火候"和"分寸"的问题。一方面，话说不到位不行，说不到位，别人可能悟不明白，理解不透，琢磨不出你的真实用意，你提出的想法或要求也不会被人重视和接受，非但事情办不成，也常常被人瞧不起，这样怎么能换取别人的欣赏与亲善呢？怎么能赢得别人的友谊和器重呢？另一方面，话说得太过头不行，要求太高，言辞太尖刻，让人听了不愉快，觉得你不识大体，不懂规矩，不知好歹，这样的人常常被人敬而远之，也同样无法与人正常交往。还有一个方面，就是话说得不巧妙不行，太憨实，有时会招来嗤笑；太絮叨，有时会招来反感；太直露，有时会招来麻烦；太幼稚，有时会令人瞧不起。

懂得讲话技巧的人，能把一句原本并不十分中听的话，说得让人觉得舒服。有一位著名企业的总裁，当他要属下到他办公室时，从来不说"请你到我的办公室来一趟"，而是讲"我在办公室等你"。

中国人办事讲人缘，中国人成功靠人缘。没有好的人缘，不知要失去多少成功的机会，干多少事倍功半的事情。人缘靠什么来维护？靠的就是嘴上有分寸。一句话说对了，可能扶摇直上，平步青云。而一句话说过了，则可能一着走错，满盘皆输，毁掉一生前途。因此，要想立足于社会并取得成功，就一定要把握好说话的分寸。

说风原则：五种话不能开口

文有文法，说有说风。说风是一个人的立场、观点、作风、内涵等在言谈中的综合体现。说风无论好坏，都是在一定的时代背景或社会条件下形成的，是为适应某种需要产生的；当然，也因人而异。诚信、正直的人，都能自觉地说真话、说实话；可有一些人却常说假话、蠢话、大话、空话、粗话。对此，我们不能等闲视之。

1. 不说假话

说真话是中华民族历来赞颂的美德。《韩非子·外储说左上》中曾子教子的故事大家都很熟悉。曾子为了让孩子学会遵守诺言，把妻子开玩笑说的话付诸实施，将猪杀了，维护了妻子在孩子眼中诚实的形象。曾子的妻子是有意骗孩子吗？恐怕未必。但至少可以说，她没有意识到这种骗孩子的教育方式有多深的危害性。一次谎话就可能使孩子沾染上不良习气。曾子的行动表明他坚持了最可贵的精神——不说假话。

世界各地也有许多关于批评说谎的格言：

没有脚，但有招祸的翅膀。（日本）

即使说一句假话也是说谎，即使偷一根针也是盗窃。（蒙古）

谎言跑得再快，也永远追不上真理。（俄罗斯）

宁愿听痛苦的实话，不听甜蜜的谎言。（非洲）

有一次，列宁参加一个会议，讨论的是关于彼得格勒的工业恢复计划的问题。人民委员施略普尼柯夫作报告时，用许多优美的词句描绘出一幅十分诱人的前景。报告后，自我感觉良好的施略普尼柯夫以为会受到列宁的称赞。可列宁却向他提了几个问题：目前在彼得格勒由哪一家工厂生产钉子？产量多少？纺织厂的原料和燃料还能保证用多少天？这些简单的问题把他问得瞠目结舌。列宁批评说："谁需要你们那些大吹大擂毫无保障的计划？针线、犁、纺织品在哪里？你不能回答这些问题，原因只有一个，就是实际的计划工作被你们用华而不实的废话代替了，这无异于欺骗。"

2. 不说不理智的话

对于应酬来说，语言是非常重要的手段。得体的语言就像一部车子的润滑剂，使交际活动较少摩擦地向纵深发展。

下面故事中的斯提尔曼显得有些不理智。

一次，大银行家斯提尔曼痛骂了一个高级职员。当时，这个可怜的职员正坐在写字台前一副无精打采的面孔，钢笔在他的手指间窜上窜下，并不时地敲着桌子，斯提尔曼看着他这副吊儿郎当的模样非常气愤，便用其严厉的口吻毫不留情地痛骂了他一番。最后的几句话说得刻薄粗暴，以致那个不幸的职员战栗不已，大颗大颗的汗珠出现在前额。当时在场的一位客人实在看不过去了，忍不住说："斯提尔曼先生，我一生中从没有见过像你这么粗暴的人。他是你银行里的一个高级职员，你竟然当着一个陌生人的面侮辱他。假如他马上用刀把你刺死，我一点儿都不会觉得稀奇！"

斯提尔曼听了这种批评，默不作声。

斯提尔曼毕竟还是很聪明的，他意识到，他的话给这个职员造成了伤害，并引起很坏的影响，他为自己刚才的一番失态懊恼不已。于是，他赶忙到别处反思了一阵，等他回来已经完全变成了另一个人。

3. 不说大话

一次，一位很自以为是的报社主笔在英国内阁总理格莱斯顿面前夸夸其谈。

那是在一次宴会上，格莱斯顿很客气地对这位主笔说："几天之前我收到过你的一封信。"

"我写的吗？我已经记不得了。哦，我肯定没有写过。也许是我的秘书写的吧，可以肯定那不是我写的。"听闻此言，格莱斯顿先生心里颇觉不快，但依然平和地对他点头，宴会渐渐进入高潮的时候，格莱斯顿先生理所当然地成了大家谈论的焦点。所有的客人都想找机会接近他，听他谈话，而除了报社主笔，格莱斯顿先生对每个人都热情而客气。整整一个晚上这位主笔总想找机会与格莱斯顿先生交谈，但都未能如愿。

因为喜好夸大之故，这位主笔先生失去了与格莱斯顿先生结交的绝好机会。好吹牛而不务实，久而久之，就会养成不良的习惯。

最好能虚心地承认自己的短处，切不可靠夸张而掩饰之。

爱说大话的人编造的那些超乎常理的故事，在百无聊赖的时候听听倒还可以。虽然讲得绘声绘色，跌宕起伏，可细究起来他讲的主题只有一个，就是他自己。如果你留意一下，就会发现几乎每句话里都会出现一个"我"字，这个无限重复的"我"很容易让人失去耐心。

A是某大学讲师，总爱在人前吹嘘自己交际有多广多深，有多少科研成果，获得多少荣誉。时间长了，他的学生给他起了一个外号叫"牛皮大师"。大言不惭、夸夸其谈的人到头来只会给别人留下浅薄、无知的印象，同时，过分标榜自我、忽视旁人最终只会陷入孤岛。

4. 不说空话

人们常常因为自己的地位比别人高，资历比别人深，潜意识里就会产生一种优越感，觉得自己比别人有成就，比别人懂得多。因此在谈话时难免带有说教的腔调。

当然，说教并非一无是处，有时的确是正确的忠告，但这些常因带有说教腔调而引起谈话对象的逆反情绪，收效甚微。力避高高在上，目空一切的情况，而且要用鲜明、生动、形象地让别人心悦诚服。

然而说教者常常会说"你须知道我并不是在干涉你的作为""我觉得有许多话不得不同你讲"或者说"你不得不这样做，唯有如此才能避免错误发生"。

其实，说教者们的这些想法，应该是在别人接受观点时自心底而生的。而由说教者嘴里说出来的，再多也只是空洞的说教，结果只会让人产生抵触情绪。爱说空话的人说话很少有个准数，要么与事实本身不符；要么泛泛而谈。长此以往，极易失去别人的信任。

B是某企业领导，该企业分明是亏损企业，但为了某种目的，他在上报时却说赢利多少，结果该企业不仅得不到国家政策的某些支持，还得多交利税。对此，工人们愤愤不平，众说纷纭。

爱说空话的人，常将很多的时间与精力放在一件微乎其微且不切实际的事物上。若要给他倾诉的机会，他一定会不厌其烦地用五倍乃至十倍的时间来讲述他的故事。你常会在被他众多的毫无价值的细节弄得晕头转向时，还没有听到他讲述的故事的要点。如果在他讲述的过程中，你想抓住故事梗概，问他一句："你所讲的那位穿灰色风衣的女人究竟如何了呢?"他仍只是轻描淡写地回答你："不用急，我就要讲到她了，你先听我把这个讲完。"接着，他又啰里啰唆地说上很多空泛的话。

假如这位小题大做者能看出听他讲故事的人如此耐心完全是因为礼貌，那么他必定会把要说的话整理完后才讲。如果能看出对方对故事并不感兴趣，他也会做出种种努力使故事讲述得更紧凑一些，遗憾的是，他们始终观察不出听众的反应。

一个青年写信给热恋的姑娘说："亲爱的，我爱你爱得没有止境，我的心是这样的热烈，我简直无法形容，我不知道用什么话才能表达出来。"假如对方是一个幼稚的姑娘，她一定会被感动，但假如她是一个有学问的姑娘，她就会对这封信不以为然。

5. 不说粗话

俗话说，习惯成自然。无论什么事情，只要成了习惯，就会自然地去做。讲粗话也是如此。一个人一旦沾上了讲粗话的习惯，往往出口不雅，而自己却不知道。

习惯是长期条件反射累积的结果，因此要改变一种习惯，就需要中止原有的条件反射，努力建立新的习惯。

首先，要认识讲粗话是一种坏习惯，是不文明的行为，从思想上强化克服这种习惯的意识。生活实践表明，意识越强烈，行动的决心越大，效果也越明显。

其次，找出出现频率最高的粗话，集中力量首先改掉它。可以通过改变讲话频率，每句话说完停顿一下，讲话前提醒自己等办法改变原有的条件反射。出现频率最高的粗话改掉了，其他粗话的克服也就不难了。

再次，要有实事求是的思想准备。习惯的形成不是一朝一夕的事情，它的克服当然也要待以时日，不可能在一两天内把长久以来形成的习惯迅速改掉。

有时，讲话中仍然漏出几句粗话，这也是在所难免的。如果一下子要求把所有的粗话统统改掉，反而会因难以办到而感到失望，动摇克服讲粗话习惯的信心。

最后，请别人督促。由于有时自己讲了粗话却不知道，请别人督促就能起到提醒、检查的作用。督促还有另一层心理意义：造成一种不利于原有条件反射自然发生的外界环境，以促进旧习惯的终止。

所以，在修炼你的口才的同时，还要积极修炼你的口德。

口才加油站

大智若愚，动之以情

一位三十多岁的妇女在下岗一年多之后，好不容易找到一份在某高级珠宝店当售货员的工作。某年春节前的一天，店里来了一位土里土气的年轻男子，他衣衫破旧，一脸的悲哀、狐疑，不时用不可企及的目光，盯着那些高级首饰。

因为来了一个电话，妇人在接听电话时，一不小心把装戒指的碟子碰翻，六枚精美绝伦的金戒指落到地上，她慌忙捡起其中的五枚，但第六枚怎么也找不着了。

这时，她看到那男子正向门口走去，顿时她知道了戒指在哪儿。

当男子即将走出自动门时，妇人柔声叫道："对不起，先生！"

男子转过身来，两人相视无言，足足有一分钟。

"什么事？"他问，脸上的肌肉在抽搐。

"什么事？"他再次问道。

"我先生下岗一年多了，我上个星期才找到这份工作。现在找份工作真不容易，是不是？"妇人神色黯然地说。

男子长久地注视着她，终于，一丝腼腆的微笑浮现在他脸上："是的，真是这样。"

他回答："但我觉得你在这里会做得很好。"

说完，他向前一步，把手伸给她："让我握握你的手，表示我真诚的祝福好吗？"

然后，他转过身，慢慢走向门口。

妇人目送着他的身影消失在门外，转身走向柜台，把手中握着的第六枚戒指放回了原处。

不用批评，不用苛责，更不用咆哮，那位妇人就成功地收回了男子偷拾的第六枚戒指。

奥妙何在？无疑，妇人神色黯然的绕指柔言产生了撼人心魄的作用。

"情"，在此处胜过了任何技巧。

由此可见从某种意义上说，善用情感来凝铸语言，是一种最高境界的智慧。

"难道对我的惩罚还不够吗"

法国哲学家伏尔泰不仅是一个人见人爱的幽默高手，也是一个社交大师。1727年英法战争期间，伏尔泰恰巧正在英国旅行。谁知道英国人竟不分青红皂白，把伏尔泰抓起来了。

"把他绞死！快点儿把他绞死！"英国人怒气冲冲地大叫。

伏尔泰被抓起来送往绞刑台上时，他的英国朋友纷纷赶来替他解围。他们紧张而又急切地喊道："你们不能将他处死，伏尔泰先生只是个学者，他从不参与政治！"

"不行，法国人就该死！把他吊死。"那些群众还是不停地怒骂着。

在双方争执不下的时候，伏尔泰举起了双手，悄声地说："可不可以让我这个将死之人说几句心里话？"

全场突然安静了下来。

伏尔泰对群众深深鞠了个躬，清了清嗓门，说道："各位英国朋友！你们要惩罚我，就是因为我是法国人。以各位的聪明才智不难发现，我生为法国人，却不能生为高贵的英国人，难道对我的惩罚还不够吗？"

说完，英国人全都哈哈大笑了起来。这番诙谐幽默的话竟让伏尔泰死里逃生，他被当场释放了。

伏尔泰深谙"自我嘲笑、自我谦抑"的技巧，不仅化解了英国人对他的敌意，更促进了彼此"和谐、欢乐"的气氛。我们在实际生活中，都曾有过大大小小的烦恼，只要我们以幽默机智应对，就可以使自己摆脱烦恼。

第四章　声音技巧

发音技巧：发音是建立良好沟通的首步

我们所说的话都是由字组成的，然后我们给每一个字加上适当的重音和语调。然后将所有内容正确而恰当地发音，就形成了我们的演讲，能够帮助我们准确地表达自己的思想，使听众明白演讲者的意思和所强调的重点。

1. 练习发音的第一步是，练气

咽喉炎似乎是所有教师的通病，这种现象一方面是因为教师每天的说话量过大，另一方面是因为没有掌握正确的发声方法。我们都知道播音员和歌唱家每天的一个必备的功课就是练习发声，练习用气来发声。也就是人们常说的练声先练气。

气息是人体发声的动力，是发声的基础。如果能正确地掌握用气发声的方法，那么就不会有大量的教师患上咽喉炎了。

演讲的效果与发声有着直接的关系，我们之前说了，有活力的声音可以使听众兴奋，反之就会给人一种说话绵软无力的感觉。而影响发声的最直接原因就是气息，气息充足，声音就会响亮而有朝气；气息不足，声音就会恹恹无力；用力过猛就是我们常说的大嗓门，给人一种不礼貌的感觉。

我们在练声时，最重要的就是吸气与呼气训练。我们可以参考瑜伽当中腹式呼吸法来练习吸气和呼气。

所谓腹式呼吸法就是，吸气时让腹部凸起，吐气时压缩腹部使之凹入的呼吸法。正确的腹式呼吸法为：开始吸气时全身用力，此时肺部及腹部会充满空气而鼓起，但还不能停止，仍然要使尽力气来持续吸气，不管有没有吸进空气，只管吸气再吸气。然后屏住气息 4 秒，此时身体会感到紧张，接着利用 8 秒的时间缓缓地将气吐出。吐气时宜慢且长，不要中断。做完几次前述方式后，不但不会觉得难过，反而会有一种舒畅的快感。

2. 练习发音的第二步，练声

第一，练习音高和音低。

可以通过朗读古代诗词、散文等来练习。先从低音说起，再一句句地升高，说到最后再一句句地降下来。然后再一句高，一句低，高低交替地朗读，也可以每个字的音调由低向高，再由高向低。

第二，练习音强与音弱。

可以采用和之前同样的材料，按音量从小到大来练习，从小音量练习开始，要注意的是音量虽小，但吐字一定要清晰。之后把音量加大到正常来练习，同样要求吐字清晰，抑扬顿挫。之后再加大音量，用大音量练习，这时要求气息强大，音色高亢洪亮。当我们能熟练清晰地用三种音量发音时，就可以进行三种音量的混合练习，这样的练习还可以加强我们的预感和语气。

第三，练习实音与虚音。

所谓的实音，就是音色响亮、扎实、清晰度高的声音，这就要求我们在发音时，要清晰明白，咬字要准确。所谓虚音多用于表达感叹、回味、夸张等情感的语句中，说话的气息强而逸出较多，音量则有所控制，但是同样注意字音的清晰。

最后要注意的是，早晨刚睡醒时不要直接到室外去练习，特别是室外与室内温差较大时，冷空气的刺激会损害我们的声带。

语意技巧：不同的语调带有不同的意义

语调是声和气的结合，不同的语意是某一种声和气在人们长期的使用过程中逐步形成的。它是具有社会性的，是约定俗成的，具有稳定性，包括思想感情、声音形式两个方面。不会以个人的意志为转移，我们只能遵循这一特点，而不能根据个人的好恶去随意地违背它或改变它。

在长期的生活中，人们对于不同语调的反应是本能的认知：恶声恶气不会是抒发柔情蜜意、大声吼叫不会是称赞别人、粗声粗气不会是向别人道歉，更不能用来表现我们激动的心情。所有使用有声语言的场合，都离不开语调。若想成为一个说话富有感染力的人，就一定要熟练掌握驾驭语调的能力，要善于运用合适的语调来表达复杂的内容和不同的思想感情。

只有用正确的语调才能表示正确的意义，否则我们将不能正确地表达我们的本意，甚至还会招致麻烦和痛苦。但是当一个团体的成员固定使用一种新的语调，那么也会给既定的语调赋予新的含义。相同的词语因为不同的语调而产生不同的意义的例子在我们身边有很多。

语调能够影响人们的情绪这是在我们的实际生活中经常会遇到的现象，像相声演员就曾经利用这样的反差来进行表演，他们在二泉映月的音乐下说明相声是一项语言艺术，这样就形成了内容的喜悦和语调的悲哀的反差。意大利一位演员也曾经用悲怆的语调来朗读阿拉伯数字，虽然朗读阿拉伯数字本身并没有任何意义，但是因为语调的悲哀，使得听众产生了共鸣，不少听众潸然泪下。所以，有时候，在表情达意方面，语调甚至超过语言本身。

就像我们很熟悉的一个词"讨厌"，来举个例子。

当我们用粗声粗气来说，就表示出一种斥责、反感；用恶声恶气来说，就表现出一种愤怒、斥责；用柔声细气来说，则有一种害羞的感觉；用嗲声嗲气说，则有一种打情骂俏、撒娇的感觉。使用好声和气的一条重要原则就是要尽力避免可能会出现的歧义现象。

那么作为一个演讲者在演讲中可以常用哪些语调呢？

首先，当演讲者需要激励听众的士气时，可以使用慷慨激昂的语调。

慷慨激昂的语调有一种气势磅礴的感觉，可以给予人们激励的感觉，具有强烈的鼓动性和感染力。

其次，当演讲者需要引起听众的兴趣时，可以使用抑扬顿挫的语调。

所谓抑扬顿挫，就是指句子里的语气有高低升降、轻重缓急的变化。

抑扬顿挫，使得一句话，说出的时间和强度有了变化，这样它所表达的意思就有可能不同，甚至会截然相反。所以，抑扬顿挫的语调可以加强句子的语气，有助于演讲者抓住听众的情绪，吸引听众的注意力。

然后，当演讲者需要平复听众的情绪时，可以使用平和舒缓的语调。

有时，一味的慷慨激昂，高声演讲，并不能够吸引听众，当演讲者置身于某些特定的场合中，例如，分别的时候，吊唁的时候，演讲者说话时的声音不能高声喧哗、慷慨激昂，这时就需要演讲者用平和缓慢的语调，这样的语调不但能符合听众的心理，还能够安抚、治愈听众的心灵。

最后，当演讲者需要说服听众时，可以使用气势沉稳的语调。

这样的语调是在演讲者想要将一种观念或理念传达给听众时常用的，教师就常用这种语调来给学生们讲解新的内容。

这样的语调最大的特点就是自信，因为，一个人，想要别人相信自己，首先要相信自己，要想说服别人，就先要说服自己，然后再以自己的沉稳自信去征服别人。

总之，用语调表达不同的感情时要注意语言、语义、演讲的场景和主题，注意语气与措辞的一致以及语气之间的协调，这样，我们的演讲才能取得比较好的效果。

语言技巧：如何在说话中运用突兀语言

有些人善于在说话的开头出语惊人，突兀而起，配以起伏变化的语调使演讲体现出一种神秘的色彩，一下子就能把听众震住。这样既能吸引听众的注意力，又能确定演讲的情感基调。有位演讲者在介绍刘玲英为保卫国家金库而与行凶抢劫者奋力拼搏的事迹时，是这样开始演讲的：

"刀，一把明晃晃的三角刮刀已经逼近了刘玲英的眼睛，穷凶极恶的歹徒丧心病狂地嚎叫：'你交不交钥匙？不交就要你变成瞎子！'面对威吓，刘玲英毫不畏惧，回答的是三个字：'不知道！'凶手手中的刮刀扎进了刘玲英的眼睛，可刘玲英回答的仍然是三个字：'不知道！'歹徒用三角刮刀在刘玲英身上，脸上捅了二十多刀，鲜血染红了地面，刘玲英还是那三个字'不——知——道！'朋友们，这就是我们的英雄，面对猖狂，面对凶暴脸不改色心不跳，用生命和鲜血捍卫着人民的财产。在这里我要用我全部的热情来赞一赞这位女豪杰，女英雄！"

这里，突兀在听众面前的是一幅凶残血腥的画面，令听众为之汗颜，为之心跳。加之演讲者夸张地运用轻重、快慢、升降、停顿等语调技巧，强烈地感染着听众。

我们再看看1941年7月3日斯大林《广播演讲》的开头：

"希特勒德国从6月22日向我们祖国发动的背信弃义的军事进攻，正在继续着。虽然红军进行了英勇的抵抗，虽然敌人的精锐师团和他们的精锐空军部队已被击溃，被埋葬在战场上，但是敌人又往前线调来了主力军，继续向前闯进……"

这样的开头，由惊人的事情说起，听众为之惊叹。

使用突兀语言，不仅需要大量的知识作为语言的支撑，更为重要的是要掌握使用方法。一般来说，突兀语言的出现，是为了增强语言的效果，使听众在"陌生化"的语言环境中感受你说话的魅力，因此，运用突兀而起的方法要注意与后面的内容配合得当，否则给人一种头重脚轻、"吊胃口"的感觉。

节奏技巧：节奏适中有助于听众的理解

听语言出色的人说话是一种艺术的享受。这是因为他们在演讲时，抑扬顿挫，就像一个优秀的指挥家，将语言的节奏当作一首优美的交响乐随意指挥，随心所欲地演奏出扣人心弦的乐曲。

如果想要成为优秀的演讲者，就要了解语言的节奏有哪几种，同时按照这些节奏来不断地进行练习的话，每个人都能成为优秀的演讲家。

第一，高亢的节奏。它能营造出威武雄壮的效果，这种节奏演讲者发出偏高的声音，同时语气的起伏较大，高亢的节奏能产生强烈的感染力和鼓动性，能够使听众热血沸腾，这样的节奏适合于叙述一件重大的事件，宣传重要决定及使人激动的事。

第二，低沉的节奏。这种节奏和高亢的节奏正好相反，他是为了营造一种低沉、庄严的气氛，通常使用较低的声音，低缓、沉闷，语流偏慢，语气压抑。大都在一些郑重的环境中应用，用于悲剧色彩的事件叙述，或慰问、怀念、吊唁等。

第三，凝重的节奏。它介于高亢和低沉之间，声音适中，语速适当，重点词语清晰沉稳，比较中庸。这种节奏每个字都要用重音来读，为了体现出一种一字千钧的感觉，在对于一些问题发表议论，或者在做一些演讲时比较常用。

第四，轻快的节奏。这种节奏是大部分演讲常用的，这样的演讲节奏比较适合大众，容易使人们产生融入感，日常性的对话、一般性的辩论，都可以使用这类型的节奏。

第五，紧张的节奏。通常运用比较快的语速来表达，往往带有一种迫切、紧急的情绪。每句话之间没有长时间的停顿。其目的是为了引起听众的紧张感和注意力，用于重要情况的汇报，或者是必须立即加以澄清的事实申辩等。

第六，舒缓的节奏。和之前的紧张的节奏正好相反，是一种稳重、缓慢、舒展的表达方式。声音不高也不低，语流从容，给人一种安心悠闲的感觉。一般的说明性、解释性的叙述，学术探讨等类型的演讲都可以运用这种节奏。

值得我们注意的是，不同的节奏有时可以改变一个演讲的性质，作为一名演讲者，根据自身演讲的内容和性质选择合适的节奏，才能达到演讲的效果和目的。

为了更好地掌握说话的节奏，我们可以从科学地运气入手。

气息是声音的原动力，科学地运用运气发音方法可使声音更加甜美、清亮、持久、有力。要达到这个效果，平时要加强训练，掌握腹胸联合呼吸法。其要领是：双目平视，全身放松，喉松鼻通，无论是站姿还是坐式，胸部稍向前倾，小腹自然内收。

吸气方法是：扩展两肋，向上向外提起，感到腰带渐紧，后腰有撑开感。横膈膜下压腹部扩大胸腔体积，小腹内收，气贯"丹田"。用鼻吸气，做到快、静、深。

呼气方法是：控制两肋，使腹部有一种压力，将气均匀地往外吐，呼气时用嘴，做到匀、缓、稳。

这样的呼吸方法可以进气快，到位深，运气长，好控制。可用下列方法练习：

1. 闻花香。好像眼前有一朵花，深深吸进香味，两肋断开，控制一会儿，缓缓送出。

2. 模拟吹掉桌面上的灰尘。

3. 咬紧牙关，从余缝中发出"咝"声，平稳均匀。

4. 数数："1、2、3、4、5、6、7、8、9、10"，循环往复，一口气能数多少就数多少，吐字要清。

5. 数"一个葫芦，两个葫芦"或"一张球拍，两张球拍"，看一口气能坚持多久。

6. 喊人"王刚""小胡"。

7. 一口气反复念：吃葡萄不吐葡萄皮儿，不吃葡萄倒吐葡萄皮儿。

8. 一口气诵读一首五言绝句或七言绝句，力求清晰、响亮，有感情。

口才加油站

姚明：身材高·球技好·口才好

姚明，2002 年被美国休斯敦火箭队挑中，成为 NBA（美国全国篮球协会，也指该协会主办的赛事。英文 National Basketball Association 的缩写）的首位外籍新秀状元。经过四年的努力，他在 NBA 取得了巨大成功，成了闻名世界的球星和全世界球迷心中的偶像。姚明在场上与对手比拼，场下还要与记者过招。场上，他挥洒自如，用精湛的球艺征服对手；场下，他谈笑风生，用如珠妙语应对记者。姚明应答的技巧也同他的球技一样娴熟，充满智慧，令人赞赏。

一、善用比喻，朴实生动

姚明在答问时经常用到比喻，有时很难说清的问题被他一个随口的比喻说得清清楚楚。他的比喻，雅俗共赏，朴实中藏着精明，通俗中透着雅致，有一种四两拨千斤的巧劲。

（一）比喻通俗，明白如话

记者：在 NBA，你最喜欢看哪个球员打球，为什么？

姚明：这个世界每天都很精彩。就像你吃饭不能天天只盯着肉一样，要每样东西都吃一点。打篮球也一样，从欣赏的角度说，看哪种类型的球员打球对我来说都是一种享受。

面对记者的问题，姚明本可以说出某个他喜欢的球星，但姚明深知，一个优秀的球员，只有博采众长，才能不断地完善自我，所以他就巧妙地以吃饭为喻，表达自己享受篮球，向不同球员学习的心愿。人天天都要吃饭，并且不可能只吃肉不吃别的东西，姚明用每天都要吃不同的饭菜来比喻自己喜欢不同的打球风格。他的回答通俗生动，显得非常朴实而且轻巧。

（二）联想设喻，迂回巧答

记者：现在好像有个定律，只要你打满40分钟，中国队就能赢球，你怎么看这个现象？

姚明：（沉思）怎么说呢？原来上海队李秋平教练用我，上海媒体就问，不用姚明上海队怎么办？李指导当时就回答："我有姚明为什么不用？"打个比方说吧，你手里有一挺机关枪，为什么还要拿一把笤帚或者红缨枪去战斗？

雅典奥运会时，姚明打满全场，中国队以 1 分优势胜塞黑队；2006 年 8 月世锦赛，姚明又打满 40 分钟，中国队以 1 分险胜斯洛文尼亚队。记者的问题，就有批评的意思：对依赖某一个人来"扛"起整个球队的现象表示担忧。姚明当然听懂了弦外之音。此时，如果承认记者的说法，有埋怨教练之嫌。他用了一个比喻侧面回应记者：冲锋陷阵，哪个将帅不喜欢用"机关枪"这样威力大的武器？作为一挺"机关枪"，我就应该发挥最大的威力，咬牙坚持到底。姚明的这个比喻，形象生动，把自己的作用和应担负的责任说得一清二楚，侧面回答了记者的难题，还显示了自信。

（三）情景比较，妙喻天成

记者：当王仕鹏投中压哨三分后，你第一个冲上去抱住了他，王仕鹏说，你差点把他撞了个跟头，现在想起来，你当时的兴奋之情是不是已经无法控制了？

姚明：我不知道这样的比喻确不确切：当时就好比一个病人得知自己已经到了癌症晚期了，但医生突然跑来告诉他说这是误诊，当时的心情应该就是这样。

2006年，世锦赛中国队对斯洛文尼亚队，胜，出线；败，回家。在这场生死大战中，姚明力拼了近40分钟，已经精疲力竭，可终场前5.8秒时仍落后2分，这时，王仕鹏神奇地投中了一个3分球，以1分险胜。姚明曾在赛后说："当落后两分时，我心里一直在想：'我们完了，我们完了！'但王仕鹏在最后一刻奇迹般地投进了，带来了一场最关键的胜利，我当时非常兴奋！"那么，这种兴奋的心情究竟是什么样的呢？姚明形象地用一个癌症晚期患者突然得到医生告知是误诊时的兴奋之情来比喻。这个比喻简直是妙不可言：一个病人得知自己是癌症晚期时是什么心情，又突然被告知是误诊时又是什么心情，人们一点也不难想象。因此用这个假设的情景做比喻，就把不容易说清楚的"兴奋"表达得淋漓尽致，可以说几乎无法再找一个这样精当的比喻了。

二、富含哲理，简洁深刻

姚明往往是在没有准备的情况下接受采访的，但他总能侃侃而谈。有时尽情坦露心怀，好像一个透明的大男孩；有时又言简意赅，宛如一个充满哲思的智者。他的答问，简练精辟，三言两语中蕴含着思想的深度，让人回味无穷。

（一）避实就虚，以简驭繁

记者：最伟大的球员总是努力提高他们的技术，你想提高什么技术？

姚明：我想学会各种技术，以便更好地帮助球队，任何能更好地帮助球队的技术我都要学习。

按照一般的思路，姚明应该具体说说自己想提高什么技术，比如，勾手投篮、后仰投篮、转身跳投，等等，但如果这样，就会啰啰嗦嗦，没完没了。姚明没有按照记者的思路回答，而是站在更高的角度来回答一个具体的问题，说"任何能更好地帮助球队的技术我都要学习"，这样回答避实就虚，以简驭繁，涵盖面广，包容量大，显得滴水不露。这种用变化发展的观点、全面看问题的思维方法和应答技巧，要比单纯就事论事高明得多，反映了姚明思想的深刻和应答技巧的成熟。

（二）先果后因，思维辩证

记者：你认为自己职业生涯的顶峰何时到来？

姚明：我也不知道自己何时会达到顶峰。对我来说，我并不希望顶峰到来，因为到达了顶峰就预示着要走下坡路了。我希望每年都有长进和提高。

姚明在NBA进步神速，他何时能成为"伟大"级的球员，达到职业生涯的顶峰，是很多球迷和记者津津乐道的话题。那么，姚明自己怎么看呢？当记者把这一问题抛给他时，姚明首先实事求是地说"不知道"，然后表示自己"不希望顶峰到来"。是运动员，谁不希望早日达到职业的顶峰，谁不渴望早日取得令人瞩目的成就？可姚明却说"不希望顶峰到来"，这让记者和旁人都感到不可思议。然而姚明紧接着道出原因："因为到达了顶峰就预示着要走下坡路了。我希望每年都有长进和提高。"简练的话语说出了一个真理：顶峰过后必是衰落，正所谓物极必反。应答反映了他辩证的思维，以及永不停息的进取精神，给人极大的鼓舞。

从应答的技巧上看，先说结果"不希望顶峰到来"，再说原因"到达了顶峰就预示着要走下坡路了"，先果后因，话讲得跌宕起伏，让人疑惑之后豁然开朗。如果先说原因，后说结果，平铺直叙，效果就差多了。

（三）认识全面，概括精辟

记者：中国队赢球是不是靠运气？

姚明肯定地说道：靠运气、勇气、实力加信心！

王仕鹏以3分绝杀的方式助中国队1分险胜，很多人认为这是运气。对此，姚明的回答斩钉截铁："靠运气、勇气、实力加信心！"姚明首先承认有运气的成分，因为竞技体育从来就有一定的偶然性。但是，偶然中体现着必然。胜利毕竟不能只靠运气，它还需要实力做基础，在一定实力的基础上，始终怀着必胜的信心，有敢于和对手一拼到底的勇气，才能有机会获得最后的胜利。实力、勇气、信心，才是最终获胜的根本。一支意志薄弱、一击即溃的球队，即使场上有再多的运气，也不会有胜利女神的光顾。姚明的话道出了一个哲理：有实力、有勇气、有信心，运气才起作用。他的话虽然只比记者的话多了几个字，但却道出了事物的本质，因此更具典型性，更有说服力，更能鼓舞斗志。精辟的概括之中，蕴含着思想的深度，让人佩服不已。

姚明在应答时，除了如上所述善用比喻、精于概括、富含哲理外，还经常用到对比、类比等方法，有时幽默诙谐，有时妙趣横生，当然也时有激愤之词。我们如果能在欣赏姚明精湛球技的同时，品味一下他接受采访时应答的技巧，将是另一种艺术享受。

第五章　口才规则

观察规则：想说好话，察言观色

人人都有这样的经验：有时，同某人在一起，说话很愉快，也有时同某人在一起，感到很烦，本来很感兴趣的话题却不想谈下去。究其原因，主要是因为对方说话不讨人喜欢，该问的问，不该问的也问，所以让人觉得厌烦。说话要讲究轻重、曲直，更要察言观色，知道哪些话该说哪些不该说，哪些该问哪些不该问。

西汉初年，汉高祖刘邦打败项羽，平定天下之后，开始论功行赏。这可是攸关后代子孙的万年基业，群臣们自然当仁不让，彼此争功。

汉高祖刘邦认为萧何功劳最大，就封萧何为侯，封地也最多。但群臣心中却不服，私底下议论纷纷。

封爵受禄的事情好不容易尘埃落定，众臣对席位的高低先后又群起争议。许多人都说："平阳侯曹参身受七十次伤，而且率兵攻城略地，屡战屡胜，功劳最大，他应排第一。"刘邦在封赏时已经偏袒萧何，委屈了一些功臣，所以在席位上难以再坚持己见，但在他心中，还是想将萧何排在首位。

这时候，关内侯鄂君已揣测出刘邦的心意，于是就顺水推舟，自告奋勇地上前说道："大家的评议都错了！曹参虽然有战功，但都只是一时之功。皇上与楚霸王对抗五年，时常丢掉部队，四处逃避，萧何却常常从关中派员填补战线上的漏洞。楚、汉在荥阳对抗好几年，军中缺粮，也都是萧何辗转运送粮食到关中，粮饷才不至于匮乏。再说，皇上有好几次避走山东，都是靠萧何保全关中，才能顺利接济皇上的，这些才是万世之功。如今即使少了一百个曹参，对汉朝有什么影响？我们汉朝也不必靠他来保全啊！你们又凭什么认为一时之功高过万世之功呢？所以，我主张萧何第一，曹参居次。"

这番话正中刘邦的下怀，刘邦听了，自然高兴无比，连连称好，于是下令萧何排在首位，可以带剑上殿，上朝时也不必急行。

而鄂君因此也被加封为"安平侯"，得到的封地多了将近一倍。他凭着自己察言观色的本领，享尽了一生荣华富贵。

问题是展开话题的钥匙。所以说话察言观色就要做到问话要讨人喜欢。有些问题，当你得不到满意的答复时，是可以继续问下去的，但有一些问题就不宜再问。比方说，你问对方住在哪里，他如果只说地区而不说具体地址，你就不宜再问在某路某号。如果他愿意让你知道的话，他一定会主动详细说明的，而且还会补充上一句，邀请你去坐坐，否则便是不想让别人知道，你也不必再追问了。举一反三，其他诸如此类的问题，如年龄、收入等也一样不宜追问，以免引起对方不快。

不可问对方同行的营业情况。同行相忌，这是一般人的毛病。因为他回答你时，若不是对其同行过于谦逊的赞扬，便是恶意的诋毁。在一个人面前提及另外一个和他站在对立地位的人或物总是不明智的。

此外，在日常交际中要知道的是：不可问及别人衣饰的价钱；不可问女士的年龄（除非她是六岁或六十岁左右的时候）；不可问别人的收入；不可详问别人的家世；不可问别人用钱的方法；不可问别人工作的秘密，如化学品的制造方法，等等。

凡别人不知道或不愿意让人知道的事情都应避免询问。问话的目的在于引起双方的兴趣，而不是使任何一方没趣。若能让答者起劲，同时也能增加你的见识，那是问话的最高本领。

一位社交家说："倘若我不能在任何一个见面的人那里学到一点东西，那就是我的处世的失败。"

这句话很发人深省，因为虚怀若谷的人，往往是受人欢迎的。记住，问话不仅能打开对方的话匣，而且你可以从中增益学问。

换位规则：换位思考，说得更好

很多人往往习惯将自己的想法、意见强加给别人，总觉得自己的做法、意见才是最好的。虽然出发点都是好心的，是为了帮助别人解决某些问题，但是却始终没有站在对方的立场上想过这样是否适合。所以当我们和别人商谈事情时，我们不应该先自我确定标准和结论，应该站在对方的立场仔细想想，关心询问对方对这件事情的看法和应该如何解决这个问题，而不是直接讲一番自我的大道理来逼迫对方接受。

在与对方沟通时，站在对方立场上，才能让别人听着顺耳，觉得舒服。站在对方立场上，设身处地地想，设身处地地说。如此，不仅能使他人快乐，也能使自己快乐。

站在对方的立场考虑问题，你会发现，你跟他有了共同语言，他所思所想、所喜所恶，都变得可以理解。在各种交往中，你都可以从容应对，要么伸出理解的援手，要么防范对方的恶招。许多人不懂得如何站在对方立场上思考和说话，这是导致很多事情做不成功的一大原因。

站在他人的立场上说话，能给他人一种为他着想的感觉，这种投其所好的技巧常常具有极强的说服力。要做到这一点，"知己知彼"十分重要，唯先知彼，而后方能从对方立场上考虑问题。成功的人际交往语言，有赖于发现对方的真实需要，并且在实现自我目标的同时给对方指出一条可行的路径。

某精密机械总厂生产某项新产品，将其部分部件委托另外一家小型工厂制造，当该小型工厂将零件的半成品呈示总厂时，不料全不合该厂要求。由于迫在眉睫，总厂负责人只得令其尽快重新制造，但小厂负责人认为他是完全按总厂的规格制造的，不想再重新制造，双方僵持了许久。总厂厂长在问明原委后，便对小厂负责人说："我想这件事完全是由于公司方面设计不周所致，而且还令你吃了亏，实在抱歉。今天幸好是由于你们帮忙，才让我们发现竟然有这样的缺点。只是事到如今，事情总是要完成的，你们不妨将它制造得更完美一点，这样对你我双方都是有好处的。"那位小厂负责人听完，欣然应允。

也许你会质疑："站在对方的立场上说来容易，实际要做的时候却很难。"没错，站在对方立场来说话确实不容易，但却不是不可能。许多口才不错的人都能确实做到这一点。因为若不如此做，谈话成功的希望就可能是很小的。真正会说话的人，善于努力地站在他人的角度来设想，并且乐此不疲。然而，他们也并非一开始就能做得很好，而是从一次次的说服过程中吸收经验、吸取教训，不断培养自己养成这种习惯，最后才达到这样的境界。因此，只要你愿意，这并不是件太大的难事。

站在对方的立场上思考和说话，设身处地地为别人着想，往往能让人非常感动。现在有一个很流行的说法是"理解万岁"，一个人最大的痛苦之一就是没人理解，如果我们能站在他的立场上说话，那对于他来说是一种莫大的幸福。

美国汽车大王福特说过："如果说成功有秘诀的话，那就是站在对方立场上认识和思考问题。"如果你与别人意见不一致了，假若能站在对方的立场上认识和思考问题，你也许会发现自己错了。而且如果你肯主动承认错误，就会使矛盾很快得到解决，还能赢得他人的喜欢。

赞美规则：赞美艺术，因情而异

人的地位有高低之分，年龄有长幼之别，因而因人而异、突出个性的赞美比一般化的奉承能收到更好的效果。老年人总希望别人不忘记他"想当年"的业绩与雄风，同其交谈时，可多称赞他引以为豪的过去；对年轻人不妨赞扬他的创造才能和开拓精神，并举出几点实例证明他的确能够前程似锦；对于经商的人，可称赞他头脑灵活，生财有道；对于知识分子，可称赞他知识渊博、宁静淡泊……这些都是恰如其分的。而如果夸一个中年妇女活泼可爱、单纯善良就会不伦不类，弄不好会招致臭骂；赞美你的领导发家有方、日进斗金，恐怕升迁就渺茫了。

要夸别人，应有一种"战无不胜"的信心。人都是有弱点的，再谦虚，再不近人情，再标榜不喜欢听甜言蜜语的人，其实都是喜欢别人赞美自己的，但要恰如其分。

有这样一个故事，古时候有一个人非常善于拍马屁。他阿谀奉承地过了一生，送了无数的高帽子给人戴。死后到了阴间，阎王亲自审问他。

"你这人活了一世，只懂阿谀奉承，让人不思进取，实在是罪该万死。来啊！把他给我打下十八层地狱！"阎王怒气冲冲地吼道。

"慢着，"那人不慌不忙地说道，"小人是该死，但小人奉承的都是那些有虚荣心的人。像大王您这样英明神武、铁面无私、没有虚荣心的人是不会接受小人的高帽的。"

"还算你有眼！"阎王笑着说，"你投胎去吧！"

要赞美对方，就要善于揣测人心，了解对方的需要，有的放矢。比如，营业员与顾客在商品质量、价格等方面争执不下时，营业员改换话题，称赞这位顾客真有眼光，这衣服款式是最新的，面料也好，特别畅销。再夸她"能说会道，真会砍价，我们这儿从没这么低的价钱了"。顾客一定喜欢听，不好意思再争下去，说不定很快就买下来了。人的心理就是这么奇怪。

吴局长除了精于本职业务以外，对书法也颇有研究。一次部下小丁去拜访他，恰巧碰到他在写字。"哎呀，没想到吴老的字写得这么好。"精明的小丁一副发现新大陆的样子。

"哪里哪里，胡乱涂鸦罢了。"吴老很谦虚。"我以前也学了两年书法，但总不得要领。不知道吴老有什么绝招，可不可以教教我？"小丁虚心求教。"你也喜欢书法？那太好了！"

吴老像遇到知己一样，兴奋地对自己的部下说起来。"就我自己的体会，学写书法就在于三点：眼到、心到、手到。所谓眼到，就是观摩名家作品，要观察入微；心到呢，就是学书法要有恒心，切不可'三天打鱼，两天晒网'的，并且写的时候要用心去体会，进入忘我的境界。"吴老停下来，喝了口茶。

"那手到又是什么呢？"小丁一副求知的样子。

"手到当然是多练了。只有多练才能体会到书法的真义。"

"唉，我过去就是看得少，练得少，并且没有恒心。今天听吴老一席话，对我的帮助真是太大了！"小丁感慨地说。

接下来宾主自然是谈得非常投机。临走时，吴老还送了小丁一副自己的字。小丁将它往自己办公室一挂，当然增光不少，吴局长也更喜欢他了。

我们与别人交流的时候可以先明白对方的喜好，然后用一些恰当的话去迎合对方的喜好。

每个人都有自己的长处，这方面往往是他花费了精力才获得的，如果你对他的这方面表示承认，并且表示得谦虚一些，对他显露出求教的意思，给他充分展现自己特长的机会，他一定会很高兴的。

团结规则：交流过程，多说我们

有位心理专家曾经做过一项有趣的实验。他让同一个人分别扮演专制型、放任型与民主型等三种不同角色的领导者，而后调查其他人对这三类领导者的观感。

结果发现，采用民主型方式的领导者，他们的团结意识最为强烈。同时研究结果也指出，这些人当中使用"我们"这个名词的次数也最多。

一家公司招聘员工，最后要从三位应聘人员中选出两个。他们给出的题目是这样的：

假如你们三个人一起去沙漠探险，在返回的途中，车子抛锚了。这时，你们只能选择四样东西随身带着。你会选什么？这些东西分别是：镜子、刀、帐篷、水、火柴、绳子、指南针。其中帐篷只能住两个人，只有一瓶矿泉水。

甲男选的是：刀、帐篷、水、火柴。

面试经理问他，为什么你第一个就要选刀？

甲男说："害人之心不可有，防人之心不可无。这帐篷只够两个人睡，水只有一瓶，万一有人为了争夺生存机会想害我呢？所以，我把刀拿到手，也就等于把主动权抓到了手中。"

乙女和丙男选的四样物品为：水、帐篷、火柴、绳子。

乙女解释说："水是必需品，虽然只够两个人喝，但可以省着点，相信也能够使三个人一起坚持到最后；帐篷虽然只能容纳两个人睡，但是可以三个人轮换着来休息；火柴也是路上必不可少的；而绳子可以用来把三个人绑在一起，这样在风沙很大、看不见物的时候，队伍就不会散了。"丙男给出的解释与乙女相同。

最后，甲男被淘汰出局。

事实上，我们在听演讲时，对方说"我认为……"带给我们的感受，将远不如他采用"我们……"的说法，因为采用"我们"这种说法，可以让人产生团结意识。

小孩在做游戏时，常会说"我的""我要"等语，这是自我意识强烈的表现，在小孩子的世界里或许无关紧要，但若长大成人以后仍然如此，就会给人自我意识太强的坏印象，人际关系也会因此受到影响。

人的心理是很奇妙的，同样的事往往会因说话的态度不同，而给人完全不同的感觉。因此善用"我们"来强化彼此间的共同意识，对促进我们的人际关系将会有很大的帮助。

"我没有做什么，同事们和我一样战斗在工作第一线，尤其领导更是起了带头作用，为我们做出了榜样。所以今天大家给我的荣誉，我觉得功劳不能归于一人，功劳是大家的。"在一些表彰会上，经常可以听到这样的语言，把"我"说成"我们"，一来显得自己谦虚，二来让领导和同事们听着都很舒服。

中国是一个传统深厚的国家，中国人有内敛的普遍个性，这种内敛个性成为了我们基本价值判断的一部分。如果一个人过分强调自己，什么事都抢着去干，或者什么功劳都揽到自己头上，什么过错都推给别人，那这个人很可能就要倒霉了，除非你是团队中的头号人物。所谓"枪打出头鸟"就是这个道理，所以即使自己干了很多，苦劳都是自己的，也要把功劳分给大家。

不过让心中不平之人聊可自慰的，就是你做了事情但是把功劳和大家分享了，你在别人心中的地位就会逐渐提高。群众的眼睛是雪亮的，领导更是眼明心亮，只要你不抢他的风头，时间长了肯定有你的好处。

说"我"跟"我们"的差别，其实就是让听者心里头高兴与否。说"我们"，听者心里高兴，对自己有好处；说"我"，听者心里不高兴，对自己没什么好处。既然这样，聪明的人就应该多说"我们"少说"我"。

那么是不是不能说"我"呢？当然不是，只是要把握好机会。平时积累了很多人情资本，在关键时刻勇敢地把"我"说出来，等于是量变到质变的飞跃，会取得让人满意的结果。

少言规则：给人机会，不多说话

有些人在生活中常易犯一个毛病：一旦他们打开话匣，就难以止住，被人称为"话痨"。其实，这种人得不偿失，因为他们自己话说得多了，既费精力，给他人传递的信息又太多，也还有可能伤害他人；另外，他们无法从他人身上吸取更多的东西，当然问题不在于别人太吝啬，而是他不给别人机会。看来，那些说个不停者确实该改改自己的"牛性"了，否则会吃大亏。

如果有几个朋友聚在一起谈话，当中只有一个人口若悬河，其他人只是呆呆听着，这就成为他的演讲会，让在场的其他人感到无可奈何和愤怒。每一个人都有着自己的发表欲。小学生对老师提出的问题，争先恐后地举起手来，希望教师让自己回答，即使他对于这个问题还不是彻底地了解，只是一知半解地懂了一些皮毛，还是要举起手来，也不在乎回答错误要被同学们笑，这就说明人的表现欲是天生的，因为小学生远不如成年人有那么多顾虑。成人们听着人家在讲述某一事件时，虽然他们并不像小学生那样争先恐后地举起手来，然而他却恨不得对方赶紧讲完了好让他讲。

阻遏别人的发表欲，对方一定不高兴，在此情况下很难得到别人的认同，不要做这样的事。你不但应该让别人有发表意见的机会，还得设法引起别人说话的欲望，使对方感觉到你是一位令人欢喜的朋友，这对一个人的好处是非常之大的。

著名记者麦克逊说："不肯留神去听人说话，这是不受人欢迎的原因之一。一般的人，他们只注重于自己应该怎样说下去，绝不管别人要怎样说。须知世界上多半是欢迎专听人说话的人，很少欢迎专说自己话的人。"

美国一家汽车公司正在准备采购一年所需要的坐垫布。3家有名的厂家已经做好样品，并接受了汽车公司高级职员的检验。然后，汽车公司给各厂发出通知，让各厂的代表进行最后一次竞争。

有一个厂家的代表基尔先生来到了汽车公司，他正患着严重的咽喉炎。参加高级职员会议时，他的嗓子哑得厉害，差不多不能发出声音。他被带进办公室，与纺织工程师、采购经理、推销主任及该公司的总经理面洽。他站起身来，想努力说话，但只能发出沙哑的声音。

大家都围桌而坐，所以基尔只好在本上写了几个字："诸位，很抱歉，我嗓子哑了，不能说话。"

"我替你说吧，"汽车公司总经理说。后来总经理真替他说话了。他陈列出基尔带来的样品，并称赞它们的优点，于是引起了在座其他人活跃的讨论。那位经理在讨论中一直替基尔说话，而基尔在会上只是微笑点头及做出少数手势。

令人惊喜的是，基尔最后得到了那份合同，订了 50 万码的坐垫布，价值 160 万美元——这是他得到的最大订单。

如果不是因为意外而说不出话，也许基尔就要侃侃而谈，让人心生反感，也就不会得到那笔单子。一个商店的售货员，拼命地称赞他东西怎样好，不给顾客有说一句话的机会，很可能就会失去这位顾客的生意；因为顾客不过是把你的如簧之舌、天花乱坠的说话当作是一种生意经，绝不会轻易相信而购买的。反过来，你如果给顾客说话的余地，使他对商品有评价的机会，你的生意便有可能做成功。因为顾客总有选择和求疵的心理，如果只是一味地夸耀，或是对顾客的批评加以争辩，这无异于说顾客不识好货，不是对顾客极大的侮辱吗？他受了极大的侮辱，还会来买你的货物吗？

与其自己唠唠叨叨地多说废话，还不如爽爽快快，让别人去说话，反而会得到意想不到的成功。如果能够给别人说话的机会，你就给人留下了一个好印象，以后，别人就会更愿意与你交谈。

诚恳规则：谦和诚恳，缩短距离

第一次见面时，用三言两语恰到好处地表达你对对方的友好情意，或肯定其成就，或赞扬其品质，就会顷刻间暖其心田，感其肺腑，就会使对方油然而生一见如故、欣逢知己之感。初次见面时交谈达到这种程度会为日后地深入交往做好铺垫。跟从未见过面者电话交谈时适当地表情达意同样能使对方感动不已。

　　很多时候，当你的意见与对方出现分歧时，你也许很想打断他。不要那样做，那样做很危险。当他有许多话急着要说的时候，他不会理你的。因此，你要耐心地听着，诚恳地鼓励他充分地说出自己的看法。

　　在日常生活中，我们也应该做一个开明谦和的人。如果你从事推销工作，那么被别人拒绝就是在所难免的事了。对方拒绝你并不是因为不想买你的产品，而是因为与你有距离感，这种时候你就非常有必要想办法用一种比较谦和的态度来消除与对方的距离感。

　　刘先生是一家天然食品公司的推销员。一天，他还是一如往常，把芦荟精的功能、效用告诉一位陌生的顾客，对方同样没有兴趣。刘先生自己嘀咕："今天又无功而返了。"当刘先生正准备向对方告辞时，突然看到阳台上摆着一盆美丽的盆栽，种着紫色的植物。刘先生于是请教对方说："好漂亮的盆栽啊！平常似乎很少见到。"

　　"确实很罕见。这种植物叫嘉德里亚，属于兰花的一种。它的美，在于那种优雅的风情。"陌生人解释道。

　　"的确如此。会不会很贵呢？"刘先生接着问道。

　　"很昂贵。这盆盆栽要800元呢！"陌生人接着说。

　　"什么？800元……"刘先生故作惊讶地问道。

　　刘先生心里想："芦荟精也是800元，大概有希望成交。"于是慢慢把话题转入重点："每天都要浇水吗？"

　　"是的，每天都要很细心养育。"

　　"那么，这盆花也算是家中的一分子喽？"这位家庭主妇觉得刘先生真是有心人，于是开始倾囊传授所有关于兰花的学问，而刘先生也聚精会神地听。

　　过了一会儿，刘先生很自然地把刚才心里所想的事情提出来："太太，您这么喜欢兰花，您一定对植物很有研究，您是一个高雅的人，同时您肯定也知道植物带给人类的种种好处，带给您温馨、健康和喜悦。我们的天然食品正是从植物里提取的精华，是纯粹的绿色食品。太太，今天就当作买一盆兰花把天然食品买下来吧！"

　　结果对方竟爽快地答应下来。

　　这笔生意的成交多半是因为刘先生态度谦和，既没有咄咄逼人的强势，也没有卑躬屈膝让人鄙视。这一结果出人意料，但并非在情理之外。

　　实际上，只要你有谦和的态度，你要办的事情往往会柳暗花明，甚至在你毫无思想准备的情况下获得成功。谦和诚恳不仅是良好修养的体现，也是高超的语言驾驭能力的体现。这种能力能使对方放下敌意，像你一样的谦和，进而与你建立一种相互吸引的关系。

规避规则：不同观点，婉转表达

美国前参议院议员罗慈和哈佛大学校长罗威尔，在欧战结束后不久，一同被请到波士顿去辩论国际联盟的问题。罗慈感觉到大部分听众都对他的意见表示仇视，可是他决定让听众都赞同他的意见。他该怎样表达自己的观点，让听众赞同自己呢？下面是他的那篇演说稿，看完他开始的十几句话，即使反对他最强烈的人，也无法对他提出相悖的意见。为了称颂听众的爱国热忱，他称听众为"我的同胞"；为了缩小彼此意见相悖的范围，他敏捷而郑重地提出他们共同的思想；为了赞美他的对手，他坚持着说他们的不同点只是方法上琐碎的小枝节，而对于美国的幸福以及世界的和平诸多大问题，他们的观点是完全一样的。他更进一步地说，他也赞成国际联盟的组织是应该有的。分析到最后，他和对方的不同点，只是他觉得"我们应该有一个更完善的国际组织"。现在就让我们来看看他演说的开头吧！

校长、诸位朋友、诸位先生、我的同胞们：

罗威尔校长给了我这一个机会，使我能够在诸位面前说几句话，对此我感到十分荣幸。我们两人是多年的老朋友，而且都是信奉共和党的人，他是我们拥有最大荣誉的大学校长，是美国最重要、极有权威和地位的人，他还是一位研究政治最优秀的学者和史学专家。现在，我们对于当前的重大问题，在方法上也许有所不同。然而，在对待世界和平以及美国的幸福的问题上，我们的目的还是一样的。如果你们允许的话，我愿意站在我本人的立场上来简单地说几句。我曾用简明的英语，一次又一次说了好多遍了，但是，有人对我产生了误解，竟说我是反对国际联盟的，而无论它是一个怎样的组织。其实，我一点也不反对，我渴望着世界上一切自由的国家，大家都联合起来，成立我们所谓的联盟，也就是法国人所说的协会。只要这个组织能够真正联合各国，各尽所能，争取世界永久和平，促成环球裁军的实现。

任你曾对演说者的意见有过怎样激烈的反对，但是当你听完这样一个开头之后，你觉得心平气和些吧！你当然愿意更多听一些，至少你相信演说者是个正直的人。

如果罗慈的演说开头就把那些信任国际联盟的人加以痛斥，说他们真是荒谬达到极点，而且自己再在心里存着一种偏见，结果当然必败无疑。相反，他机智、委婉地把自己的观点托出，反而让听众更愿意往下听。下面一段话，是从罗宾汉教授所著最伟大、最受人欢迎的《心的形成》一书中摘录下来的，他根据心理学来指示我们为什么直接攻击方式不会发生效力：

"这是我们常常感觉到的，我们并不费什么情感，或是遭遇到什么阻力，就把原来的意见改变了。但是，如果有人明确指责我们的错误，我们立刻会对这指责发生反感，而且还使我们的主意更加坚决。我们的信念往往在不知不觉中发生，但是，如果有谁来打消我们那种信念时，我们就会十分坚决地以全力来保护它。"

如果你要表达一个与别人的意见相左的观点，特别是你要说服别人相信自己的观点并抛弃原有的意见，那么你最好不要一上来就攻击说别人是错误的，而应该机智、委婉地表述自己的观点，然后把听众引到你的观点上来，从而使他们忘记原来的观点。

口才加油站

希拉里的口才锻炼之道

她在读中学时，就有雄心想当美国首位女总统。2008 年，她果然站在了美国总统竞选者的行列，被公认为口才最佳的美国总统候选人之一。她就是被称为"耶鲁才女"的美国国会参议员希拉里。今天，她虽然无缘宝座，却被当选总统提名为美国国务卿。

13 岁的时候，希拉里在老师的带领下聆听马丁·路德·金的一场演讲。她深深为马丁·路德·金的激情所感染，并在老师的介绍下，与这位民权运动领袖握了手，这段经历使得希拉里成为马丁的崇拜者，也使她认识到了演讲的巨大魅力。从此，她就下定决心要做一名口才卓著的政治家。

怎样才能使自己有口才呢？希拉里经过深入思考认识到：口才的实践性很强，正如只有在战争中更快学会打仗一样，过人的口才，也只有多多实践，才能更快拥有。于是，她采用了"课堂内外，双管齐下"的方法来锻炼口才。

课堂内，她抓住老师安排的课堂讨论的机会，积极与自己的同学们进行讨论。她积极思考，很善于提出一些有争议性和启发性的问题，让同学们乐于和她争辩、讨论。此外，她还专门组织一些兴趣相投的同学，组建了一个讨论小组，从国家大事到日常生活，从科学技术到音乐艺术，都是他们讨论的话题，这样，在言语的"交锋"中，她的口才有了很大提高。

　　希拉里明白，比剑要找高手，弄斧要到班门。只有与比自己水平高的人多讨论，才能进步得更快，所以，她不满足于只是与自己水平相差不大的同学们进行讨论。每天下午放学后，她总是乐此不疲地去老师办公室，谈她的种种想法。在老师的引导下，她接触到了很多新的思想观念，同时，老师还不断向她介绍一些有用的书籍，要求她读完后再一起讨论，而希拉里也总能按时完成老师布置的阅读任务，并积极思考，列出自己不懂的问题，及时找老师讨论，解疑释惑。多年以后，希拉里在一次采访中回忆老师时说道："他是改变我一生的导师，每次讨论完之后，他都会向我提出另一个任务，期望以后好好讨论讨论它。而每一次的讨论不仅提高了我的认识，也使我的口才有了飞速进步。"

　　口才助人成功，希拉里练就的口才，不断为她的人生增光添彩，她不仅成功当选国会参议员，协助自己的丈夫克林顿连任两届总统，而且成为美国新一任国务卿。

第六章 说话禁忌

表达禁忌：避免表意不明引歧义

人说话的目的就是要让别人听懂自己，理解自己。一个人之所以开口说话，令人清楚明白是最基本的要求，如果说的话别人听不懂，语言不准确或者意思表达不清楚，就不能反映出自己的真实面貌和思想实际，听者也就不能理解和接受，结果不仅会给自己带来不少麻烦，甚至还会造成无法挽回的损失。

二战期间，由于德军经常空袭伦敦，所以英国空军总是保持高度警惕。在一个浓雾漫天的日子，伦敦上空突然出现了一架来历不明的飞机，英国战斗机立即升空迎击，到飞临对方时，才发现这是一架中立国的民航机。

英国战斗机向地面指挥部报告了这一情况，请求指示。地面指挥部回答："别管它。"于是，英国战斗机发出一串火炮，把这架民航机打落了。后来，英国为此支付了一笔巨额赔偿才了事。

在这一事件中，英国地面指挥人员和战斗机驾驶员都负有不可推卸的责任。首先是地面指挥部，不该用"别管它"这样语义不明的言辞来回答。这既可以理解为"别干涉它，任它飞行"，也可以理解为"甭管它是什么飞机，打下来再说"。其次是战斗机驾驶员的责任，在听到这种可作完全相反理解的命令后，他应该再次请示，然后再采取行动。这样就不致铸成大错了。

在遇到这种存在歧义的言辞时一定要慎重处理，切勿模糊不清，否则它会成为你与人沟通的障碍，甚至会得罪人。例如，在一家公司中，人事流动是正常的，对一个高明的部门主管来说，当有人走了以后，他要做的事情应该是如何通过自己的语言影响力来稳住留下来的人。但是，有很多部门主管并不注意这一点。

某公司的部门经理手下有6名职员。有一天，2名职员提出辞职，这位经理感到很不安，他对留下来的4名职员说，"那些精明能干的人都走了，我们的将来真是前途未卜！"显然，这句话得罪了留下来的4名职员，使部门的气氛更加紧张。

也许这位部门经理对留下来的4名职员并无贬低之意，可是由于他的不准确表达，使这4名职员心理上产生阴影，在日后的工作中，肯定会产生对抗情绪。

一个说话准确的人，总可以准确、流利地表达出自己的意图，也能够把道理说得很清楚、动听，使别人很乐意接受。当然，说话能够做到雅俗共赏是最理想的，那将使你拥有更多听众。但无论如何，为了准确传达你的信息，应尽量避免说那些会使人误会的言辞。

下面3点能够让我们尽快掌握表达禁忌的方法。

1. 从语言上来讲，说话要通俗易懂。例如，涉及某些专业问题时，如果听者不是专家学者，应改用浅显、平易、朴实的语言，少用专业术语，更不可咬文嚼字，故作高深。如果听者是具有较高文化素养的人，语言可以稍微文雅些，让自己的谈吐适应他们的水平。

2. 少说套话，最好直入主题，清晰明确地表达自己的意见。但不要为了省话而只说简短的语言，以免让别人产生误会。

3. 经常朗读优秀的文章，练习写作，以修炼自己的语言组织能力。在说话前深呼吸，仔细思考所说之言的顺序，避免发言时逻辑思维混乱。

说话禁忌：勿在别人面前话不休

说话能安慰一个人，也能伤害一个人。当你管不住嘴巴，没完没了地自说自话时，你就如同一只苍蝇一样，令倾听者感到厌烦，你将很难给任何人留下好印象。

一百多年以前，美国著名的罗克岛铁路公司打算建一座大桥，把罗克岛和达文波特两个城市连接起来。当时，轮船是运输小麦、熏肉和其他物资的重要工具。所以，轮船公司把水运权当成上帝赐予他们的特权。一旦铁路桥修建成功，自然也就断了他们的财路。因此轮船公司竭力对修桥提案进行阻挠。于是，美国运输史上最著名的一个案子开庭了。

时任轮船公司的辩护律师韦德，是当时美国法律界很有名的铁嘴。法庭辩论的最后一天，听众云集。韦德站在那儿滔滔不绝，足足讲了两个小时。

等到罗克岛铁路公司的律师发言时，听众已经显得非常不耐烦了。这正是韦德的计谋，他想借此击败对手。然而，大令韦德意外的是那位律师只说了一分钟——不可思议的一分钟，这个案子就此闻名。

只见那位律师站起身来平静地说："首先，我对控方律师的滔滔雄辩表示钦佩。然而，陆地运输远比水上运输重要，这是任何人都改变不了的事实。陪审团，你们要裁决的唯一问题是，对于未来发展而言，陆地运输和水上运输哪一个更重要？"片刻之后，陪审团做出裁决，建桥方获胜。那位律师高高瘦瘦，衣衫简陋，他的名字叫做亚伯拉罕·林肯。

韦德之所以用两个小时滔滔不绝，既是为了炫耀自己的口才，也是存心在拖延时间，好让林肯在发言的时候让听众感到厌烦。但是他不仅错估了听众厌烦的剧烈程度，而且也低估了对手林肯的机智反应。这样一来，相比较林肯的言简意赅，韦德的慷慨陈词不但没能加深陪审团的印象，反而愈发显得惹人生厌。

如何以最简单的语言表达最清楚的意思，是说话的一个难题。在推销中这方面也显得尤为突出。当一个素不相识的推销员向你推销时，你一般都不会轻易接受，如果他喋喋不休，则更加令人难以忍受。所以言简意赅是谈话时需要特别注意的原则。

著名推销员克里蒙·斯通说："起初，我一直试着向每一个人推销。我赖在每一个人面前不走，直到把对方烦得累垮。而我在离开他之后，也是筋疲力尽。"很显然，这样做的效果对于推销业绩无所助益。

后来，克里蒙·斯通决定："并不一定要向每一个我拜访的人推销保险。如果推销的时间超过预定的长度，我就要转移目标。为了使别人快乐，我会很快地离开，即使我知道如果再磨下去他很可能会买我的保险。"

谁知这样做竟然产生了奇妙的效果，克里蒙·斯通的订单竟然与日俱增。因为有些人本来以为他会磨下去的，但当他愉快地离开他们之后，他们反而会来找他，并且说："你不能这样对待我。每一个推销员都会赖着不走，而你居然不再跟我说话就走了。你回来给我填一份保险单。"

任何人都不喜欢别人喋喋不休地向自己宣传，也不希望对方夸夸其谈，毫不在意自己的感受。在有些场合，你在发表自己的言论时，其实决定权在对方的手中，因为他是受众，当他肯定了你的言论，你说的话才是有效可行的。

喋喋不休只会让人心烦，对你失去信任与耐心，由此产生强烈的逆反心理，所以如果你经常啰唆不已，就要记得提醒自己不要去浪费别人的时间。

声调禁忌：避免音高避免乱回答

谁也不能否认，说话是一门高深的艺术，一段话出自演讲家的口中和出于一个没有文化的人口中，对受众所产生的效果绝对是不一样的。因为演讲家懂得用最适当的语速、最优美的声调、最清晰的语音来吸引听众。

一个真正会说话的人，不仅要把自己的言辞修饰好，其表达方式也是经过锤炼的。大凡能够吸引人的对话或演讲，通常都是充斥着智慧和活力的，这产生于说话者很好的表达能力。所以，如果你的声音足够优美且富有活性，可以使人对你产生极美好的幻觉，它能在你疲倦时让别人感到你仍精力旺盛，能在你70多岁时还使人觉得你仍然年轻。

声音的质感是天生的，即使先天的条件使你无法拥有优美的声音，但你也一定要学会如何让语言抑扬顿挫。声音优美、停顿有力并不够，我们还要把握好说话时的音量。什么情况该用多大的声音说话，吐字清不清晰，这也都决定了我们的语言是否能够感染别人。

在某次会议上，因发电影票问题，引起与会者的不满。有几个人怒气冲冲地来到会务组兴师问罪。会务组组长是位语言心理战老手，他向对方解释时的声音越来越小，嘴巴也越来越靠近对方的耳朵，最后简直就是贴在对方的耳朵上说悄悄话。对方的脸色也由阴转多云，多云转晴，最后，组长拍拍对方的肩膀，亲热地问了一句："明白了吧？"对方点了点头，微笑着告辞了。事后，有人询问组长："组长，您跟他说了些什么，这么见效？"组长的回答令人大吃一惊："其实我什么也没说！""那对方为什么消了怒气呢？""我跟他说话的方式使他消了气。"

中国有句俗话说：有理不在声高。如果你天生就是大嗓门，那就只有尽量降低自己的音量，每个人的耳朵都有一定的承受能力，并不是人人都想听你在一旁打雷。倘若你是因为气愤而大声怒吼，那么生气也是于事无补，对方也未必惧怕你；如果你很有礼貌地说话，反而会使对方感到自己有失风度。

说话就是这样一门有趣且难以掌握的艺术，如果你能够尽数掌握这些本领，相信什么难以开口的语言，在你的口中都会变成一篇优美的文章。掌握以下5

点方法会给你带来更多的帮助。

1. 要注意重音，使自己的声音充满活力。即根据表情达意的需要，把重要的音、句或语意强调说出，使说话者的思想感情表现得清楚明晰，以引起听者留意并加深他们的印象。

2. 不可千篇一律。要想声音活泼生动，首先得遵照呼吸原则，如果一句话非常长，那么就要断句说。

3. 声音色彩是感情色彩的外部体现。一个人说话的声音色彩浓烈，很容易感染他人。不过运用声音色彩进行表达时，却不能采用简单的见喜用喜声，见怒用怒声的"对号入座"的办法。

4. 说话时要注意语音停顿。恰当地处理语言交流中的停顿，不仅是表达说话意图的需要，而且是增强语言表现力和精确性的需要，是有声语言表情达意的必要手段。

5. 声音适度，语速适中。说话不能太大声，这样会产生共振效果，令人听不清楚。因此应训练你自己，说话时声音要清楚，快慢合度。

心态禁忌：别让恐惧扼住了喉咙

千万不要小看恐惧对一个人谈吐的影响。至少有90%的人，在公众环境发表讲话时，都会产生恐惧和紧张感，出现各种表达不清晰、不恰当的情况。所以千万别让恐惧掐住我们的喉咙。

恐惧是阻碍人说话达到预期效果的重要因素。我们常常可以听到："我的老师在每堂课上都喜欢提问。无论何时被叫到，我都会口干舌燥。如果是一对一闲谈，我会稍微感觉好一点，但仍然紧张。"

"没有比求职更糟的了。在等待会见时，我总是冒冷汗，额头布满汗珠，腋窝也湿了。还没进办公室就这副样子！"

是什么使所有这些恐惧落在我们的身上？简单来说，每个人都想获得尊重、招人喜爱。可信和令人喜爱是实现自如说话的两个重要因素，几乎每个人都想从这两点中获益。不管我们已有多少，永远也不会觉得足够。为了这两样东西，人们就会不自觉地产生紧张感，这种紧张感的出现源于以下两种心理因素：

第一种，不想献丑。这些人的想法是，一旦在众人面前说话，自己的粗浅根底、拙劣看法都会暴露出来，那么从此以后，哪里还有自己的立足之地？所以，不说话或少说话更稳妥。

不过，持有这种想法的人应该想一想，一个人尽量不暴露自己的短处，相对的，其长处也就无法尽显出来。其实只要你认真地发挥全力，诚诚恳恳地把话说出来，相信必会有不错的表现。

第二种，不知道该如何组织说话的内容，所以会感到惊惶。有的人产生此种感觉是先天原因：如生来性格内向，他们说话低声细语，见到生人就脸红。还有一些教育不当的因素也占其中：儿童时期因长辈不加引导，孩子见到生人或到了陌生的地方，便习惯性地害羞、躲避，没有自信心。等到长大之后，便羞于与人接触，更羞于在公开场合讲话。

害怕当众讲话，没有谁会是特例。可以毫不夸张地说，人人都可能在说话前后或说话过程中出现紧张、恐惧心理；即便演说专家、能言善辩者也不例外。世界上没有天生的演说家。

大凡闻名全世界的成功推销员、演说家并非一开始就对说话习以为常，无所畏惧。一名成功的推销员很可能在历经多次失败之后才建立起说话的勇气，著名的演说家也是从无数次演说经验中才掌握了演讲的技巧，才能赢得满堂彩。所以，第一次尝试总是比较艰难，但是一回生、二回熟，熟悉之后就能泰然处之，游刃有余。

做到以下五点，会让你快速进入说话的最佳状态。

1. 关于如何克服当众怕羞的心理，卡耐基的意见是："你要假设听众都欠你的钱，正要求你多宽限几天；你是神气的债主，根本不用怕他们。"所以，树立自信是克服恐惧感的第一步。你要这样认为，当你开口说话时，听众当中有人相信你的能力，相信你对议题有十分精通的判断。

2. 抓住机会努力练习口才。只要是不会让你感到紧张的场合，你都可以练习，甚至你可以选择一块石头作为听众。然后循序渐进地把家庭成员、亲近的朋友，然后是任何人当成练习的对象。

3. 主动营造说话的气氛。如果在与别人说话时的气氛好，或者当时所谈论话题人人感兴趣，那么人们的谈话兴致便高，回应的速率也会很快，这样就避免了自说自话的尴尬，无形中减少人在发言时的恐惧感。

4. 效仿名人的谈吐方式，可以学习他们发言的风格。

5. 身体克服恐惧法。多进行深呼吸式的减压练习以及放松摆臂练习，来减少精神引发的肌肉紧张感。只要人的身体放松，说话就会慢慢变得流畅。

沟通禁忌：上帝给你两耳一张嘴

许多人喜欢让别人听他说话，却不太喜欢听别人说话，如果你在无意中也存在这样的情况，那么请记得，上帝给了我们两只耳朵一张嘴。我们有权说话，他人也一样，当你要求他人倾听你时，你也要懂得倾听他人。

例如，在求职就业中，大多数人常犯的最大错误就是高谈阔论，普遍缺少倾听的耐心，很可能因此失去工作的机会。

有一合资单位的经理到某大学去招聘职员，他对二十多名大学生进行了反复核查，从中挑选出了三名大学生进行最后的面试。其中有两名大学生在经理面前，夸夸其谈，提出一大堆的建议和设想。而另一名学生则与他们相反，在面试时，一直耐心倾听经理的见解和要求，很少插嘴，只有当经理询问时，他才回答，而且很简练，在面试结束时，他委婉地说道："我很重视您的要求，也非常赞同您的见解。如果我能被录用的话，还望您今后多多指导。"三天后，这位善于倾听的大学生接到了录用通知，而那两位夸夸其谈者则被淘汰了。

在推销中常有这样的现象：如果推销员在推销产品时，70％的时间是他在讲话，顾客只能得到30％的讲话时间。这样的推销员业绩平平。而顶尖的推销员，早就总结出了一条规律：如果你想成为优秀的推销员，建议你把用于听和说的比例调整为2：1，70％时间让顾客讲话，你倾听；30％时间自己用来发问、赞美和鼓励他说。这就是"两只耳朵一张嘴"法则。

在与别人交谈时，如果你发现自己的耳朵快关闭了，那么请当机立断，闭上嘴巴。谈吐不一定总能让你受到尊敬，而耐心倾听总是会轻易为你挣得别人的青睐。以下是4点需注意的地方。

1. 不要说个没完。当对方脸上露出不太愉快的表情时，你应知道是到了你该闭嘴的时候了。

2. 多做性格修炼。平时看书、饮茶，都是修养心性的好方法，这些事情会让你变得更加有耐心，有助于说话时能安静下来聆听别人。

3. 尽量克制自己打断他人的习惯。有效且巧妙地打断会让你找回正题，而无礼的打断只会让你名誉受损。

4. 配合对方的谈话。经常用感叹词或肯定词来肯定和赞美他人的话，这也是倾听的方式，还能为你赢得他人的欢心。

隐私禁忌：避开同事的隐私问题

每个人都有不想让大家知道的事情，也就是说每个人都有自己的隐私。与人相处中，要极力避免谈论别人的隐私，否则就会使你人格受损，缺乏修养，甚至破坏你与他人的和睦关系。

避免谈论别人的隐私，一是不可在谈话中拐弯抹角地打听别人的隐私，二是不可知道了别人的一点点隐私就到处宣扬。宇宙之大、谈资无所不有，何必非要以他人的隐私当作谈资呢？

对待别人的隐私，要切忌人云亦云，以讹传讹。首先你要明白，你所知道的关于别人的事情不一定确凿无疑，也许另外还有许多隐情你不了解。要是你不加思考就把你所听到的片面之言宣扬出去，难免不颠倒是非，混淆黑白。话说出口就收不回来，事后你完全明白了真相时才后悔不已，但此时已经在同事之间造成了不良的影响。

如果有人在谈到某同事时说"我只跟你说"，对这样的话你可别太当真了。

假使你对某同事不具好感，按捺不住对上级说："这些话只跟您提而已……"这样随意地大发议论，正中上级下怀，你所说的话会立刻传入该同事的耳中。

对于造谣中伤，大多数人都是深恶痛绝的。而对于隐私方面的流言飞语，虽然大多数人也表示厌恶和排斥，但不少人总爱在不知不觉中加入进去。

一句"今天我看见业务科的小赵在咖啡厅和一个年轻姑娘坐在一起。"其结果经过无数人的嘴，传到最后时会变成"业务科的小赵在咖啡厅和一个漂亮姑娘搂搂抱抱，可亲热呢！"甚至说那姑娘还是本公司的××小姐。实际上呢？小赵只不过是在咖啡厅同妹妹商量搬家的事。

事实上，人与人之间的关系相当复杂，如果不知内幕，就不可信口雌黄，以免招惹是非。

现实生活中有一种人，专好推波助澜，把别人的隐私编得有声有色，夸大其辞地逢人就说，人世间不知有多少悲剧由此而生。你虽不是这种人，但偶然谈论别人的隐私，也许你无意中就为别人种下祸患的幼苗，其不良后果并非你所能预料到的。

要是有人向你说某人的隐私，你唯一的办法就是，像保守你自己的秘密一样，不可作传声筒，并且不要深信这片面之词，更不必记在心上。说一个坏人的好处，旁人听了最多认为你是无知；把一个好人说坏了，人们就会觉得你存心不良。

人们好说女人最爱谈论别人是非，其实男人当中也不乏这种人。如果你茶余饭后要找谈话的资料，那天上的星河、地上的花草，无一不是谈话的好题目，不必一定要说东家长、西家短才能消遣时间。

要是同事能将自己的隐私信息告诉你，那说明你们之间的友谊肯定要超出别人一截，否则他不会将自己的私密全盘向你托出。

要是同事在别人嘴中听到了自己的秘密被曝光，他肯定认为是你出卖了他。被出卖的同事肯定会在心里不止千遍地骂你，并为以前的付出和信任感到后悔。因此，不随意泄露个人隐私是巩固职业友情的基本要求，如果这一点做不好，恐怕没有哪个同事敢和你推心置腹。

尽量避开私人问题，也别议论公司里的是非长短。否则，用不了几个来回就能"烧"到你自己头上，引火烧身，那时再"逃跑"就显得很被动。

地域禁忌：避开别人的地域禁忌

我国地域广阔，方言习俗各异。一个规模较大的单位，不可能只由本地人组成，一定还会有各地的同事，要特别注意这点。不同的地方，语言习惯不同，自己认为很合适的语言，在其他不与你同乡的同事听来，可能很刺耳，甚至认为你是在侮辱他。

小齐是西北某地区人，而小秦是北京人。一次两人在业余时间闲聊，谈得正起劲，小齐看见小秦头发有点长了，就随口说："你头上毛长了，该理一理了。"不料小秦听后勃然大怒："你的毛才长了呢！"结果两人不欢而散。

无疑，问题就出在小齐的一个"毛"字。小齐那个地方的人都管头发叫做"头毛"，小齐刚来北京时间不长，言语之中还带着方言，因此不自觉地说了出来。而北京却把"毛"看作是一种侮辱性的骂人的话，无怪乎小秦要勃然大怒了。

还有许多其他的语言习惯，如北方称老年男子叫老先生，但如果上海嘉定人听来，会当是侮辱。安徽人称朋友的母亲为老太婆，尊敬她，而在浙江，称朋友的母亲为老太婆那简直就是骂人了。各地的风俗不同，说话上的忌讳各异。

在与同事交往的过程中，必须留心对方的忌讳话。一不留心，脱口而出，最易伤同事间的感情。即使对方知道你不懂得他的忌讳，情有可原，但至少你还是冒犯了他，在双方的友谊上是不会有增进的，因此应该特别留心。

各地的风俗习惯不同，所以各地的习俗也形形色色，五花八门。因此，当我们在和外地人交谈时，首先就要了解一下该地域的文化背景，尤其是当地的禁忌，以免在洽谈中使用了不恰当的语言，触犯了他们的忌讳，从而引起不必要的误会，甚至妨碍了有效的人际交流。

比如，到内地来投资的香港商家很多，他们说话时都爱讨个吉利，所以，我们在与港商进行洽谈时，港商认为不吉利的话就不要说。像"四"与"死"谐音，在他们面前说"四"就会犯忌讳。他们对六、八、九这三个数字颇有好感，因为听起来很像大吉大利的"禄发久"。掌握了这一点，你讨价还价时，不妨向他们讨个吉利。

"金利来，男人的世界"——这句广告词可谓家喻户晓，令"金利来"领带风靡神州。殊不知，它也曾有过被消费者拒之门外的经历。

"金利来"，原名是意大利文的意译——"金狮"。有一天，"金狮"有限公司董事长曾宪梓先生，将两条"金狮"领带送给一个亲戚，亲戚一脸不高兴地说："我才不戴你的领带呢！金输金输，什么都输掉了。"原来，粤语中，"狮"与"输"读音相近。为了避免犯这个忌讳，曾先生当晚一夜未眠。冥思苦想，绞尽了脑汁，终于想出了万全之策。

他将 GOLD 依然意译为"金"，却将 LION 音译为"利来"，即"金利来"。这个名字体现了曾先生对消费者的文化传统、风俗习惯以及消费心理的尊重。终于使"金利来"这个名字一叫即响，人见人爱。可见，只有"入乡随俗"的商业活动，才能真正抓住顾客的消费心理。

方法禁忌：说话必须避免的恶习

人们在日常说话时，由于场合简单，人员熟悉，所以随意性过大，难免存在一些不好的说话习惯。这些不好的习惯在一定范围的小圈子内无伤大雅，有时还能增进彼此间的关系，但是如果放到一个正式场合，这些不好的习惯就可能给你带来负面的影响。以下几点将提醒我们说话的坏习惯给我们在表达上带来的不便，进而指出我们应该采取的方法。

1. 是否使用鼻音说话

用鼻音说话是一种常见且影响极坏的缺点，当你使用鼻腔说话时，你就会发出鼻音。如果你使用大拇指和食指捏住鼻子，你所发出的声音就是一种鼻音。在电影镜头里，如果演员扮演的是一种喜欢抱怨、脾气不好的角色，他们往往使用的就是鼻音的说话方式。如果你使用鼻音说话，当你第一次与人见面时，就很难吸引他人的注意。你听起来像在抱怨、毫无生气、十分消极。不过，如果你说话时嘴巴张得不够，声音也会从鼻腔而出。当你说话时，上下齿之间最好保持半寸的距离。鼻音对于女人的伤害比对男人更大，你不可能见到一位不断发出鼻音，却显得迷人的女子。如果你期望自己在他人面前具有极大的说服力，或者令人心荡神移，那么你最好不要使用鼻音，而应使用胸腔发音。

2. 改变过于尖的声音

当我们受到惊吓或者恐惧时，当我们大发脾气时，当我们呼唤孩子时，往往会提高嗓门，发出一种尖叫的声音。女人尤其如此，这也许是因为她们整日面对着无数的刺激。尖锐的声音比沉重的鼻音更加难听难受，也许人们老远听见你的声音就避而远之。你可以通过镜子发现自己的这一缺点，你说话时脖子是否感到紧张？血管和肌肉是否像绳索一样凸出？下颚附近的肌肉是否看起来明显紧张？如果出现上述情形，你可能就会发出像海鸥一样的声音。

3. 克服讲粗话的毛病

任何事情，一旦形成习惯，就会自然地发生。讲粗话也是同样的道理。一旦沾上讲粗话的恶习，往往是出口不雅，自己还不知道。

（1）要认识到讲粗话是一种坏习惯，是不文明的表现，从思想上强化克服这种习惯的动机。实践表明，动机越强烈，行动越迅速，效果越明显。

（2）找出自己出现频率最高的粗话，而后以最大的决心将其改正。可以通过改变讲话频率、每句话末停顿一下、讲话前提醒自己等办法，改变原有的条件反射。改掉了出现频率最高的粗话，克服其他粗话也就简单了。

（3）要有实事求是的思想准备。冰冻三尺非一日之寒，要克服说粗话的恶习，当然也要一些时间，操之过急只能越改越多。

（4）请别人督促。由于有时自己讲了粗话还不知道，那么就有必要请人对自己进行监督。当然，这里的"别人"最好是了解自己的人，这样督促起来可以直截了当。

4. 克服说话结巴的毛病

结巴是口吃的通称。口吃就是说话时字音重复或词句中断的现象。有些人在运用语言进行交流时会出现结巴的情形。其实，结巴产生的原因是多方面的。

结巴对于极个别的人来说是一种习惯性的语言缺陷，是一种病态反应，他们也被称为口吃患者。要想治愈他们的结巴，除药物治疗外，更重要的是去除他们的心理障碍。对待他们，首先不可取笑，更不能以此逗乐。其次要努力创造条件，不断变换方式，消除其自卑心理，培养其说话的兴趣。例如，我们可以有意识地和他们交谈，态度要和蔼，放慢速度，耐心倾听，不时加以赞赏。可以请他们说一些亲身经历或耳闻目睹的事，这样会增强他们说话的信心。

另外，有口吃的人不能消极地一味依靠外部力量，还要不断地训练自己。日本前首相田中角荣少年时代就是口吃患者，为了克服这个缺陷，他常常朗诵，慢读课文，为了发音准确，就对着镜子纠正口形，后来他成了一个著名的政治家、演说家。有口吃的人不妨试一试这个方法，只要坚持不懈并保持良好的心态，相信一定会产生好的效果。

5. 检测说话的速度

即使是一些职业演说家或政治家，有时也不容易把握好自己说话的速度，如果你说话太快，别人就听不懂你在说些什么，而且听得喘不过气来。如果太慢，人们就会根本不听你说，因为他们缺乏一种耐心。适当的说话速度约为每分钟 120～160 个字之间，当我们朗读时，其速度要比说话快。而且说话的速度不宜固定，你的思想、情绪和说话的内容会影响你表达的快慢。说话中把握适度的停顿和速度变化，这会给你的讲话增添丰富的效果。

为了测量自己说话的速度，你可以按照正常说话的速度念上一段演讲词，然后用秒表测出自己朗读的时间。如果你说话的速度每分钟不到 110 个字，那说明你说话的速度需要调整，否则，你最适合的工作就是去当保姆了，因为你很快就会令人入睡。

6. 铲除"口头禅"

在我们平常与人讲话或听人讲话之时，经常可以听到"那个、你知道、他说、我说"之类词语，如果你在说话中反复不断地使用这些词语，那就是口头禅。口头禅的种类繁多，即使是一些伟大的政治家在电视访谈中也会出现这种毛病。

有时，我们在谈话中还可以听到不断的"啊""呃"等声音，这也会变成一种口头禅，请记住奥利佛·霍姆斯的忠告——切勿在谈话中散布那些可怕的"呃"音。如果你有录音机，不妨将自己打电话时的声音录下来，听听自己是否出现这一毛病。一旦弄清自己的毛病，那么在以后与人讲话的过程中就要时时提醒自己注意这一点，当你发现他人使用口头禅时，你会感到这些词语是多么令人烦躁，多么单调乏味。

7. 停止过于频繁的动作

检查一下自己，你是否在说话时不断出现以下动作：坐立不安、蹙眉、扬眉、歪嘴、拉耳朵、摸下巴、搔头皮、转动铅笔、拉领带、弄指头、摇腿等。这都是一些影响你说话效果的不良因素。当你说话时，听众就会被你的这些动作所吸引，他们会看着你的这些可笑的动作，根本不可能认真听你讲话。

在你讲话时，完全可以自我提示，一旦意识到自己出现这些多余的动作，赶紧改正。

8. 运用有风度的言辞

风度是一个人涵养的外在表现，说话风度是一个人内在气质的言语表现。增强自己说话魅力的一个重要途径就是增加自己说话的风度。一个说话有风度的人，会令人仰慕不已、倾心无比。正如德国戏剧家莱辛所说："风度是美的特殊再现形式。"

孔子说："文质彬彬，然后君子。"风度正是外在语言和内在气质的恰当配合。首先，风度是一种品格和教养的体现。如果一个人没有高尚的道德情操，没有一定的文化修养，没有优雅的个性情趣，其说话必然是粗俗鄙陋、琐碎不雅。其次，风度是一种性格特征的表现。比如，性格温柔宽容、沉静多思的人，往往寥寥几句的轻声细语就能包含浓烈的感情成分；而粗犷豪放、性情耿直者，则说话开门见山、直来直去。再次，风度是涵养的一种表现。这主要表现在处理人际关系时，不卑不亢，雍容大度。最后，风度是一个人说话的遣词造句、语气腔调、手势表情等的综合表现。如法官在法庭说话时，往往会正襟危坐、不苟言笑、咬文嚼字、逻辑缜密。

说话的风度是多种多样、丰富多彩的。洋洋洒洒、侃侃而谈是风度，只言片语、适时而发也是风度；谈笑风生、神采飞扬是风度，温文尔雅、含而不露也是风度；解疑答难、沉吟再三是风度，话题飞转、应对如流也是风度；轻声慢语、彬彬有礼是风度，慷慨陈词、英风豪气也是风度。每个人在培养自己的说话风度时，应根据自己的性格特征、情趣爱好、思维能力、知识结构等有所选择。另外，同样一个人，在不同的场合、不同的环境下，其说话的风度也是有所不同的。比如，教师在课堂上讲课与在家里跟家人闲聊时，就会表现出两种相差甚远的风度。

说话的风度是人的一种自然特色，是与时代相吻合的。我们反对脱离时代追求风度；我们也反对脱离自己的个性、身份去讲究风度。任何东施效颦、搔首弄姿、没有个性的说话都毫无风度可言。

由上述言论我们应该看到，是风度决定了语言的高度和延续程度。跟一个完全没有风度的人说话，就正应了"话不投机半句多"的老话。所以，培养良好的谈吐风度对于每个人来说都很重要。

口才加油站

王熙凤不露声色溜须拍马

《红楼梦》中王熙凤算是拍马屁的个中好手。林黛玉初入府时，为了让贾府最大的人物——贾母高兴，王熙凤拉着林黛玉的手可劲儿地夸："天下真有这样标致的人物，我今儿才算见了！况且这通身的气派，竟不像老祖宗的外孙女儿，竟是个嫡亲的孙女。"

一句话逗得贾母直乐，还同时取悦了三方人士：一面夸了林黛玉的美丽风韵；一面又没有得罪贾母的三个亲孙女：迎春、探春和惜春；还拐了弯儿地称赞了贾母。既是像嫡亲孙女，又有大家风范，那真正的嫡亲孙女迎、探、惜自然也非俗物，而这些又都源自贾母的优良遗传，可见贾母当年也是不同凡响，通身气派，乃大家之闺秀也。

如此简单的一句话，竟被王熙凤说得如此曲折、恰到好处，又火候适宜，还让听的人个个高兴舒服，欢喜非常；自己又显得不卑不亢，不媚不谄……真是令人忍不住拍案叫绝。

第七章　说话准则

勇气准则：忌讳说话有羞怯感

日常生活中常遇到许多羞怯的人，一说话就脸红，一笑就捂嘴，一出门就低头。虽然屡下决心，却总是不能够大见成效，怎么办呢？下面是一个治疗羞怯心理的社交处方。

想象自己是完美的化身。这是许多名模、影星在表演之前惯用的"伎俩"，同样适用于工作职场。面对大客户或提案前，先静坐，心中默想曾有的愉悦感受，譬如曾经聆听的悠扬乐章，愈具体效果愈好。以拥有者的态度走入每间屋子，昂首阔步，抬头挺胸，仿佛一切都在你的掌握之中。学习你所仰慕的人所有的美好特质，只要他具备你所希望拥有的特质，都可以模仿。

大胆表现自我，把自信心视为肌肉，需要定时持之以恒地锻炼，如果稍有懈怠，它很快会松弛。改善外表，换一套新洗过的衣服，去理发店吹个发型，这些办法会使你觉得焕然一新，因而增强自信。

如下几种训练可以更加系统地克服羞怯感：

进行想象练习。想象你正处在你最感羞怯的场合，然后设想你该如何应付。这样在脑海里把你害怕的场合先练习一下，有助于临场表现。

逐渐接近目标，可以减少你的焦虑。掌握害怕的根源和知道害怕时会有的生理反应，如冒冷汗或呼吸急促，当它们出现时你就可以通过一些放松的小技巧来克服它。说话时语气要坚定。没有自信的人都有说话过于急促、细声细气的毛病。说话的诀窍在于音量适中、语调平稳，速度不缓不急，此举显示你对说话的内容信心十足，利用呼吸换气时断句，内容则显得流畅有条理，切忌以疑问句结束陈述事实的语句，以免影响语气的坚定。

专心倾听别人的讲话，例如，在轮到你讲话之前，先专心听别人怎么讲。

一来可以分心，不再一心挂念自己；二来当你讲话时，别人也会专心听你的。

多提"问答题"、少提"是非题"，可以使你处于主宰的地位，这一技巧应多加演练。例如，你要出席一个舞会，就在事前先练习一下当前流行的舞步，可以减少到时出现尴尬。

多找你不认识的人谈话，例如，在排队买东西时，多与人攀谈，这可以增加你的胆量和技巧，又不至于在熟人面前出丑。

要避免不利的字眼，例如，与其自己对自己说"我感到很紧张"，不如说"我感到很兴奋"。

确信一个事实：其实在别人的心目中，你并不像你想象的那样害羞。设法避免紧张时的动作，例如，你演讲时手会发抖，就把讲演稿放在讲台上。

事情做好了，不忘自己庆祝一番，这样有助于增进你的自信。

平常不要拘泥，要多多参与，多参加活动，多与人接触，对克服羞怯心理很有帮助。确信自己一定会成功，摒弃一切不利的想法。要知道：人无完人。不要因为自己的弱点而自怨自艾。

在日常生活中，我们如果稍加留意，就会发现许多人在说话中有一些毛病。虽然这些毛病不具有决定意义，但如果不加以注意，就会大大影响谈话效果。

一般人在交谈中，常常容易出现以下几个方面的问题：

1. 用多余的套语

有些人喜欢在交谈中使用太多的或不必要的套语。例如，一些人喜欢什么地方都加上一句"自然啦"或"当然啦"一类词句；另一部分人喜欢加太多的"坦白地说""老实说"一类的套语；也有人喜欢老问别人"你明白吗"或"你听清楚了吗"；还有的人喜欢老说"你说是不是"或"你觉得怎么样"，等等。像这一类毛病，你自己可能一点不觉得。要克服这类毛病，最好的办法是请你的朋友时刻提醒你。

2. 有杂音

有些人谈话本来很好，只是在他的言语之间掺上了许多无意义的杂音。他们的鼻子总是一哼一哼地响着，或者是喉咙里好像老是不畅通似的，轻轻地咳着，要不就是在每句话开头用一个拖长的"唉"，像怕人听不清楚他的话似的。这些毛病，只要自己有决心，是可以清除的。

3. 谚语太多

谚语本来是诙谐而有说服力的话，但使用谚语太多也不好。用谚语太多，往往会给别人造成油腔滑调、哗众取宠的感觉，不仅无助于增强说服力，反而使听者觉得有累赘感。谚语只有用在恰当的地方才能使谈话生动有力。

4. 滥用流行的字句

某些流行的字句，也往往会被人不加选择地乱用一番。例如，"原子"这个词就被滥用了，什么东西都牵强加上"原子"，如"原子牙刷""原子字典"，"原子"这"原子"那，使人莫名其妙。

5. 特别爱用一个词

有些人不知是因为偷懒、不肯开动脑筋找更恰当的字眼，还是有其他方面的原因，特别喜欢用一个字或词来表达各种各样的意思，不管这个字或词本身是否有那么多的含义。例如，许多人喜欢用"伟大"这个词。在他的言谈中，什么东西都伟大起来了。"你真太伟大了""这盆花太伟大了""今天吃了一餐伟大的午饭""这批货物卖了一个伟大的价钱"，等等，给别人一种华而不实的印象。因此，我们要尽可能地多记一些词汇，使自己的表达尽可能准确而又多样化。

6. 太琐碎

许多人在谈话过程中琐碎得令人讨厌。例如，讲述自己的经历本来是最容易讲得生动、精彩的，很多人也喜欢听别人讲其亲身经历。但是，许多人讲自己经历的时候，一味地不分主次地平静直叙，觉得自己所经历的，样样都有味道，都有讲一讲的必要，结果反而使听者茫然无头绪、杂乱无章、索然无味。

讲经历或故事，要善于抓重点，善于了解听者的兴趣在哪一点上，少用对话。在重要的关节上讲得尽可能详细一些。其他地方，用一两句话交代过去就算了。

7. 过分使用夸张的手法

夸张的手法有一种引人注意的效果。不过，我们不能把夸张的手法用得太过分，否则，别人就不会相信你的话。

人们在现实生活中，不可能每次都说的是非常重要的消息，也不可能每次都讲最动人的故事或最可笑的笑话。因此，不要到处用"非常""最""极"等字眼，否则，当你在无数的"最"中有一个真正的"最"时，又怎样表示呢？难道你能说"这件事对我是最最重要的"吗？如果你真这样说，别人听了也会无动于衷，因为他们认为你是一向喜欢夸大事实的人。

除此，我们还应该注意自己在谈话中的声调、手势、面部表情等方面，努力使各个方面协调、得体，这样才能使我们的说话更具有影响力。

真诚准则：千万不要口是心非

今天，人们有一种普遍的心理：不信任。造成这种心理的原因之一大概是生活中口是心非的人太多了。口是心非，毫无疑问，就是表面上说得天花乱坠，而内心则全非如此；表面上对你百依百顺，而实际上则是我行我素；嘴里说着对你的赞誉之词，而内心则是诅咒你……试想一下，如果长期生活在这些人当中，吃过几次亏之后，不论是谁都会增强戒备之心，对他的话加上几个问号。但是话又说回来，如果每个人都变成了这样，都像戴着一副面具那样（而且是慈善面具），那生活还有什么意思呢？人与人之间的真诚、友爱都到哪里去找呢？所以说，我们每一个人，特别是年轻人，要努力去扭转这个局面，要学会真诚，切不可做口是心非的人。

口是心非，对别人不真诚，会使你失去许多宝贵的东西。就像上面说的，你嘴不对着心，表里不如一，对别人人前一面，人后一面。反过来，别人对你也会如此，仔细想一想，这样的生活你还会觉得有意思吗？每天都要去琢磨别人讲的每一句话，哪句话是真的，哪句话是假的，时间会在你的眼前无声无息地流逝掉。生活中其他的事你就会无暇顾及。

口是心非的人最善于钩心斗角。因为他就是每天都在考虑如何表面应付别人，行动上又如何去算计别人。与这种人为伍是非常危险的。因为你不知道他心里到底是怎么个想法。在文学史上，《伪君子》中的答尔丢夫是口是心非的最典型的代表，他已成为"伪善、故作虔诚的奸徒"的代名词。他表面上是上帝的使者、虔诚的教徒，而实际上则是个色鬼，是个贪财者；他表面上对奥尔贡一家恭维，而实际上则用最卑鄙的手段去谋害这一家人。可以说他是个表面上好话说尽实际上则是坏事做绝的最无耻、最卑鄙的小人。但是他最终的结局呢？他的这一套无耻的手段终于被人识破了，西洋景最终被人揭穿，答尔丢夫成了万人唾弃的小人。他整天苦心于算计别人，最终倒把自己推进了万丈深渊。

口是心非与虚伪可以说是等同语。因为口是心非的人为了掩饰自己内心的想法，必然要用谎言去应付别人。谎言说多了，被别人识破了，他也就成为了一个虚伪的人。只要有点自尊心的人是不愿被别人称为伪人的。一旦在别人的心目中是个虚伪的人，那你的生活将是很痛苦的，到处是不信任的眼光，到处是不信任的口吻，转过身来人们对你应付一下，转过身去你将成为众矢之的，那滋味真是难受极了。

作伪或说谎，即使它可能在某些场合发挥作用，但总之，其罪恶是远远超过其益处的。因为经常作伪者绝不是高尚的人而是邪恶的人。当然，一个人不可能一下子就变坏。一个人起初也许只是为了掩饰事情的某一点而做一点伪事，但后来他就不得不做更多的伪事，说更多的谎话，以便于掩饰与那一点相关联的一切。总结起来，做伪事说谎话，口是心非大概出于以下几种目的：其一是为了迷惑对手，使对方对自己不加防备，以便达到自己的目的；其二是为了给自己留一条退路，这也是为了保全自己，以便再战；其三，则是以谎言为诱饵，探悉对手的意图，这种人是最危险的。西班牙人有一句成语：说一个假的意向，以便了解一个真情。也许，这些目的有的可能不能算作太恶。但作为口是心非者，其说谎或作伪的害处却是很大的。首先，说谎者永远是虚弱的，因为他不得不随时提防被揭露，就像一只伪装成人的猴子一样，他要时刻防备被人抓住尾巴；其次，口是心非者最容易失去合作者，因为他对别人不信任、不真诚，别人也就以其人之道还治其人之身；最后，也就是最重要的一点是口是心非者终将失去人格——毁掉他人对他的信任。世界上恐怕没有比失去人格更可悲、可痛的事了。

因此说，做人就要做个真诚的人，要言行一致。"口言之，身必行之。"墨子这句话是很对的。对待别人要诚实，不要两面三刀。林肯讲过："你能在所有的时候欺骗某些人，也能在某些时候欺骗所有的人，但你不能在所有的时候欺骗所有的人。"是的，在工于心计算计别人中度过一生，是不可能的，即使可能也是很累、很痛苦的事。坦诚的做人，用一颗真诚的心去对待别人，千万不要做口是心非的小人。

取悦准则：想方设法使人高兴

每个人都有享受快乐生活的权利，而给朋友带来快乐的人自己就拥有了两份快乐，你愿不愿意学做一个快乐的人？

快乐的人能以自信的人格力量鼓舞他人。自信是人生的一大美德，是克敌制胜的法宝。在社交中，和一个充满自信心的人在一起，你会倍感轻松愉快。

充满自信的人遇到困难挫折，必会以乐观自信的态度去克服。这种人格力量本身对别人也是一种鼓舞。

快乐的人能用富有魅力的微笑感染别人。人人都希望别人喜爱自己、重视自己。微笑能缩短人与人之间的距离，融化人与人之间的矛盾，释解敌对情绪，生活中没有人会拒收微笑这一"贿赂"。

快乐的人能不惜代价让对方快乐起来。谁不希望自己快乐？如果你是能给对方带来快乐的人，你也会是一个受欢迎的人。为了使对方快乐，你应多寻找一些引起人快乐的方法，有时，为了让别人快乐，可以不惜一切代价。

快乐的人能让幽默在尴尬场面触发笑声。幽默是快乐的杠杆，是生活幸福的源泉，是社交的润滑剂。应付日常生活中最让人伤脑筋的尴尬局面，最神奇的武器往往是幽默，幽默的语言常常给人带来快乐，你要推销你的快乐，最好的广告就是幽默。

快乐的人能说出令人高兴的话语，让人喜欢与你交谈的前提是能使谈话顺利地进行下去，重要的是选择符合对方兴趣、年龄、工作的话题。例如，对于女性，问人家"有恋人了吗""今年几岁"，人家只能认为你是"神经质的人"。若有位男士对你刨根问底，那你一定也不会对他产生好印象。所以在开始谈话时应先问"怎么样，喜欢体育吗""这件衣服非常好看呀"等对方感兴趣及爱好的事情，从对方有兴趣的出发点开始进入话题。

一定要避开以身体的某一特征为话题的谈话。必须注意不要谈论身体太胖啦、头发太少啦等对方比较在意的东西。另外还应避开政治、宗教、思想等方面的话题，因为对于每一个人都会有不同的生活方式和想法。

如果你想要自己快乐，也能使别人快乐，那么你要经常自我检查一下，你是否话说得太快？如果是，可能会给听众一种神经质的印象；你是否讲得太慢？如果是，可能会给听众一种你对自己所讲的话题缺乏把握的印象；你是否含糊其辞？这是一种缺乏安全感的明确标志；你是否用一种牢骚的语调说话？这是一种自我放任和不成熟的标志；你的声音太高而刺耳吗？这是神经质的又一种标志；你用一种专横的方式说话吗？这意味着你是固执己见的；你用一种做作的方式说话吗？这是一种害羞的标志。

快乐的话语是诚挚自然的，包含着信心与精力，还隐含着一种轻松的微笑。如果你掌握了这个诀窍，那么你的朋友和你都会快乐似神仙。

尊重准则：勿谈论别人的短处

金无足赤，人无完人；凡人皆有其长处，亦必有其短处。怎样在交谈中正确对待别人的短处，这也是一门学问。

人有短处是一点也不值得奇怪的。有的人也许因为长久以来形成一种固有的生活方式，而其他人大都对此看不惯，这便成了他的"短处"；有的人也许在自己的生活与处事中的确有些微小的毛病，但这些毛病对他的整个人际交往是无足轻重的；有的人也许不是出于主观的原因而出现一些较严重的缺点，但他自己却全然无知；诸如此类，不一而足。对待他人的短处，不同的人则用不同方法。有的人在与他人的谈话中，尽量多谈及对方的长处，极力避免谈及对方的短处；也有的人专好无事生非，推波助澜有声有色地编撰别人的短处，逢人便夸大其词地谈论别人的短处；有的人虽无专说别人短处的嗜好，但平时却对此不加注意，偶尔也不小心谈到别人的短处。

用不同的方式对待别人的短处，所产生的效果也是截然不同的。避免谈及他人的短处，容易与他人建立起感情，形成融洽交谈气氛；好谈他人短处的人，最易刺伤他人的自尊心，打击人家某方面的积极性，还会引起他人的讨厌；不小心谈别人短处的人，虽无意刺伤他人，但很难想象人家怎样理解你的用意和对你所做出的反应，一般来说易引起别人的误解与不满。由此可见，我们在与他人的交谈中，应该尽量避免谈论别人的短处。

宇宙之大，谈话的资料取之不尽，用之不竭，我们何必一定要把别人的短处作为话题？我们若仔细想想，就会明白，我们所知道的关于别人的事情不一定就完全可靠，也许别人还有许多难言之隐非我们所详悉。若我们贸然拿到或听到的片面之词宣扬出去，那么就容易颠倒是非，混淆视听。我们若说出了什么话，就很难收回来了，即使事后明白了事情真相，也必须设法收回去，找那些听过我们说此话的人作更正。因此，若我们不是确切地知道某件事情的真相，切忌胡说八道。

另外，如果别人向我们谈起某人的短处的时候，我们该何以应对呢？最好的办法是听了便罢，不要深信这种传言，不必将此记在心中，更不可做传声筒。而且还要提醒谈论别人的短处的人是否对所谈的事情有所调查、确有把握。

人群相聚，都不免要找个话题闲聊。天上的星河，地上的花草；眼前的建筑，身后的山水；昨日的消息，今天的新闻，都是绝好的谈话内容。何必说东家长西家短，无事生非地议论人家的短处呢？好说人家短处是一种不道德的行为，我们必须克服。

礼貌准则：说话无礼惹人反感

有些人喜欢翻来覆去地述说一件已经说过几次的事情，也有些人会把一个土得掉渣的笑话当成新鲜的笑料。作为一位听众，此时，就要练一练忍耐的美德了。唯一能做的就是耐心倾听，在心中想想他的记忆力不好，并真正同情他，而且他说话时充满诚意，你就用同样的诚意接受他的善意。但如果说话的人滔滔不绝而你又毫无兴趣，那么就要想办法终止他继续讲下去，最好的方法是不动声色地将话题引向对方在行而自己又感兴趣的内容。

在说话时，别人最怕不诚恳、不老实的人。而一般人在交际时常常喜欢胡乱恭维。

在说话时，别人最讨厌自高自大、唯我独尊的人。而有的人却自以为别人都会敬佩自己，反而因此获得了别人的鄙视。

在说话时，别人最怕对什么都无动于衷的人，所以和别人谈话时要有所反应。时不时点头微笑；时不时对别人的观点表示赞同；时不时提出自己的意见；听到别人迸发出的妙语警句时，不妨大大赞赏一番。

既要善于聆听对方的意见，也要适时发表个人意见。一般不提与话题无关的事；更不要左顾右盼、心不在焉；也不要漫不经心地看手表、伸懒腰、玩东西等表现出不耐烦。

在社交场合或与外宾谈话时，见了男士不问钱，见了女士不问身。不要径直询问对方履历、工资收入、家庭财产、衣饰价格等私人生活方面的问题。与女士谈话不要说她长得胖、身体壮、保养得好等，对方不愿回答的问题不要追问，也不要追根问底。不慎谈到对方反感的问题时，应及时表示歉意，或立即转移话题。

与人交谈时要竭力忘记自己，不要老是没完了地谈个人生活、自己的孩子、自己的事业。你要在交谈中给对方发表意见的机会，可以尽量去逗引别人说他自己的事情，同时，你以充满同情和热诚的心去听他的叙述，一定会让对方高兴，给对方留下最佳的印象。

另外，说话时，一定要注意用词，切忌尖刻难听。

说话尖刻的人，未尝不知其伤人，而仍以伤人为快，这完全是一种病态的心理。之所以这样，也自有其根源，换句话说，就是环境带他走入歧途。第一，这种人有些小聪明，且颇以聪明自负，而一般人却不承认他聪明，因此他有怀才不遇之感。第二，这种人富有强烈的自尊心，希望别人都尊重他，偏偏没有这回事，因此他仇视任何人。第三，仇视的心理一直郁积在他心里，始终找不到释放的机会，他又不会自身修养，于是只有四处寻找发泄的对象。因为刺激的方面太多，每个与他接触的人都成为发泄的对象。他认为人们都是可恶的，不问有无旧恨、有无新仇，都伺隙而动、滥放冷箭。

这种人只会失败，不会成功，在家里，即使父兄妻子等亲人也不会和他关系融洽；在社会上，别人则以眼还眼，以牙还牙，最终会成为众矢之的。所以说，说话尖刻足以伤人情，而最终是伤自己。

人都有不平之气。若觉得对方言语不入耳，不妨充耳不闻；若觉得对方行为不顺眼，不妨视而不见。不必过分计较，更不要伺机嘲弄、冷言冷语，甚至指桑骂槐。这样不仅会使对方难堪，而且也显得自己很没度量。

低调准则：不要随便跟人争辩

在社交场合，无论你自己的知识多么丰富，也不要借此来压倒别人，使人难堪。在别人愿意听你的意见的时候，你可以把你所知道的讲出来，给别人作参考。同时，还要声明你所知道的是极有限的，如果有错误，希望大家不客气地加以指正。

在听到自己不以为然的意见的时候，应不应该反驳呢？这要分几种情形来决定：

1. 如果在座的人，大家都很熟悉，而且经常喜欢在一起讨论问题的，那么，就应该根据自己所知，讲出自己认为正确的道理。将事实照实地讲出来，给大家作一个参考。否则就会失掉互相讨论的意义，而且也就犯了对朋友不忠实的毛病，会被人家称作"滑头"。不过在态度上应该谦虚，不要因为自己知识丰富，就显示出自命不凡、自高自大的神气来。

2. 如果在座的人，大家都是初识，你对他们的脾气、身世、性格、作风都不大清楚的时候，那么对于那些你不同意的意见就最好不要反驳，也不必随声附和，冒充知音。如果别人问到你时，你可以推说："这几点，我还没有好好想过。"或者说："某人的话，也有他的道理，不过，各人看法不同，仁者见仁，智者见智，不能一概而论。"在比较陌生的场合，这不能够称作"滑头"，但如果自己明明不同意的意见，也大点其头，大加赞许，那才是真的"滑头"，虽然能够骗得那个发表意见的人一时的高兴，但却被那些冷眼旁观的人所不齿，失掉他们对你的信任。

3. 如果有人在大庭广众之下，发表荒谬至极的意见，或散布对大家有害的谣言，那么就应该提出反驳。但是，在这种场合，就多少需要一点说话的技巧，一方面一针见血地揭露出对方的错误，一方面又能够轻松幽默地争取大家的认同。切忌感情用事、口齿不清，不但把气氛弄得太过于紧张，而且也不能让人明白你的意见。在这种时候，就需要考虑得十分周到。

4. 倘若自己也熟悉的朋友，在社交场合说了一些不得体的话，或是发表了很不正确的意见，那么，就要设法替他解围。那就是想出一些表面上和他不冲突的话，实际上替他补充，叫别人觉得他的意见并非完全错，只是有点偏差，或是他的本意原非如此，只是措辞上有一点不妥而已。但事后，却应当单独地向他解释，指出他的错误。

大家见了面，总不免要说话，也就不免会听到自己不同意、不满意的话。对这些话，要采取什么态度，应该根据当时当地情形，好好地加以考虑。

表情准则：如何摆正身体神态

与人交谈，除了语言要恰当，神态表情也需要一个合理的尺度。我们可以从以下几方面着手。

1. 表情自然，态度安详

不少人在众人面前说话时，容易怯场。首先是呼吸不正常，这样就无法说好话。一旦想要说话时呼吸紊乱，氧气的吸入就会减少，势必影响大脑的正常工作。

说话时是按下列程序发生不正常情况的：怯场——呼吸紊乱——头脑反应迟钝——说支离破碎的话，调整呼吸会使这一情况恢复正常。

说话前深呼吸，全身不用力，使全身处于松弛状态，静静地进行深呼吸，而且在吐气时稍微加一点力气即可，如此一来，心就踏实了。做出有意识的笑的状态可保持镇定。笑的时候，吐气中加入力气。笑对于缓和全身的紧张状态有很好的作用，笑能调整呼吸，还能使头脑的反应灵活，话语集中。

2. 神态专注，动作稳重

交谈一般是由两方组成的，而每一方都担负着两个任务：说和听。你的

"说"是为了对方的"听",你的"听"又促成了对方的"说"。但是我们周围的许多人在与人交谈时却忽视了这一点。他们顾不上听人家说了些什么,或是匆匆忙忙地截断别人讲话,或是心不在焉地听别人谈话,或是断章取义地对待别人谈话,或是滔滔不绝地大吹法螺。

很明显,善于倾听在无形中起到了褒奖对方的作用,是建立良好人际关系的一种手段。

你若能耐心地听说者倾诉,这等于告诉对方"你说的东西很有意义""你是一个我喜欢交往的人"。无形中,说者的自尊得到了满足。于是,说者对听者就会产生一个感情上的飞跃。彼此心灵间的交流使双方的感情距离缩短了。

说话可适当做些手势,但不要过大,更不能手舞足蹈,或用手指指人。交谈双方距离不宜太远,也不宜太近,要根据双方关系亲密程度而定。

3. 与身体语言相配合

与没有反应的人说话如对着木偶人谈话一样,使讲话人兴趣索然。交谈中的反馈方式,包括眼神的交流、点头示意、手势以及显得轻松而有礼貌的表情、姿势等。

加入别人的谈话,要先打招呼。若是恰遇人家在个别谈话,不要凑前旁听。若要插话,最好待别人把话说完。别人与自己主动说话,应乐于应答。有第三者参与谈话时,应以握手、点头或微笑表示欢迎。交谈中有事要离开,应向对方打招呼,表示歉意。

交谈现场超过三人时,应不时与在场所有人攀谈几句,不要只与某个人谈,或只谈两人知道的事情而冷落第三者。如果所谈问题不想让别人知道,则应另找合适的场所。

4. 声音适度,语速适中

当你与人交谈时,你的声音怎样,这是一个要注意的问题。

(1)你说话是否太快?我们常见许多人说话像放连珠炮。有的快而清楚,有的快而不清楚,听了以后也不知所云。因此说话时声音要清楚,快慢适度。说一句,人家就听懂一句,不必再问你。

(2)你说话的声音太响吗?在嘈杂的公共场所提高声音是不得已,但绝不是适合平常环境的。在客厅里,在公共场合,太高的声音会使人同样感到难堪。除非对方听力不佳,你说话时要记住,对方不是聋子。

抑扬顿挫,这是调节你声音大小强弱的做法。若想你的话如同音乐一般动听，不可忘记在应快时要快，应高时要高，应缓时要缓，应低沉时要低沉。毫无节奏的说话，是最易使听者疲倦的。

口才加油站

鸡蛋好吃，没必要认识下蛋的鸡

文学大师钱钟书先生，是个甘于寂寞的人。他最怕被宣传，被媒体炒作，更不愿在报刊上抛头露面。

当他的《围城》一书在全国出版后，国内外都引起了轰动。许多人对这位作家比较好奇，想见一见他，但都被他拒绝了。这让想采访他的记者，在采访他之前，心里都感到特别紧张。一天，一位英国女士打来电话，说她很喜欢《围城》，想见见钱先生。钱钟书觉得她是外国友人不便直接拒绝，便婉言谢绝。但这位女士仍不甘心，不断地给钱钟书打电话。

于是，最后一次钱钟书说了一句："假如你吃了个鸡蛋，觉得味道不错。那你有没有必要非认识那只下蛋的母鸡呢？"

一句话，让这位英国女士也不便再继续纠缠下去，但也并不觉得面子上过不去。

钱钟书先生以巧妙的对比婉言谢绝对方的要求，这样的说服方法不仅没有让对方丢面子，而且还达到了拒绝的目的。

第八章　语言要素

心态要素：语言来自好气质

古人云："腹有诗书气自华"。俗话说："巧妇难为无米之炊"，这句话中的"米"，就是各种各样的知识。广博、严谨的知识结构是表达者妙语连珠、左右逢源的坚实底蕴，更好训练口才需要具备的基本要素。培根在他的《论学问》中说："学问变化气质。"

当一个人在某些方面的经验和知识多于周围其他人时，他就对该方面的问题取得了发言权，并且在语言表达方面有充分的自信心。因此，只有具备多方面的知识，我们才能赢得更多的发言权，并能在与人交谈中占据主动。要求一个人什么都懂并不现实，但至少要在自己本专业知识和职业知识方面有足够的了解，尤其要多掌握一些文史哲方面的知识，这样，你就能出口成章，言之有物。

知识丰富会扩大一个人的想象力，而想象力会为思维和语言插上翅膀。要在语言表达中"飞"起来，就必须通过学习和实践长出这样的翅膀不可。不要等待运气降临，应该努力去学习知识。在现代商业活动中，好的企业家或者商人，都应该充分掌握产品或商品方面的知识，成为内行，甚至专家。唯有如此，你才能迅速而又准确无误地解答顾客的疑问，使你的产品或商品在顾客的心目中具有重要的价值，从而轻易做成一笔生意。

如果你想拥有出众的口才，就要像酿蜜的蜜蜂那样，终日在生活的百花园里采撷；要像淘金的老汉那样，在沙砾中筛出真金。中国历代的丰富语言宝库、五湖四海的优秀语言财富，鲜明生动的民间语言、精心雕琢的书面语汇，都是我们应开掘的"富矿"。

首先，可直接从生活中向人民群众学习语言。生活是语言最丰富的源泉，要使自己的语言丰富起来，就要从生活中汲取。老舍说："从生活中找语言，语言就有了根。"

学习语言要博采口语。俄国伟大的批判现实主义作家列夫·托尔斯泰称赞农民是语言的"大家"。语言的天才，的确存在于人民群众之中。比如我们讲话常用程度副词"很"字，如"很黑"。在人民群众的口语中，却用更精确、更形象、更简练的表达法："漆黑"。

学习语言还要多看，即勤于观察、体验，真正熟悉你的对象，掌握他的声调、声色等，而不是生搬硬套。

其次，要多读中外名著。"熟读唐诗三百首，不会吟诗也会吟"的经验之谈，是大家所熟悉的。它告诉人们要提高口才技巧，就应多读名著。"穷书万卷常暗诵"，心领神会，自会产生强烈的兴味；体味语言的精微之处，就能唤起灵敏的感觉；熟悉名篇佳作的精彩妙笔，可以获得丰富的词汇，演说和讲话时优美的语言会不招自来。这件事并不是办不到的。只要潜心苦读，持之以恒，勤记善想，不断地应用，久而久之就可以像郭沫若所说的那样"于无法之中求得法，有法之后求其化"了。

最后，知识贫乏是造成语言贫乏，特别是词汇贫乏的一个重要原因。如果《水浒》作者不懂得江湖勾当，不知开茶坊的拉线及趁火打劫的种种口诀，他就不可能绘声绘色地写出那个成了精的虔婆王干娘。这个例子生动地说明，掌握丰富的知识和学习语言是紧密地结合在一起的。

美感要素：让语言充满魅力

幽默是一种特性，一种引发喜悦、以愉快的方式娱人的特性；幽默感是一种能力，一种了解并表达幽默的语言能力；幽默力量是一种艺术，一种运用幽默和幽默感来增进你与他人的关系，并可对自己作真诚地评价的一种口才表达艺术。

现代人需要幽默，如同鱼需要水、树木需要阳光一样。具有幽默感和幽默力量，是现代人提升说话能力必不可少的素质之一。

获取幽默的途径很多，我们可以从以下几方面努力：

1. 用"趣味思维方式"捕捉生活中的喜剧因素

"趣味思维"是一种"错位思维"，不按照普通人的思路想，而是"岔"到有趣的一面去。演说家罗伯特是个光头，有人揶揄他总是出门忘了戴上帽子，他说："你们不知道光头的好处，我可是天下第一个知道下雨的人。"罗伯特并不为自己的秃顶苦恼，反而美化光头，他这是用趣味思维方式捕捉自己身上的喜剧因素。他的思维"错位"使他想到的同别人就是不一样。

2. 要在瞬息构思上下功夫，掌握必要技巧

幽默风趣是一种"快语艺术"，它突破惯性思维，遵循反常原则，想得快，说得快，触景即发，涉事成趣，出人意料之外，又在情理之中。比如，有位将军问一位战士："马克思是哪国人？"战士想了会儿说："法国人。"将军说："哦，马克思搬家了。"对于这常识性问题都答不出，将军当然不快，但这一"岔"，构成了幽默，其实也包含了对战士地批评教育。

3. 要注意灵活运用修辞手法

极度的夸张、反常的妙喻、含蓄的反语，以及对比、拟人、移就、对偶……都能构成幽默。另外，用词的俏皮、句式的奇特也能构成幽默。表达时，特殊的语气、语调、语速，以及半遮半掩、浓淡相宜或者委婉圆浑、引而不发，甚至一个姿势、一个心照不宣的微笑，都能表达意味深长的幽默和风趣。

4. 注意搜集素材

我们的生活丰富多彩，提供了许多有趣的素材，这些素材无意识地进入我们记忆仓库的也很多，我们如果做个有心人，就会使自己的语言材料丰富起来。例如，谚语、格言、趣闻、笑话等，我们可以提取、改装并加工利用，这样我们的语言就会增加许多趣味性的调料了。

迷人要素：说话迷人六要素

有些谈话者虽然在内容上不占优势，但有时他的说话方式却会给人一种非常迷人、令人舒服的感觉。毕竟说话者有其本性，每一次对话会因为说话技巧的不同而有各种不同地回响、反应。那么，使对方愿意听我们说话且达到效果的迷人说话技巧，具体而言究竟是指什么呢？

1. 说话风格明快

大多数人不喜欢晦暗的事物，即使草木也需要阳光才能生长。同样，给人

阴沉感的谈话，会让人有疑虑、厌恶感及压迫感。

2. 拥有个性的声音

有的女性说话的声音能使人觉得是一种享受，她的优美嗓音实在是很动人的。她们谈话时，非常注意说话的声音，而选择说话的声音，完全依她们的天赋、个性、场合及她所要表达的情感而变化。有条件的话，你可自我充当对象。把自己的话录下来再仔细地听，你可能会吃惊地发现，自己说话竟有那么多毛病。这样经常检查，发音的技巧就会不断提高。

3. 语气肯定

每个人的自尊心都很强，很容易因为某些微不足道的事就感到自尊心受损。如此一来，会反射性地表现出拒绝的态度。所以要对方听你说话，首先得先倾听对方要表达些什么。所谓"说话语气肯定"并不是指肯定对方说话的内容，而是指留心对方容易受伤害的感受。

4. 语调自然而变化

自然的声音总是悦耳的，你要注意，交谈不是演话剧，无论你是什么样的语调，都应自然流畅，故意做作的声音只能事与愿违。当你交谈的对象不是一个人，而是许多人时，应采用以下的技巧：当前一个人声音很大时，你开始说话时就可以压低声音，做到低、小、稳。当前一个人音量小时，你的开始句就要略提高嗓门，清脆响亮，以引起大家注意。

5. 习惯用法

人类生存在当今的语言环境中，对于语言各自拥有其运用标准，一旦不符合其标准，就会产生不协调的感觉，其中包括语气与措辞。在人际关系中，应当根据实际情况或对方是谁而分别使用适当的语言。如果不分亲疏远近，一律以和同事谈话时的措辞来谈，那么对方将不会认真地听我们说话。

一句话若没有抑扬顿挫，则流于平淡，引不起对方的兴趣，若能添一些感叹词，则能增加彼此之间谈话的气氛，但要适可而止，过多的感叹词，亦会抹杀了言语的重要性，使对方不能分辨你的意思。

6. 思路有条理

当前面的谈话争论不休，而且没有头绪时，你站出来讲话，就要力求词句简短，声音果断，显得有条理。

如在大众场合下选择发言的形式时，你的发言最好不要夹在中间，要么赶在前面，要么最后再讲，这样才能使人印象深刻。

礼貌要素：说话要礼貌用语

我们在日常交往中，一定要学会使用礼貌用语。别小看这些礼貌用语的作用，每个人听到这种有礼貌的话都会为之所动，都会报以友善地回应，否则别人对你不是置之不理，就是嗤之以鼻。

1. 见面时的礼貌用语

二人见面说：你好；您好

回敬时说：你好；您好

初次见面说：久仰；久慕盛名

回敬时说：久仰

久别重逢见面说：久违；别来无恙

回敬时说：好久不见

2. 探望时的礼貌用语

看望他人说：拜访；登门拜访

回敬时说：别客气

客人来到说：欢迎；请进；赏光；蓬荜生辉

回敬时说：打扰

招待远客：洗尘；接风

回敬时说：不必

望客亲临说：望移玉趾；屈尊；惠顾；光临；驾临；莅临；俯就；赏光

回敬时说：遵命；恭敬不如从命

陪同客人说：奉陪

回敬时说：不客气

请客人不要客气说：请便；自便；请随意

中途离去说：失陪

回敬时说：请便

客人归去说：承蒙款待；告辞

回敬时说：怠慢；招待不周；失敬；对不起

送客出门说：慢走；走好

回敬时说：留步

与客人握别说：再见；有空多来

回敬时说：再见

3. 馈赠时的礼貌用语

受人之赐说：谢谢；感谢；破费；费心；拜谢；

回敬时说：不谢；不客气；应该的；笑纳；不成敬意；惠存

受人之恩说：雨露之恩

回敬时说：不敢当

谢人帮助说：有劳；劳驾；多谢

回敬时说：不谢；不客气；举手之劳

感谢救命之恩说：再造；再生父母；没齿不忘

回敬时说：应该做的；不敢

感德难忘说：铭刻在心；铭心镂骨；永世难忘

回敬时说：不必；不必挂心

知恩必报说：结草衔环；来日必报

回敬时说：不敢当；不必

4. 赐教时的礼貌用语

请人看稿说：阅示；阅批

回敬时说：拜读

请人改稿说：斧正；雅正；呈正

回敬时说：班门弄斧

请人评论说：指教；指点；指正；高见

回敬时说：互相学习；互相切磋；不敢当

请人指路说：请问；借问

回敬时说：请讲

请人解惑说：指导；赐教；指点迷津；候教；聆教

回敬时说：共商；商量

受人教导说：茅塞顿开；醍醐灌顶；受益匪浅；"听君一席话，胜读十年书"

回敬时说：过奖

受人益言说：药石；箴规

回敬时说：过奖

求人办事说：拜托；鼎助；借光；劳驾；麻烦；请多关照；请多费心；能者多劳

回敬时说：应该的；照办；不麻烦

向人提要求说：恳请；恳求；诚请

回敬时说：尽力；效劳

请人回信说：敬祈示复

回敬时说：遵嘱

请人寄信说：辱承华翰

回敬时说：过奖

请人原谅说：海涵；包涵；海量；抱歉；请勿见怪；对不起

回敬时说：好说；没关系

自提意见：浅见；肤见；管见

回敬时说：高见

代人做事说：代庖；自作主张

回敬时说：劳驾；费心

伴人受益说：借光；伴福；托福

回敬时说：没有没有；哪里哪里

谢人致问说：多蒙寄声；多谢关心；有劳费心

回敬时说：应该的

赞襄其事：玉成

回敬时说：办得不周

托人言事说：借重鼎言

回敬时说：过奖

5. 祝贺时的礼貌用语

贺人荣归说：锦旋；凯旋；衣锦还乡；荣归故里

回敬时说：过奖

贺人中榜说：蟾宫折桂；金榜题名；榜上有名

回敬时说：多谢；侥幸

贺人生日说：初度之辰；福如东海、寿比南山；大寿；寿诞；华诞；芳辰

回敬时说：何劳挂齿；多谢

贺人年高说：齿德俱尊；德高望重

回敬时说：年老无用

贺人喜庆说：恭喜

回敬时说：同喜；谢谢

6. 询问时的礼貌用语

询问姓名说：贵姓；尊姓大名

回敬时说：鄙姓……；免贵姓……

询问年龄说：贵庚；高寿；青春几何

询问籍贯说：府上；老家

询问职业和工作说：高就；供职

7. 尊称与谦称

称对方：阁下；您；仁兄；贤弟

称自己：鄙人；在下；本人；愚兄；小弟

称对方父亲：令尊

称对方母亲：令堂

称对方兄弟：令兄；令弟

称对方姐妹：令姐；令妹

称对方儿子：令郎

称对方女儿：令爱

称自己父亲：家父；家严

称自己母亲：家母；家慈

称自己兄弟：家兄；家弟；舍弟

称自己儿子：小儿；犬儿

称自己女儿：小女

称自己丈夫：外子

称自己妻子：内人；内子；拙荆

称对方来信：惠书；大札

称自己的家：寒舍

8. 雅称

胖：富态；丰满；丰腴；发福
瘦：苗条；纤细；清秀
高：高挑；颀长；高大
矮：小巧；短小精悍
生病：欠安；贵恙
死：仙逝；去世；辞世

口才加油站

十里桃花万家酒

唐朝有个诗人名叫汪伦，他年轻的时候家住在安徽泾县桃花潭边的小镇。他十分仰慕当朝的大诗人李白，只可惜无缘相识，一直想寻个机会亲睹一下这个"诗仙"的不凡风采并交个朋友。

有一次，碰巧李白遨游名山大川到了皖南。汪伦寻思：有什么方法能够结识李白呢？

他忽然间想起李白生平有两大爱好：一爱喝酒，二爱桃花。于是灵机一动，给李白写了封邀请信。信上说：先生好游乎？此地有十里桃花。先生好饮乎？此地有万家酒店。

李白接到这封信以后，正合他的心意，于是欣然赶到桃花潭来见汪伦。两人寒暄后，李白说："我是特地来观十里桃花，尝万家酒店的酒的。"

这时候，汪伦才告诉李白："十里桃花说的是十里之外的桃花坡，万家酒店是指万家潭西一个姓万人家开的酒店。"

李白听罢，才知自己"上了汪伦的当"，大笑不已，并称赞汪伦的聪敏。

李白在汪伦家盘桓数日，临别之时，李白感激汪伦一片盛情，特作绝句《赠汪伦》相赠。

第九章　口才风格

批评技巧：学会批评和影响他人

金无足赤，人无完人，每个人都不可避免地会犯错误。面对别人的错误，与其大发雷霆，不如换一种能让别人接受的方式进行批评。

你的批评是否成功，很大程度上取决于你采用的态度。没有人喜欢被批评，不要相信"闻过则喜"。一味地指责别人或者简单地说明你的看法，那么，除了别人的厌恶和不满外，你将一无所获。然而，如果你能够让对方感觉到你是来解决问题、纠正错误的，而不仅仅是发泄你的不满，你将会提升自己的影响力。

1. 批评宜在私下进行

被批评可不是什么光彩的事，没有人希望在自己受到批评的时候召开一个"新闻发布会"。所以，为了被批评者的面子，在批评的时候，要尽可能地避免第三者在场。不要把门大开着，也不要高声地叫嚷，好像要让全世界的人都知道。此时，你的语气越温和越容易让人接受。

2. 不要很快进入正题

不要一上来就开始你的牢骚，尽量先创造一个和谐的气氛。做错事的一方，一般都会本能地有种害怕被批评的情绪，如果很快地进入正题，被批评者很可能会产生不自主的抵触情绪。即使他表面上接受，却未必表明你已经达到了目的。所以，先让他放松下来，然后再开始你的"慷慨陈词"。记得有句话说得很好——吻后再踢，这样才能达到比较好的效果。

3. 对事不对人

批评时，一定要针对事情本身，不要针对人。谁都有做错事的时候，做错了事，并不代表他这个人如何如何。错的只是行为本身，而不是某个人。一定要记住：永远不要批评人。

4. 你要找到解决问题的办法

当你批评的时候，你再说他做错了。与此同时，你必须要告诉他怎么做才是正确的。这才是正确的批评方法。不要只是指手画脚，一定要他明白：你不是想追究谁的责任，只是想解决问题。而且，你有能力解决。

风格技巧：要有自己独特的风格

如果你想成为谈话高手，那么，你必须有某种独特的地方，以便引起人们的注意，或者使人们容易记住你。你可以利用自己的长相，如椒盐色胡须或者一绺红胡子，但是这还远远不够，那只能帮助你引起人们的注意。除非你碰巧是有伟大人物的那种超凡的魅力，否则你必须培养自己讲话的风格，这才是使你让别人永远不忘的最好方法。

发展自己讲话的风格对你是特别有利的。在美国依阿华州锡格尼市的凯欧库克旅馆是方圆几十里的流动推销员最爱去的地方，他们不管远近都想到那里去投宿。为什么呢？因为那里的店老板，人称"快乐的韦勒"，是一位笑口常开的人。他对谁都能说上几句好听的话，自从人们认识他这么多年以来，从来没有听到他对谁说过一句不顺耳的话。韦勒有他与众不同的地方，说话有他自己独特的风格。后来他成功了，成为当地有名的富翁。

记住，你谈话的风格，你与别人交谈的方式，都能为你的名声和你的成功做出重大的贡献。如果你对下级讲话趾高气扬，甚至有鄙视的口吻，那下级就会怨恨你。如果你对上级讲话过于谦恭，他们就可能认为你缺乏能力或者没有骨气，不敢委你重任。你讲话的风格，不仅仅是你使用词汇的问题，而且是你使用词汇的方式方法的问题，从中也能反映出你的态度和修养。但欲达到这一点，你不要试图去模仿别人，也不要试图去表现不属于你的风格的东西。常常有人总想模仿别人，尤其是想模仿那些所谓的成功者或知名人士的举止行为，那就是为什么生搬硬套者失败的原因。

学习别人是件好事，但不能去模仿别人的风格或说话的口吻，这种道理是很简单的，不用多解释，谁都会明白。就像那种喝了大量酒的人，他隐瞒不了自己喝了酒的事实，因为人们一闻就明白了。你在谈话的时候，表现出自己自然的风格是上策，要努力发展你自己的独特风格，而不是去发展别人的独特风格。有些人，当他们与别人谈话时，认为自己有必要装腔作势，或者戴上一副假面具。有些人试图表现得过于友善，有的时候甚至表现出媚态。有些人急功近利，就像做电视商业广告一样。这些人的失误在于他们表现的都不是他们自己的本色，这样，别人自然不会买他们的账。你要记住我就是我，你看到的我是什么样我就是什么样，不管你喜欢不喜欢，但你总会相信同你谈话的那个人是真实的我，不是假冒的。无论对也好，错也好，你总会真诚地对待每一个人。

能力技巧：说话要培养创造能力

善于说话的人，应该不断扩大自己思考的范围，不断充实自己的知识，但更重要的，是培养自己的创造能力。否则，如果只是茫然地模仿别人，那么根本不会增加我们的知识，实在是徒劳无益。

根据人生哲学的观点，开拓自己的道路，使自己成为一个能思考、能创造的人。这样的生命才会更有意义。我们在训练自己的说话胆量时，尤其要培养自己的创造能力。

有不少人偏爱死读书的方式，可能是看别人这么做，便一味模仿；也可能认为这是一种用功学习的好办法。虽然死读书比完全不读书要好一点，但这实在不是一种良好的方法。事实上，我们在读一本书的时候，只是把作者早就想过的事情，重新加以描绘一遍而已。所以，我们看别人写的书，或听人家报道的事情，或看电视上人家的表演，等等，都只是一种被动地接受。在这些时候，我们根本没有动脑筋去思考。

因此，如果我们整天光看一些自己喜欢的书，欣赏一些令人哭笑不得的电视节目，那么，我们脑中的棱角就会越来越平，且会慢慢地失去自己的思想，一味地跟着书的作者和电视演员的思路思考下去。

记得有位著名作家曾说过："当你看别人写的回忆时，只不过是让作者的思想在你脑中溜过去而已。"此可谓一言中的。所以，我们应该只把他人的想法当作参考。否则，自己就会是一个每天骑马、坐车的人，不知道用自己的脚走路。

在我们阅读他人所写的书时，正确的方法应该是，对其内容加以质疑、反驳，或回想一下自己平时的思考，看与书中的内容是否异同，等等。如能每读一书，都进行比较、质疑，刺激大脑，因而形成自己对事物的独特看法，这样可以说学习就成功了。如果做不到这样的话，只是一本书又一本书地、一遍又一遍地接受别人的思想，毫无自己的看法，那将是徒劳无益的。只是把别人的思想放入脑中，会让脑部拥塞起来，反而没有一点空间能容纳自己的思想了。

当我们阅读他人的作品时，不免会对作者的美妙文句、描写方式、修辞手法及幽默情调等大加赞赏，并产生共鸣。但是，如果我们依葫芦画瓢，照搬照套别人的词句与风格，那么是绝对成不了作家的。相反，如果我们通过接触他人的作品，使自己受到刺激，并借此把自己脑中的潜在意思表现出来，诉诸文字，那就可以不断培养自己的思考能力。当然，一开始我们的想法和表达方式都可能是幼稚、拙劣的，但它完全是通过自己的大脑加工出来的，具有很强的独立性。当我们发现根据作者的想法，可以创造出自己的思想时，那么看他人的东西，对我们来说，就具有真正的价值了。

能否培养出说话的信心与魅力也是如此。

假使我们心中有个固定的崇拜的"善辩者"类型，但如果我们完全学习对方的语言、说话方式，以至于开头、内容、结构、结尾全部与他如出一辙，可能也会造成一点趣味性，博人一笑，但那完全是听众在笑我们崇拜的人的东西，而不是我们自己的东西。不管我们模仿的是哪个名人的说话、演讲方式，说得有多像、多好，但听众只会在一开头的时候笑一笑，渐渐就会感到索然无味，难以忍受，并可能以勉强而虚伪的掌声请我们下台。

是否具有创造能力，是检测一个人智力发展水平的一个标志，是一个人事业能否成功的重要因素之一。同时，说话信心和魅力的培养也无疑离不开在学习过程中的创造能力。至少，我们在学习说话时，如果有更多属于自己的思想，心里也会踏实一些，而这种心理上的踏实，本身就是一种胆量。

措辞技巧：选择恰当的措辞

要想在谈话中提高自己的影响力，使用什么样的词语很重要。实际上，针对不同的人挑选不同的词汇，是一个很重要的谈话技巧。恰当地使用词汇有以下几个方面需要注意：

1. 空谷回音

这里所说"空谷回音"，就是使用对方所说的词汇，对方刚刚说的某个术语、俚语或是口头语，你可以马上把它用在自己说的话里面，这会让对方感到很亲切。尤其是对于一些术语或是俚语，使用对方所说的词能够表现出对对方极大地支持和肯定。

如果对方说："我喜欢这个 LOGO（标志）！"你听了以后可以说："哦，这个 LOGO 确实非常有创意。"这时候你和对方使用了同一词汇——LOGO。如果你说："这个标志确实很好看。"那么你的话虽然对方也能够理解，但是就不如用 LOGO 让对方听起来顺耳。实际上，对于有多种表述或名称的同一事物，你应当留意对方所采用的表达方式，尽量和对方用同一种词语表达，这会大大增加你谈话的效率和你的亲和力。

2. 感官用词

你要把握好不同感官偏好的人对于不同的词汇也有偏好。不同类型的人所习惯使用的感官用词是不同的，对于他的偏好你要在倾听对方说话时多多留意，当你发现对方的感官偏好时，就可以在你说话的措辞上尽量使用对方所习惯用的那些词汇类型。

例如，对方的话中经常出现"看上去""观点"等词汇，你可以凭借这些词汇确定对方倾向于视觉型，那么你就可以在以后的谈话中多使用视觉型的词汇，不光是"看上去""观点"，还可以用其他的视觉型词汇，例如，"观察""反映"，等等。感官用词一般是比较隐蔽的，需要你非常敏锐地去发现，同时如果你能使用和对方同类型的感官用词，对对方所产生的影响也是隐蔽的，对方听你说话会觉得非常顺耳，却说不出为什么。

3. 习惯用语

习惯用语俗称口头禅，是一个人习惯性使用的词汇。例如，有些人喜欢说"无所谓"，或者"太棒了""太背了""很酷""没意思"，等等。口头禅有一些是时尚的流行语，也有一些是非常具有个人色彩的。不管是什么样的习惯用语，如果你想提升自己的影响力，就可以在和对方说话的时候主动使用它，甚至你可以使用得比对方还要频繁。这种亲切和亲密的感觉会令对方很惊喜，因为你和对方的习惯用语一样，对方会认为你们俩的观念、性格、生活都比较相近。

4. 避免使用的词汇

有一些词汇在谈话中要尽量避免出现。例如："可是""就是""但是"，这些表示转折意义的词语。当你要表达不同意见的时候，尽量不要说它们，因为这些词意味着对对方观点的否定。

在与求异型的人谈话时，要尽量避免说一些表示绝对意义的词，如"一定""肯定""百分之百""绝对"，等等。因为求异型的人喜欢挑毛病，如果你说的话过于绝对，他们会不由自主地在内心或是口头上表示质疑。为了不引起对方的反感，避免争执，你要想提升自己的影响力的话，说话时可以尽量使用比较中性的词语，不要把话说得太满。

词语的选择同样需要敏锐的洞察力，尤其是对于对方话语中的语言细节要多加留意。

5. 说话要简洁

有些人叙述一件事情，为了卖弄才华，极力地修饰他们的语句，用重复的形容词，或学西方语言独有的倒装句法，或穿插些歇后语、俏皮话，甚至引用经典、名人语录，使别人往往摸不清他在说些什么。

有些人在说话时，东拉西扯，缺少组织和系统，也使人有不知所云的感觉。如果你要提升自己的影响力，只要在说话时记住要说得简洁扼要就行了。在话未说出口时，先打好一个腹稿，然后再按照秩序一一说出来。

具有影响力的幽默大师林语堂曾戏称：演讲要像女人的裙子，越短越好。不仅演讲如此，说话也是一样，简洁的话语常能让人有意犹未尽、余音绕梁之感。冗长而又索然无味的说话，不但无趣，还会让人觉得像懒大娘的裹脚布，又臭又长，啰啰唆唆，使听者昏昏欲睡。

6. 语句不要重叠使用

有些人会说："为什么、为什么？"答应别人一件事，说一个或最多两个"好"字已经够了，但有些人却说"好好好好……"，或是说"再见再见"。其实你要提升自己的影响力，在用重叠句子的时候，除非是要特别引人注意，或加强力量时才用得着。

7. 同样的名词不可用得太多

有一个人解释月球上不可能有生物存在这个问题时，在几分钟内，把"从科学上的观点来说"一语运用了二三十次，无论什么新奇可喜的名词，多用便会失去它动人的价值。王尔德说："第一次用花来比喻女人是最聪明的人，第二次再用的人便是愚蠢了。"人谁不好新鲜，我们虽不必拘泥王尔德所说的那样，每说一事，就要创造一个新名词，但把一个名词在同一时期中重复使用，是会使人厌倦的。

此外，注意不要用同样的形容词来形容不同的事物。

态度技巧：真诚的赞美铭感肺腑

只有被别人接受，你才可能用自己的影响力去影响他人，而赞美恰恰是让别人接受你的最好方式。

赞美别人，就仿佛是用一支火把照亮了别人的生活，同时也照亮了自己的心田，有助于发扬被赞美者的美德和推动彼此友谊健康地发展，还可以消除人际间的龃龉和怨恨，最关键的是你能接近对方，而后才能去影响他人。

对年轻人不妨语气稍为夸张地赞扬他的创造才能和开拓精神；对于有地位的干部，可称赞他为国为民，廉洁清正；对于知识分子，可称赞他知识渊博、宁静淡泊……当然这一切要依据事实，切不可虚夸。

在赞美别人的时候一定要情真意切，虽然人人都喜欢听赞美的话，但并非任何赞美都能使对方高兴。虚假的赞美会引起别人的反感。例如，当你见到一位其貌不扬的小姐，却偏要对她说："你真是美极了。"对方立刻就会认定你所说的是虚伪之至的违心之言。但如果你着眼于她的服饰、谈吐、举止，发现她这些方面的出众之处并真诚地赞美，她就一定会高兴地接受。

真诚的赞美不但会使被赞美者产生心理上的愉悦，还可以使你经常发现别人的优点，从而使自己对人生持有乐观、欣赏的态度。毕竟，每天都抱着感恩的心情生活是很美好的。

赞美别人时不妨采取翔实具体方法。人们有非常显著成绩的时候并不多见，更多时候人们都是默默无闻的平凡人。因此，交往中应尽量从具体的事件入手，善于发现别人哪怕是最微小的长处，并不失时机地予以赞美。赞美用语愈翔实具体，说明你对对方愈了解，对他的长处和成绩愈看重。让对方感到你的真挚、亲切和可信，你们之间的人际距离就会越来越近。如果你只是含糊其辞地赞美对方，说一些"你工作得非常出色"或者"你是一位卓越的领导"等空泛飘浮的话语，就可能会引起对方的猜疑，甚至产生不必要的误解和信任危机。

赞美要合乎时宜。赞美的效果在于见机行事、适可而止，真正做到"美酒饮到微醉后，好花看到半开时"，这样你才能有影响力。

当别人计划做一件有意义的事，开头的赞扬能激励他下决心做出成绩，中间的赞扬有益于对方再接再厉，结尾的赞扬则可以肯定成绩，指出进一步的努力方向，从而达到"赞扬一个，激励一批"的效果。

最后要说，锦上添花固然好，雪中送炭更可贵。俗话说："患难见真情。"。最需要赞美的不是那些早已功成名就的人，而是那些因被埋没而产生自卑感或身处逆境的人。他们平时很难听到赞美的话语，一旦被人当众真诚地赞美，便有可能振作精神，大展宏图。因此，最有实效的赞美不是"锦上添花"，而是"雪中送炭"。

此外，赞美并不一定总用一些固定的词语，见人便说"好"，有时，投以一个真诚赞许的目光、做一个夸奖的手势、送一个友好的微笑，也能收到意想不到的效果。

口才加油站

蒋梦麟独闯"虎穴"斥强敌

近代著名教育家蒋梦麟就任北京大学校长期间，常常以北平文化界领袖的身份冲锋在前，被日本军方列上逮捕的黑名单。1935年11月29日下午，日本宪兵径直来到北大校长室，"邀请"蒋梦麟到日本驻防军司令部"解释"其反对日本的事情。蒋梦麟认为，"临难毋苟免"，答应在一个小时以后就去。当时很多人劝他不要去，但蒋梦麟考虑再三，还是在天黑之前赶到了设在东交民巷的日军司令部。当他从容地走进日军司令部的办公室后，就听到门"咔嚓"一声锁上了。这时蒋梦麟发现一个日本士官拔出手枪站在门口。

蒋梦麟的独自前往，显然出乎日本人的意料。看到蒋梦麟进屋，屋内的一个日本大佐呆了半晌，过了好长时间才拉过一张凳子，强作镇定地对蒋梦麟说："请坐。"接着，他居高临下地开始审讯蒋梦麟。他说，"我们司令请你到这里来，是想知道你为什么要进行大规模的反日宣传？"

"你说什么？我进行反日宣传？绝无此事！我所做的一切，都是作为一个有良知的中国人应该做的。"蒋梦麟理直气壮地说。

"那么，你有没有在那个反对自治运动的宣言上签字？"日本大佐步步紧逼。

"是的，我是签了字。但反对华北自治，那是我们中国的内政问题，与反日运动毫无关系。"蒋梦麟面无惧色地据理力争。

日本大佐看到在这个问题上兜圈子占不了便宜，于是迅速转移话题。"你写过一本攻击日本的书?"

"我们做学问的人,讲的是要有证据,不能信口开河。你说我写过攻击日本的书,请你拿这本书出来给我看看!"蒋梦麟的反问让日本大佐一时手足无措。

"那么,你是日本的朋友吗?"

"这话不一定对。我是日本人民的朋友,但也是日本军国主义的敌人,正像我是中国军国主义的敌人一样。世界上爱好和平的人,我和他们都是朋友;那些妄图侵略别人的人,都是我的敌人!"蒋梦麟义正词严地驳斥道。

日本大佐的脸红一阵,白一阵,但他不甘心自己的失败,想用威胁来迫使蒋梦麟屈服。他也知道,在蒋梦麟这样具有骨气的大学问家面前,来硬的可能会把事情弄得更糟。于是,他故意轻描淡写地说:"呃,你知道,关东军对这件事有点小误会。你愿不愿意到大连去与板垣将军谈谈?"这时,电话响了,大佐接了电话以后转身对蒋梦麟说:"已经给你准备了专车。你愿意今晚去大连吗?"

"我不去。你们的'好意'我心领了,因为我没时间去。我的学校还有很多事务等着我去处理。等有机会我会在适当的场合拜会你们的将军。"蒋梦麟的回答极有分寸,而且没有丝毫的犹豫。

"不要怕。日本宪兵是要陪你去的,他们可以'保护'你。"日本大佐终于原形毕露。

听了日本大佐这样的话,本来坐在凳子上的蒋梦麟"霍"地站了起来,正色道:"我不是怕。在我们有着铮铮铁骨的中国人的字典里,从来没有'怕'这样的字。再说,如果真的是怕,我也不会单独到这里来了。如果你们要强迫我去,那就请便吧——我已经在你们掌握之中了。不过,我还是劝你们不要强迫我。如果全世界人士,包括你们东京在内,知道日本军队绑架了北京大学校长,那你们可就要成为笑柄了。"

蒋梦麟的一番话软中带硬,显示出他巧妙的辩驳技巧。日本大佐听了这样的话,脸色立变,仿佛手心里捧着一只烫手的山芋:是把它丢了还是继续捧着,他左右为难。

"你不要怕呀!"日本大佐不知道该怎样应付这样的局面,只好心不在焉地重复这一句话。

"怕吗?不,不。中国圣人说过,要我们临难毋苟免。我相信你一定也知道这句话。你是相信武士道的。武士道决不会损害一个毫无能力的人,因为伤害这样的人会令人不齿。"蒋梦麟很平静地对日本人说。

这时,电话又响了。放下电话后,这位日本大佐转身对蒋梦麟说:"好了,蒋校长,司令要我谢谢你这次光临。你或许愿意改天再去大连——你愿意什么时候去都行。谢谢你，再见。"

蒋梦麟昂首走出了日本宪兵司令部，看到了门外不远的地方焦急地向他的方向张望的家人、同事和学生，他长长地吁了一口气，然后不停地向他们挥着手。

后来，现代教育家罗家伦评价说，蒋梦麟是"郭子仪第二"，大有单骑见回纥的精神。蒋梦麟大义凛然地独闯"虎穴"却能全身而退，他的勇敢、机智和巧妙应变，表现了中华民族不可侮的浩然正气。

第十章　口才逻辑

逻辑严密，环环相扣

逻辑方法要求我们具有缜密的逻辑思维能力，能根据一切有关的参考材料，使所有正面的、反面的论证形成一个整体，尤其不要忽略一些重要的但又是细微的细节。

爱尔兰哲学家伊里杰纳任法国宫廷学校校长时，查理二世时常同他开玩笑。某次查理二世与伊里杰纳共进午餐，两人频频举杯。查理二世突然问他："一个爱尔兰人和一个酒鬼有何区别？"

查理二世的问话是双关语，因为伊里杰纳是爱尔兰人，爱尔兰人的发音是SCOT，而酒鬼的发音是SOT，很相近。查理二世的意思是指伊里杰纳是酒鬼。

伊里杰纳机智地回答说："一张桌子。"意思是说桌子这边是爱尔兰人，那边是酒鬼，反而把查理二世奚落了一顿。

伊里杰纳用严密的逻辑，将"酒鬼"的称号还给了查理二世。在伊里杰纳不否认自己是爱尔兰人，就得承认是酒鬼的前提下，唯一被对方所忽略的条件就是当时的情景，伊里杰纳就抓住了这一情景，从而还击了查理二世。

逻辑方法要求我们能够全面地考虑问题，并力求在谈话过程中没有漏洞让人捕捉，这样就能使自己立于不败之地；反之，若被对手抓住漏洞，那就毫无办法了。

要想在言语交锋中百战百胜，就必须层次鲜明、条理清楚、思维严密、逻辑严谨，这样才可以稳扎稳打。

据冯梦龙的《智囊》记载：宋仁宗庆历年间，国子监直讲石介作《庆历圣德诗》，褒贬十分严厉，尤其是对枢密使夏竦批评斥责非常苛刻。

　　不久，石介受朋友株连而遭祸，被判罪，罢官回乡，不久就死去了。当时恰好山东举子孔直温谋反。有人说孔直温曾拜石介为师。于是夏竦就宣扬说石介其实并没有死，往北逃到契丹那里去了。

　　宋仁宗于是下诏将石介的儿子拘置在江淮，由地方官加以管制，不得自由行动。又派中使和京东转运使打开石介的棺材检验虚实。

　　当时吕夷简正任京东转运使，就对中使说："如果棺材是空的，石介真是逃到契丹去了，那就将他的子孙全部杀掉也不算残酷。万一石介真的死了，朝廷无缘无故打开人家的坟墓，是不能以此示范后人的。"

　　中使说："那又如何回复朝廷的圣旨呢？"

　　吕夷简说："石介死了，必然有负责验尸装棺之人，加之内亲外戚，以及参加葬礼的学生，不止数百人；至于抬灵柩埋棺材，必然雇佣葬仪社的人。现在发公文命令他们全都来受审，假如没有不同的说法，就命令他们都立下军令状，官府出具保证书加以证明，也就足以回复圣旨了。"

　　中使便按他说的去办了。

　　宋仁宗看到奏报，也醒悟是夏竦在诬告，旋即下旨把石介的妻子和儿子都释放了。

　　从整个事情来看，是有前因后果的。石介作圣德诗时，"褒贬十分严厉，尤其是对枢密使夏竦批评斥责非常苛刻"，是因，"于是夏竦就宣扬说石介其实并没有死，往北逃到契丹那里去了"则是果。但同样的"因"，并没有出现同样的"果"，正是石介的诗，吕夷简被罢相，但吕夷简却不念私仇，顾念国家大体，为石介昭雪。由此可见吕夷简不仅有宽宏的气量，而且有过人的见识：在开与不开石介的棺上，做出了无人与有人——亦即投敌与未投敌的辩证分析，此行此举，确能"示范后人"。

　　以上的分析，既有辩证分析，也有因果分析。

　　从分析的方式来说，有方面分析、阶段分析、层次分析；从分析的方法说，有特征分析、条件分析、因果分析，有辩证分析、有比较分析、趋势分析、系统分析、综合分析，等等。

　　我们着重讲辩证分析，是从建构逻辑框架，严守逻辑方阵，如何获胜的角度来考虑的。

　　重要的是要灵活而巧妙地将逻辑关系应用到语言中，而这些是建立在严密地全面地思索的基础上的。体系严密，攻守自如，环环相扣，自然会达到事半功倍的效果。

谬误法则，绕晕对手

所谓谬误法则，就是以看似不合常理的表达方式，来处理各种突发事件，为自己解围，或讽刺他人。主要有四种方法。

1. 兑现斥谬法

兑现斥谬法就是以绝妙的语言"威逼"对方依其自己的谬误自行现身，然后抓住对方的谬误不放并加以"发挥"，狠狠地反击对方使其无处逃身。这种办法通常用于对付那种善于哗众取宠，而其言语又具有一定的煽动性或欺骗性的对手。他们惯常以貌似有理实则无理的逻辑来蛊惑听众。面对这类对手，逼其自行现身令其当场出丑，无疑是一种妙招。请看下例：

有一个自以为是的青年向别人卖弄他的新观点——一切都是幻觉。有一回，他聚集了几个人，一本正经地兜售自己的说教。言语中，左一个幻觉，右一个幻觉，甚至居然说"所有人在所有的事实面前都是幻觉"。听的人有的摇头，有的半信半疑。旁边有两个人耳语了一番，其中一个人跑了出去，不一会儿又跑了回来，对那个青年说：

"快！你的电话！你的妻子被车撞了，现在已送到医院去抢救了！"

那青年一听脸色顿时煞白，慌忙站起来就要往外跑。

另一个人却一把拉住他："急什么？你妻子被车撞不过是幻觉罢了！"

那青年气急败坏地直跺脚："出了这么大的事，你还开什么玩笑？"

制造假消息的那个人接着说："别着急，确实是跟你开玩笑。不过你是被幻觉吓着了吧？"

旁边的人听了，全都心领神会地哈哈大笑，而那青年被人出了洋相，又气又恼，却无言以对。

这个玩笑开得虽然有些过分，但不难看出两个开玩笑的人正是针对那个青年对幻觉的荒谬观点，用兑现斥谬的现炒现卖法来驳斥那个青年的谬论。兑现斥谬法之所以有强大的逻辑力量，能有效地驳斥谬论，就在于这种方法是以客观事实为武器，使对方在现场现出原形，而一旦现出原形，任何貌似正确的谬论的错误本质也就昭然若揭了。

2. 借谬得利法

借谬得利法在逻辑上有些类似钻空子。即利用别人倚仗某种势力或权力而制定的不合理规定或所说的失误的话予以断章取义或别解，然后对其中仅有利于己方利益的部分进行发挥。借谬得利法从理论上讲，似乎比兑现斥谬法更近乎歪门邪道，但在实际运用中，还难说得上究竟谁对谁错。

某单位欲招聘有特长的员工，但是招聘好几次都没有找到比较合适的，这一次发布招聘的广告上特意加上一句：有特长方可应聘。这一次前来应聘的又有几十人。

这时一个青年来到面试的地方向主考官递交简历，简历上赫然写着："专长——说谎大师，造谣能手。"主考官觉得可笑，就对他说："那你现在就给我表现一下好了"。青年走出门外，对在外排队应聘的人们说："大家都不要等了，这里唯一的招聘名额已经确定是我了。"

这个青年这话实在绝妙，也令所有在场的人包括主考官在内大吃一惊。谁错了？谁都错了。谁没错？谁都没错。

3. 归谬制人

归谬制人法，就是先假定对方的话是真的，然后以此为前提进行推论，将它推向极端，推出明显的荒谬结论使对方难堪的一种方法。

古时候有个富人死了，其妻同管家商量，要用活奴给他陪葬。富人之弟是个有识之士，反对这样做。他嫂子坚持道："你哥哥死了，但地府无人侍奉，我们决定用活奴陪葬，谁阻拦都不行。"其弟便改口道："还是嫂子和管家思虑周全，用心良苦，可见嫂子同兄长夫妻情深，管家对主人忠心不二。既然要用活人陪葬，让别人去服侍兄长，我们不放心，倒不如嫂子和管家去陪葬，兄长定然会非常满意的。"其嫂和管家哪愿意去死，只好将活人陪葬一事作罢。

归谬制人法的运用，要注意相同性质的谬论的可比性，若将两件不相干的事情扯在一起，便收不到以谬制人的效果。

4. 谬上加谬

谬上加谬是把一种荒谬极端化或者把荒谬性层层演进的说话技巧。它要求不但有幽默感，还要使幽默感的程度加大。这就要求说话高手把微妙的荒谬性扩大为显著的荒谬性，把潜在的荒谬性提高为一目了然的荒谬性，可以说这种方法给我们运用发挥的余地很大。

我国古代有个笑话十分精彩。

一个人非常吝啬，从来不请客，有一次别人问他仆人他什么时候会请客，仆人说："要我家主人请客，你非等来世不可。"主人在里面听见了，骂道："谁要你许他日子。"

本来说"来世请客"，已经由于来世的不存在而不可能了，也可以说彻底否定了，说的人和听的人都很清楚，没有任何疑问。从传达思想来说这种极端已经足够了，但是从构成幽默效果来说，还不够，因为它太平淡了，不够极端，而幽默感所要求的荒谬，得有点绝才行。

故事里这个主人绝就绝在，明明来世请客是永远不请客的意思，他却认为不够，因为从形式上来说，来世请客，句子是肯定的，还没有达到从内容到形式都否定的程度。在他看来哪怕是否定请客的可能性，只要在字面上有肯定的样子也都是不可容忍的。正是这种绝对的荒谬产生了幽默感。

有一个古罗马时期传下来的故事是这样的。

有一个人想要安安静静地工作，就吩咐仆人，如有来访者就说他不在家。这时有一个朋友来了，远远看到他在家中，虽然这个朋友不相信仆人说的话，但仍然回去了。

第二天，这个拒绝访客的人反过来去拜访他那位朋友，他的朋友出来对他说："我不在家！我不在家！"

这个人表示不解，他的朋友说：

"你这人太过分了，昨天，我都相信了你的仆人的话，而今天，你居然连我亲口说的话也怀疑。"

这回答真叫绝了。

绝就绝在一句话中包含着多层次的荒谬。第一个层次，明明在，却说不在；第二个层次，你昨天明明在，却让仆人说不在，这成了我今日说不在的前提；第三个层次，我明明知道你仆人说谎却相信了，今天我亲口说谎你不应该怀疑，因为我比你的仆人的地位更高。

像这样将多种荒谬集中在一个焦点上，成为复合的荒谬，我们把它叫做谬上加谬。

谬上加谬的特点是不管多种可能性的，它只管往荒谬的结果上推演，歪理歪推，效果才会更明显。

求同存异，力求突破

求同，是为了说服对方，对双方的矛盾和问题采取回避和保留的态度，尽量寻找双方的共同点，谋求一致，以便统一行动。

二次革命后，革命党内部军心涣散。为了激发士气，重整旗鼓，孙中山决定将革命党改组为"中华革命党"并制定了新的入党誓言。其中一句为"愿牺牲一己之生命自由权利，附从孙中山再举革命"的话，并要求入党人在誓言上加印手印，这一做法引起了党内部分人士的不满，以黄兴最为激烈。他认为，这些条件不合理，"前者不够平等，后者近似侮辱"。他批评孙中山"反对自己所提倡的平等自由主义，只是以人为治，效仿袁世凯的做法"，要求孙中山予以更改，矛盾一时难以调和。

于是，黄兴拒绝参加中华革命党。在中华革命党召开成立大会前夕，他作别孙中山，前往美国。临走时，他向孙中山表示："我不是存有私心和先生对立。"他保证："如果有机会，我会尽职尽责，保证与先生的革命目标保持一致。"

当时，有些政客曾企图拥黄兴为领袖另组新党，他严词拒绝，到美国后，他并没有独树一帜，或把孙中山与自己的分歧公之于众。他以孙中山为旗帜，致力反袁的大目标，再一次表现了黄兴不为成名立功的高风亮节。

孙中山与黄兴对这场争论，都求同存异，保留自己的观点、主张，寻找双方的共同点。

当矛盾双方面临共同目标、共同利益、共同敌人时，就应求同存异，放弃前嫌，谋求一致，共同对敌。舌战中，求同辩论要求说服对手时，尽量找出双方的共同点，尽量避免或者保留彼此之间的分歧，不要在次要矛盾上纠缠不休。

求同，是谋求目标一致、利益一致、行动一致的方法，顾全大局，共同对敌的方法。

求异思维与论辩犹如形与影一样，不可须臾分离。有论辩就必须要用到求异思维；没有求异思维，论辩也就无法得以开展。两个小孩斗嘴抬杠，一个说某样东西好，另一个偏偏列举出种种理由，说这种东西并不好，这是在不自觉地运用求异论辩。

正是由于在论辩中使用了求异思维，真理才得以越辩越清，人们才得以利用论辩的形式培养敏锐的思辨能力，练就一副伶牙俐齿。

1. 论题求异

出题时，切忌只考虑一方，而要考虑正反双方，要尽可能选择确有争议的，可以"求异"的论题。要让正反双方都有必需的理由和足够的资料，使双方都觉得己方有获胜的机会。

题目确定后，要运用求异思维多角度、多层次地对每次词语的含义进行辨析，务求词义准确清楚，不允许有含混不清的词语。否则，很可能将辩论引向词语的争辩，失去说话的意义。

2. 理论求异

世界上的事物往往是复杂的。他们不仅由多方面的因素促成，而且也往往会产生多方面的影响。求异思维之所以大有用武之地，其根源就在于此，其价值也恰恰来源也此。

辩论比赛本来就是一种锻炼思维能力和口才的游戏而已，辩论比赛中用求同存异思维巧妙立论的目的，是在于自圆其说，辩倒对方，因此是允许偏颇一点，不及其他的。辩论比赛之所以特别能提高思维能力和口才，也正是他的性质所逼出来的。

3. 论点求异

用求异思维去"强"词"夺"理。辩论比赛中运用求异思维，很重要的一条是要在自己的辩论题的论点上去求异，寻找更多的论据，做出更有利的证明，更详尽的分析。千万不能转移论题，歪曲论点，要坚定地"咬定青山不放松"，无理也要争三分。不是粗暴的、蛮不讲理地去争，而是要从不同的角度找出各种理由去争。

在这里，求异思维应该是受到赞扬的。这样去辩论，就显得力度强、层次深，条条道路通主题。这比挤在一条道上跑到底，干巴巴地去论辩要精彩得多。

4. 论据求异

如在使用比较法时，可以运用求异思维。比较是一种认识事物的简便易行的方法，是论辩中经常使用的一种技巧。在立论时要把己方的立论与对方的立论相比较，看看长处与弱点各是什么，如果感到这样于己不利，就要重新理论；就己方来说，立论应设计多次，然后进行比较，去劣存优，找出最佳；论据也要丰富，通过比较，选择最佳。这其中都要用到异向思维，否则思路不可能海阔天空，不拘一格，材料的宝库不可能四门大开，任你挑选。

需要指出的是，求同存异法并不能直接运用于借题发挥中，但却可以帮助我们更快地找到发挥的"题"，因此对我们也是有益的。

因果正反，把话说透

事物之间的内在联系时错综复杂且相互支配、互相渗透着的。辩证法认为，任何事物的发展均遵循着一定的规律。但事物的发展变化是多种多样的。同样一件事，可以往好的方面发展，也可以往坏的方面发展。诡辩者（也称智者）最爱钻的就是这样的空子。

有人说，好口才的人最大的本领就是能够以事物的因果歧说来战胜对方，因此，无论在什么样的对象面前，他总是可以以"三难不倒"者自居。

1. 因果歧说术

所谓因果歧说术，就是抓住事物与事物之间因果联系的可辩性作为突出的辩点，来否定或悖论对方某一个观点的一种说话技巧。

因果歧说术的主要表现方式是由同一种结果引申出相互对立的结论，将其运用到"借题发挥"中也能起到绝佳作用。

一天大清早，千户长挺着肚子、晃着脑袋来到阿凡提家里。阿凡提的狗看也没看他一眼，就溜进了窝。千户长自以为是地哈哈大笑，以为这下可以为难阿凡提了。

千户长：瞧，阿凡提，你家的狗多么怕我啊！我一来，他吠也不敢吠一声，就夹着尾巴躲到窝里去了！

阿凡提：不，阁下。我的狗不是害怕你，而是讨厌你，所以，才懒得去吠哩！

上例中，为什么狗不吠一声就溜进窝？同是一种结果却引申出了两种相互对立的结论。千户长得出的结论是狗怕他，阿凡提得出的结论却是狗讨厌他。两种结论互为因果悖论，但阿凡提的话更有哲理，淡然力度更大，这就有力地讽刺了千户长的可恶、可憎，就连狗都懒得去"吠"他。

应该说，语言的灵活反应是因果歧说之根本。当你碰到一些爱钻牛角尖的人，如果缺乏这种语言反应能力，你很可能就要吃亏。因为钻牛角尖者的语言和思维往往是不按规律走的。其实，你只要掌握了辩论的因果歧说术，熟读一些名人精彩的范句，你就不至于因此窘迫了。

2. 正反术

正反术，是将两件以上的事物的性质、范围、作用等进行定量或定性的对比分析，从而取得胜利的方法。正反术，运用于语言场合时迅速摆脱困境、克敌制胜的好方法。

运用正反比较，可以比较同类事物，也可以比较异类事物；可以比较同一对象的不同方面，也可比较不同对象的同一方面；可以是纵向的比较、横向的比较、现状的比较、历史的比较，也可兼而得之。但不管哪种比较，都应该特别注意比较事物的强烈反差，造成鲜明的形象，这样才能取得良好的效果。

齐威王二十四年，魏惠王与齐威王一起在郊外打猎。

魏惠王带着几分夸耀的语气说："你们齐国可有什么奇珍异宝吗？我们魏国虽不算大，尚且有10枚直径一寸的宝珠，这些宝珠晶莹滑润，玲珑剔透，到了夜间，亮光闪闪，光华四射，能够把前后12辆车照得通亮，真是不可多得的稀世珍宝。贵国这样一个堂堂大国，怎么连件像样的国宝都没有？遗憾！遗憾！"

齐威王微微一笑说："我们所说的国宝与你们看重的国宝迥然不同。我有一个名叫檀子的大臣，现在镇守在南城，他恪尽职守，爱兵如子，夜不卸甲，使得强悍的楚国人不敢骚扰我国的南部边疆；我有一个名叫盼子的大臣，带兵在高唐驻防，他办事异常精细，防范特别严密，使得赵国人不敢在我国的河流里撒网捕鱼，为国家赢得了一大笔渔业收入；我有一个名叫黔夫的大臣，被派去治理徐州，他文武并用，恩威并施，使得燕国、赵国的老百姓自愿迁移过来的多达七千余家；我还有一个名叫种首的大臣，负责维护秩序，缉拿盗贼，他向各地发布告示，晓以利害，让老百姓群起监督，结果歹徒绝迹，盗贼自首，形成了夜不闭户、路不拾遗的太平局面。要讲国宝，以上4位出类拔萃的贤才，就是我们的国宝。他们的思想和业绩所反射的光辉，连千里之外的地方都照耀到了，哪里是那些仅仅可以照亮12辆车子的宝珠所能比的。"

魏惠王一听，脸羞得通红。

齐威王将自己的"国宝"与魏惠王的国宝作了一番比较，对方只能照亮12辆车子，而他的却可以照耀到千里以外，使得天下太平。能将这两种具有极大反差的"国宝"放在一起，孰优孰劣，一目了然。

如论敌用正反比较进行诡辩，要反驳这种诡辩，就必须注意对方的材料是否真实、标准是否合理、分析是否全面等。

逻辑比较，反驳对方

1. 对比法

对比法是把话题与相关问题进行比较，并以之为据进行辩驳的方法。比较的过程就是发挥的过程，它不仅具有反驳的特殊功效，同时也是一种有效地证明手段。

有这样一段话，其含义也是非常深刻的：假如一位银行家写了一首糟糕透顶的诗，有人会赞美他，但是一位诗人要是写了一张假支票，后果将是什么呢？

运用对比进行辩驳，应当注意的问题是，两个对象之间必须具备可比性，具有本质上的相同因素，同时，将两个对象进行多方面的比较发挥，这样说理才能有说服力。

2. 类比法

类比是逻辑方法的运用。它是根据两个对象之间具有某些相同或相似的属性，从而推出它们的其他属性也相同或相似的方法。如果能因势利导，针对对方的话题或本方的观点，做出富有创造性的生动形象的类比，可以使对方心悦诚服，使己方处于主动地位，取得意想不到的效果。

在一次大专辩论赛上，正反双方代表针对"发展旅游业，利弊孰大"展开激烈辩论。

正方认为，发展旅游业一方面可以吸引外资，为国家经济发展奠定长远基础；另一方面，人员流动有利于各个国家和地区的文化交流，有利于增进人民之间的了解，所以发展旅游业利大于弊。

反方认为，发展旅游业利大于弊这个结论是有条件的，他们提出："旅游业受世界经济整体形势影响太大，可以说世界经济咳两声，旅游业就会感冒甚至是肺炎，现在；旅游业不景气是事实；旅游业繁荣需要世界经济拉动，但可惜的是世界经济这个发动机也出了故障，动力不足。"

反方发言有两个类比：一是世界经济与旅游业咳嗽与感冒的关系。二是世界经济与旅游业是发动机与机器的关系，世界经济咳嗽，旅游业就感冒，世界经济出故障，旅游业就无法工作，从而说明了发展旅游业利大于弊是有条件的结论。

我们在使用类比推论这种方法时应注意的问题是：

（1）类比推论在谈话中并不是一种战略性的方法，而只是一种战术技巧。如果一味地使用这种方法，则会影响整个谈话的效果，运用时应恰到好处。

（2）进行类比推论时，须注意把握两个对象之间的关系，其联系程度越紧密越好，两个对象之间的属性关系越贴近越好，这样才能使观点富有论证性和增强说服力。

（3）不能以对象表面上某些相同或相似的情况作为推论的依据，否则会出现"机械类比"的错误，使得自己的观点缺乏力度，给对方提供把柄，从而造成失利。

3. 借比法

借比法，就是将两个相对或相反的事物或事例并举出来，造成一种强烈的反差，使真的、善的、美的，显得更真、更善、更美，而使假的、恶的、丑的，显得更假、更恶、更丑。

运用借比法取胜的关键就在于显示所比较事物的强烈反差，造成鲜明的形象对立，使悖谬昭然若揭。

莎士比亚的巨著《哈姆雷特》中有一段哈姆雷特与霍拉修的对白：

霍拉修：殿下，我是来参加您的父王的葬礼的。

哈姆雷特：请你不要取笑，我的同学！我想你是来参加我的母后的婚礼的。

霍拉修：真的，殿下，这两件事相距得太近了。

哈姆雷特：这是一举两得的方法，霍拉修！葬礼中剩下的残羹冷炙，正好宴请婚礼上的宾客。

（哈姆雷特的父亲是丹麦国王，他的叔父谋杀了他的父亲，夺了王位，又向他的母亲献媚，娶了她的母亲。这些故事都发生在短短的四个月之内。）

"葬礼中剩下的残羹冷炙，正好宴请婚礼上的宾客。"这一句尖锐的借比，强烈地表现了他的叔父的恶毒和他对母亲的不满，形象鲜明，可谓极尽莎翁运用借比揭谬之能事。

现实生活中，往往有自命不凡的人，讲起话来信口开河，妄自尊大。面对这种人，你不妨让他把话说完，最后抓住他洋洋得意中露出的似是而非的反逻辑谬点，类比揭谬以迎头痛击，令对方顿失招架之功，落荒而逃。

顿歇技法，推进情感

顿歇，绝不是思想表达的终止，而是力量的积蓄。停顿是为了更好地连接和贯通。

为了突出某一事物，强调特殊含义，可以运用语法停顿、逻辑停顿、感情停顿等方法变化停顿时间。一般在被突出的事物，感情前后进行。我们看看富兰克林的演讲《制造国旗的人们》的最后两句：

"她振奋明亮、果敢光辉，信仰坚定，因为那是你们用心做成的。你们是国旗的制造者，所以你们应当为制造国旗而感到无上光荣。"

这里在"因为"和"所以"后作较长的停顿，然后把声音明亮畅快地送出去。

运用停顿可以产生一种骤然紧张的气氛，停顿以后，听众绷紧的心弦也会突然放开，能让听众得到一种快感，并彻悟到演讲的内容和感情。这里的"顿"是短暂的歇息，是整体之中的一个过程。这个过程是对听众的引领，是使听众进入演讲情绪场的诱导，听众会拿上你交给他们的这把钥匙去开启演讲情感的大门从而去领略演讲的风采。

俄国政治家、社会活动家普列汉诺夫在日内瓦作《无产阶级与农民》的演讲时，台下一些无政府主义者企图破坏，不时吹出口哨声，其他听众也受到影响，面对这些破坏者，普列汉诺夫运用顿歇技巧："如果我们也想用这种武器，同你们斗争的话，我们来时就会……我们来时就会带着冷若冰霜的美女。"

把强烈愤怒的感情蓄积在停顿处，然后再爆发出来，怒指那一小撮人，收到了奇妙的控场效果。强调的是，停顿的时间要适可而止。如果太短，紧张的气氛难以形成，高潮难以产生；如果太长听众会琢磨到你顿歇的原因，从而能理解到你停顿后高潮的意义，削弱顿歇的效果。

下列一些场合可运用顿歇手法：

1. 上台站定演讲之前与演讲完了下台之前。此时可做较长时间的停顿，且停顿时要配合态势进行。

2. 赞叹、悲伤、惊讶、愤怒之时，如"你太不像话了"之前停顿。

3. 反问、设问之后。

4. 举例、述说另一整体内容之前。

5. 段落之间。

6. 当你的演讲受到干扰或得到赞美时。尤其是由于你精彩的演讲，听众对你报以热烈的掌声，你一定要停下来，微笑着向着听众。如果听众的掌声是建立在你严肃的幽默之上，你也可以"严肃"地看着听众。

口才加油站

为土拨鼠辩护

在美国新罕布什尔的一个农场，有一个名叫丹尼尔的小男孩。一年夏天，在离丹尼尔家不远的一个小山脚下，一只土拨鼠刨了一个洞穴。每到深夜，这只土拨鼠就会溜出洞穴，偷吃丹尼尔家菜园里的卷心菜和其他蔬菜。

丹尼尔和他的哥哥伊齐基尔决定捉住这只偷菜贼。土拨鼠非常狡猾，小哥俩费了许多心思，才终于捉住了它。但是，对如何处理这只土拨鼠，两人有不同的看法。

"它干了许多坏事，我要将它处死。"伊齐基尔说。

"不，不能伤害它。"丹尼尔反对道，"我们可以把它送到山上的森林里，然后放了它。"

小哥俩争执不下，于是他们拎着装着土拨鼠的笼子，找到父亲，想让他裁决。

"孩子们，"他们的父亲想了想说，"看我们能不能这样解决问题：让我们设立一个模拟法庭，我当法官，你们俩为律师，一个指控土拨鼠，一个为它辩护，然后我根据你们的辩论再做出判决。"

伊齐基尔作为起诉人首先发言。他列举了土拨鼠的种种劣行，并以常识说明土拨鼠的本性是改不了的，因此绝对不可信任。他还提到了他们为捉住土拨鼠所投入的大量时间和精力。他强调说，如果放了土拨鼠，就等于纵容犯罪，今后它会变本加厉，做出更多的坏事来。

"土拨鼠的皮，"伊齐基尔最后说，"可以卖10美分。尽管这是很小的数目，但是多多少少总能补偿一点它偷吃卷心菜给我们家造成的经济损失。如果将它放了，那么我们家的损失一分钱也挽回不了。显而易见，它的死比生更有价值，所以应该立即将它处死。"

伊齐基尔的发言有理有据，让"法官"频频点头。

轮到丹尼尔为挽救土拨鼠的生命而辩护了。他抬起头，看着"法官"的脸，说："土拨鼠和我们一样生活在地球上，因此，它也有享受阳光和空气的权利，它也有行走在田野和森林里的自由。我们拥有各种各样的食物，甚至可以将飞禽走兽当成盘中餐，难道我们就不能拿出一小点儿食物与这只同我们一样有生存权的可怜动物分享吗？

"土拨鼠和那些凶残的动物不同，并不给任何人造成伤害。它只不过是吃了一些卷心菜，而这是它维持生命所必需的。它的需求非常有限，一个洞穴和一点点食物，仅此而已。我们凭什么说它不能拥有这些呢？

"看看它恳求的目光和因为害怕而颤抖的身子吧！它不会说话，无法为自己辩护，只能用这样的方式为自己宝贵的生命求得继续存在的机会。我们还忍心处死它吗？我们还要为弥补那么一点点经济损失而剥夺一个和我们同样生活在地球上的生命吗？"

"法官"听到这，竟忍不住两眼饱含热泪了，"伊齐基尔，放了土拨鼠！"他喊道。然后，他走上前，抱住了丹尼尔。他为儿子感到自豪，相信总有一天丹尼尔会名扬天下。他没有失望。

他的这个儿子就是19世纪早期美国最有名望的政治家和演说家——丹尼尔·韦伯斯特，1841年，他出任美国国务卿。

第十一章　应变驾驶

增强心理调控力

调控情绪有两大优点：一是观察别人的变化，找出破绽；二是免增烦恼，精心做自己的事。

一个人如果没有调整情绪的习惯，就有可能失去自己行为的尺度。

1. 学会心理调控

凡成大事者，不是让情绪驾驭自己，而是自己驾驭情绪，成为情绪的主人。例如，他们抑制冲动、避免争论、善听批评、开放胸怀、力戒不满情绪外露等。这些控制情绪的习惯，看起来不起眼，实则是说话沟通中不可缺少的重要组成部分。

美国石油大王洛克菲勒，擅长运用情绪战术达到自己的目的。他曾经在法庭上，漂亮地击退了一位名律师。

"洛克菲勒先生，你收到我寄给你的信了吗？"律师拿出一封信，以严肃的口气问道。

"收到了！"洛克菲勒回答。

"你回信了吗？"

洛克菲勒面带微笑，不疾不徐地回答："没有。"

其后，律师一封又一封地拿出了十几封信，一一询问洛克菲勒，而洛克菲勒也以相同的声音和表情，一一给予相同的回答。

法官偏过头来问洛克菲勒："你确定收到了吗？"

"是的，先生，我十分确定。"洛克菲勒镇静地回答法官。

律师忍不住面红耳赤地怒吼道："你为什么不回信，你不认识我吗？"

"我当然认识你呀！"洛克菲勒依然面带微笑地回答。

这时候律师已经控制不住自己的情绪，暴跳如雷，不断咒骂，洛克菲勒却不动声色，好像对方所讲的事，跟自己一点关系都没有。

最后，法官宣布洛克菲勒"胜诉"，律师因为情绪失控而乱了章法，法官认为该律师已无法继续辩论下去。

在任何场合，我们都有可能遇到不顺心的事，甚至是羞辱自己的事情。在这种情况下，我们首先要做到的，就是保持克制，然后再根据自己所处的环境，抓住有利时机进行反击。

要想维护自己的正当利益，仅仅采取愤怒的反应方式是不够的，还应该经由理性思维去找出更好的应对招数或策略。当一个人对自己有了正确的、全面的了解时，他也同时能以一种理性的方式去思考别人和周围的事物。环境的突变、事件的突发，他都能理智分析，泰然处之。理性的人善于控制自己，他能够很快适应周围的人。由于他的自控能力，别人会更加尊重他。

2. 心理调控方法

（1）深呼吸

深呼吸可缓解紧张情绪，使僵硬的声音气息得到调整。大口吸气还是无济于事，只有深吸一口气，摸摸你的喉咙，感觉一下颈部的肌肉有多紧张。此时再屏气，关键是呼气而不是吸气。呼气时要徐徐地发出"嘶"声，稳定持续地呼气，并收缩腹部三角区的肌肉，借此缓冲、平静一下过度的心跳和急促的呼吸。当你吐完气时，放松肌肉，然后轻轻吸气。

（2）心理诱导

心理诱导法是用含蓄的暗示方法对人心理和行为产生影响，给大脑以兴奋地刺激。这种心理影响表现为使人按一定的方式行为或接受一定的意见或信念，树立必胜信心，克服一切不利因素。

无论是自我暗示还是他人暗示，进行心理诱导时，切忌用消极暗示，诸如"别慌""别紧张"等暗示，这些暗示可能会引起不良反应，反倒容易导致心理负担产生。所以应当尽量避免去想可能使自己不安地反面刺激，不断鼓励自己给自己打气。要用积极地暗示，如"我一定能成功""我状态很好""我会顺利"等，这些积极地暗示对心理诱导作用影响很大，一定的目标和意志能够在一定程度上控制自己的情绪，克服紧张情绪的不良影响。

（3）自我调控

"自我心理调适"是运用心理学的原则和方法来自我调整心理失常的感觉、

认识、情绪、性格、态度和行为，使失调的大脑神经机能得以恢复，从而使自己异常的情绪和行为得到减轻和消除。心理学家认为一个有成就的人应该是一个心理健康的人。他应当具备以下条件：

有积极进取的人生态度；

有强健的体魄

有大无畏的精神；

对未来的成就充满希望；

享有良好的人际关系；

懂得运用这种信心；

愿意与家人分享自己的成就；

愿意以博爱精神去工作；

胸襟开阔，能容人容物；

有良好的自律性；

有了解他人和世事的智慧；

享有宁静充裕的生活；

以上成功者所必备的特征中，除了"有积极进取的人生态度"和"享有宁静充裕的生活"两条以外，其余几条均是从个体心理和人格角度来确定的。因此，我们不难发现，努力完善人格是个性能否发展的根本，而事业的成功只是完善人格的结果。心理学家提出的成功者必备的十二个条件，应该成为我们进行自我心理调适、塑造完善个性、造就成熟人格的准则。

训练敏锐洞察力

敏锐的洞察力包括心理洞察力和语言洞察力。能够做到对对方的心理和语言有一个较深刻的理解，基本上就做到了"知彼"，而如果能知道"知己知彼"的话，就可以"百战不殆"了。

交谈是在讲话和听话双方共同作用下完成的，交谈双方特定的心理状态会对交谈过程中的信息传递产生影响。当双方心灵相通时，这种影响表现为替表达者疏通一定的信息流向，使接受者形成一种定向的心理期待，准确地接受理解。不了解对方的心理，则会阻塞信息传递渠道的正常流动。为了调动听者的潜能，就需要针对听者的心理，话要说到人的心坎儿上，以获得语言作为交际媒介的"子弹效应"，即一旦恰当地选择了交际媒介，只要对准了听话者，就会使之"应声而倒"，在思想上行动上完全被语言所捕获。听者接受言语、接受刺激、做出反应的过程与听者的心理有密切的联系。因此，交谈过程中，洞察听者心理是必不可少的一环。

1. 对心理的洞察力

人为什么一直在使用语言，在"喋喋不休"？人是在借助语言以求满足种种需求。心理学告诉我们，所谓需要，乃是指人的生理或心理状态由于某种不足或过剩而失去了安定的不平衡状态，由此产生不快感而造成一种紧张状态时，个体表现出追求安定以恢复平衡，这就是需要。

它是机体自身或外部生活条件的要求在大脑中的反应。拿人的社会交往来说，人是社会的，如果一个人独处，失去思想交流的机会，就会出现心理状态在交往方面的不足。一个人在荒野之中最大的痛苦就是有着强烈的与人交谈的欲望而没有实现的机会。但如果终日在嘈杂的人海中，频繁交往，心理状态在交往方面过剩，就会出现另一种需要，要寻求安静的处所，过滤自己的思想。

人的需要多种多样，根据需要的产生和起源可分为生物性的需要和社会性的需要，根据对象性质又可分为物质需要和精神需要。不同年龄段、不同性别、不同行业的人，在不同情境中，主要需要各不相同。

一般人的需要主要有：地位的需要、尊重的需要、贡献的需要、感情的需要、社会价值的需要，因此与人交往，洞察人的心理时必须考虑这些因素，同时也应遵循一定的原则：平等、尊重、参与、肯定和负责。

相同行业、相同性别、相同年龄段的人，会有一些相同的心理特征，在处理各种事情时，表现出一些相同的心理状况。如知识分子有较强的自觉性，一般说来，性格较为内向含蓄，自尊心强。青年人，情绪体验强烈而富有热情，要求深入地了解自己的成长，自尊心增强，自我意识处于发展期。

人由于先天素质，后天生活环境和教育方式等的不同，又存在着个体差异，在对人对事的态度上表现出不同的性格特征。如人的情绪特征，表现在情绪反应的强弱、快慢起伏的程度、保持时间的长短和主导心境的性质等方面，或暴躁、或温和、或乐观、或悲伤。人的意志特征有沉着自制、慌张冲动等的不同。内向型的人富于想象而孤僻，外向型的人活泼开朗，顺从型的人往往依照别人的旨意行动，独立型的人坚持自己的信念等。

2. 对言语的洞察力

"不知言，无以知人矣。"（《论语·尧曰》）你在与人进行交流时，必须具备语言洞察力。掌握善于倾听的艺术，通过对方的言谈而了解对方的心理和愿望。

倾听是交谈的开始，是社会成员得以沟通的必由途径。认真倾听，如果在倾听中加以适当地问句，可以引导对方的表达逐步深入而有条理。如同一位大夫，望闻问切，如果没有听取患者病状介绍就立即诊断开药，显然是不负责任的表现，对症下药也就成了空谈。而在患者的介绍过程中，大夫的适当提问，有条理地帮助患者诉说病情，又能获得许多相关的病状信息。

倾听理解中，既要掌握语言组合中由语言自身产生的意义，还要掌握言语形式的"言外之意"。有时，事物的特殊性、复杂性难以用言语叙述，需要听者凭着对事物认识的经验、理解语言时的语感和体会等去补充了解；有时，表达者有意婉转，以有限的语言寄寓无限的意思；有时又言此而意彼。种种现象，说明人们用来表达思想感情的言语形式，其含义并不是完全由言语形式直露显现。有时言语形式实际的根本作用是暗示和触发，借以唤起听者的联想记忆，达到以有限言辞表达无限内容的目的，这些内容常常附加、隐含在言语形式中。

这里举例谈谈语句的附加义。语句的附加义适应使语句传达更多的信息内容。有附加具体的形象感，作用于人的五官，这也是汉语的感觉暗示性特点的一个方面。如象声词反映的都是作用于听觉的具体形象，使人感受到事物的生动性和内在的规律，有身临其境之感。比喻格中喻体的形象性很突出，如毛泽东在《反对党八股》中说："上海人叫小瘪三的那种角色，也很像我们的党八股，干瘪得很，样子十分难看。"八股文的干瘪无味，本来是无形的，毛泽东的这个比喻，让人实实在在地感知到了那种干瘪的形象。

有的附加具体情感。词汇、语句有褒义贬义之分，如"团结各级人士""勾结狐朋狗友"，肯定赞许和否定贬斥的区别非常明显。人们在叙述事物的时候，带上表述者的主观色彩是常见的现象。

思维训练的方法

说话交谈是思维的外化，是思维的一种工具，思维是语言的内容，没有思维就没有语言。语言表达过程，实际上是把思维的结果表述出来的过程，说话交谈就是从内部言语向外部言语转化的过程。

确定说什么是一种思维活动，在说什么与怎么说之间进行着快速的转换过程：思想——句子类型——词汇——语音。这个过程是完整的，任何一个环节出了差错，都会影响表达的进行。因此，从思维到语言的转化过程十分重要，进行这方面的基础训练有利于我们对语言的控制能力，从而更好地驾驭语言，发挥语言的魅力。

1. 定向思维训练

定向思维是指按常规恒定模式进行的思维。定向思维的训练可培养我们对问题作深入思考的能力，有助于养成深入分析问题，透过现象看本质的良好思维习惯。

可拟定一些比较容易的叙述、说明、介绍方面的题目进行训练。为了使思维有条理，可在表达中插入一些常用的言语链。比如，关联词"因为""所以""于是""之所以……是因为……"可以按时间的先后和位置的移动进行表达；可以采取先总后分、先分后总等方式练习等。

2. 逆向思维训练

逆向思维训练是反过来想一想，变肯定为否定，或变否定为肯定；变正面为反面，或变反面为正面。例如，世人一般把"这山望着这山高"喻为贪心不足而赋予贬义，如果化贬为褒，将其含义用于人类勇于向新的科学高峰攀登的赞颂中，岂不又可以肯定它了？例如，爱因斯坦敢于取代牛顿经典物理学，用运动员一次次刷新纪录等事例说明人就是要有"这山望着那山高"的进取精神，批评哪种"无为而顺其自然"的"知足常乐"的消极态度。

进行逆向思维能培养逆向思考问题的能力，独立发表见解的能力。

3. 发散思维训练

发散思维是使表达者朝各种可能的方向扩散并引出更多的新的信息，从而达到创新的一种思维方式。这里介绍三种训练方法。

（1）链接法

承接上一位表达者的话茬继续往下说的训练方法。戴尔·卡耐基的训练学员即兴演讲就常用此法。卡耐基叫一位学员开始叙说一个故事。比如，这位学员说："前几天我正驾着直升机，突然注意到一大帮飞碟正朝我靠近。于是我开始下降、靠近，可飞碟里却有个小人开始向我开火，我……"说到这里，卡耐基要求他停下，然后要另一个学员接下去。

（2）连点法

将头脑中闪现出的人连缀成篇、事、物和散点按照一定的顺序和结构连缀成篇。用花儿、气息、跑，比如下面一例。

"置身各位青年朋友之中，我似乎感到春天的气息扑面而来。大家都很年轻，都有花儿样的青春、花儿样的年龄、花儿样的生活，愿大家做帆船，乘风破浪，挺进大海；愿大家做骏马，飞奔未来，跑向光辉灿烂的明天。"

（3）联想法

联想法是由一事物想到另一事物的训练方法。其特点是闻一知十，触类旁通，使说话具有流畅性、变通性。可以运用如下题目进行训练。

出示一根玻璃棒，要求训练者通过联想，迅速说出它像什么。

出示一个红色球，要求训练者通过联想，讲述我们的生活充满阳光。

展示一幅画，画上画两只小鸡，要求训练者表达人生并非一帆风顺。

促进脑筋灵动性

有时候，在说话的过程中，我们需要做的，可能就仅仅是脑筋转一下弯而已。不费吹灰之力，就能解决问题，何乐而不为？

有位著名的演员参加了一场公益演唱会，它要演唱两首歌曲，第一首歌唱到一半时，她突然忘了歌词。

怎么办？

这位演员灵机一动，依然浑然忘我地随着乐队的演奏起舞，嘴巴一张一合，看起来好像是还在唱歌。观众只听见了演奏曲，没有听到歌声，一直等到这位演员想起歌词，麦克风才忽然有了歌声。

这位演员一曲唱完走到后台，只见负责麦克风的工作人员满头大汗地跑来，不住地对这位演员鞠躬道歉：

"真是对不起，我明明事先都检查过了，不知道为什么忽然坏了，真是抱歉。"

这位演员笑了笑没答话，又回到舞台上了。

俗话说，救场如救火。这救场说的也就是舞台上发生的紧急突发情况，从应付这种突发状况上，也能看出演员功底的深浅。

在日常生活与工作中，如果出现了意外的情况，就要求我们能够处变不惊，凭借临场发挥，方可稳操胜券。看看下面这个故事：

某市公安干警小张为了跟踪侦查贩毒集团主犯，登上开往 A 地的客轮。途经一处著名景点时，旅客们纷纷走出船舱观看两岸的奇秀景色。毒贩走了出去，而为了监视住罪犯的旅行箱，小张装成看书入迷的样子，独自一人留在舱内。过了一会儿，一个女人走进船舱，见舱内只有小张一人，便笑哈哈地走到他的床前，突然脸色一沉，一把扯开自己的衬衣纽扣，压低嗓门对小张说："快把钱包给我，否则我要喊人了，说你耍流氓调戏我。"

面对这一突如其来的情况，小张愣住了。他想出示证件制服这个女人，但这样做自己的身份就暴露了，跟踪任务就会无法完成。若不暴露自己，眼前这个情况又难以对付。突然他想到自己上船以后还没有说过一句话，心生一计，便打着手势，嘴里哇哇叫着，然后用笔写道："我是聋哑人，不知道你在讲什么。"那女人一下子愣住了，看着屋里没人，也在纸上写下了自己的讹诈要求。小张立即把纸条夺过来，往自己的口袋一塞，站起来说："你快给我出去，不然我把纸条交给乘警了。"

这个女人只好悻悻地离去。

小张在进退两难的时候运用装聋作哑的方法将计就计，巧妙获得了对方讹诈的证据，一下便将对方制服。说话过程中懂得灵活机动，并不意味着可以耍小聪明，任何一种语言表达形式，都不需要小聪明来进行掩饰。语言灵活更多的是在具体情况下的一种应对措施。

坚定语言个性化

主动性、坚毅性、果敢性是语言的三大个性，无论哪种个性都能增强我们的语言反击能力，能够在我们受到语言攻击时快速识别、快速判断、快速反击，因此也就有助于实现口才的效用能力。

1. 主动性

主动性是指一个人在说话时应具有明确的说话目的，并充分认识说话的意义，使自己的表达行为服从于听众要求的心理。

这种心理反映着说话者的意念，贯穿于说话活动的始终；同时，也是产生说话欲望的动力。比如，你是一名军人、一位领导、一个党员，或有良知的公民，当有严重损害国家、人民利益的言行突然在你身边发生，你会被强烈的责任心驱使，站出来喝止。至于这会给自己带来什么不好的影响，是来不及考虑的。像在长途汽车上勇敢站出来制止歹徒施暴的解放军战士徐洪刚，就是这样。

2. 坚毅性

坚毅性是指说话的人能对自己的表达坚持到底，无论如何都不被外力的影响左右，坚毅顽强，勇往直前。在这种心理支配下，既要全力维护自己所表达的立场，又要奋起排除各种干扰自己立场的因素，任凭外力如何干扰，绝不改变初衷，有善始，必须善终。

坚毅不是顽固。顽固是明知自己所言站不住脚却偏要坚持，对不同意见，不管是否有理，一概排斥。而坚毅则是深信自己所言是正确的，别人只是一时无法接受、认同，自己也无法一时加以充分证实，但以后的实践必将会证明自己是正确的。

3. 果敢性

果敢性是指说话者所说的话中需要明辨是非，表达态度时，能够迅速勇敢地以恰当地言辞做出决定。

这种心理容不得犹豫、迟疑，也不可能允许说话作全面、反复、认真的思虑。千钧一发，迫在眉睫，当断不断，必为所乱。有时，即使有很大危险，也在所不惜。

果敢不是妄断。妄断是情况不明，毫无把握，乱撞。而果敢是对情况有所了解，并有一定把握的心理反应。诸葛亮要是不了解司马懿为人多疑，不了解司马懿深知自己平生谨慎、从不冒险的心理，绝不会果敢地大开四门唱空城计。

储备必要的知识

知识是我们发挥语言威力最基础的东西，没有知识支撑，语言就是一座空中楼阁。只有拥有丰富的知识并将其运用到语言中去，才能更好地驾驭语言，从而更好地提升说话能力。

1. 处事知识让你言之有节

处事就是和社会上形形色色的人交往。我们每个人都是社会大家庭的一个小分子。只要我们想要在社会上生存，就要对社会生活中各种各样的关系发生关联。如果想使自己的语言更加合乎规律，达到自己的目的，就必须掌握必要的处事知识，掌握交际应酬起码的知识，这样才能说出与当时的情景相适应的言辞。

杨修是曹操的主簿，相当于机要秘书。有一次，他陪同曹操视察刚建成的一座庄园。曹操看了之后什么也没说，提笔在庄园的门板上写了一个"活"字，然后转身离去。众人不知何意，面面相觑。杨修道，"活"字题在门上，即"活"外一门为"阔"，丞相是嫌门子太窄，加宽就行了。这话传到曹操耳朵里，曹操表面称许，心中不悦。

有一次，曹操出兵汉中，与刘备僵持不下。部将到曹操营中请问夜间号令，正好曹操正在喝鸡汤，随口说了一句"鸡肋"。杨修听后便让士兵收拾行装准备撤兵。众人不明白，问他什么意思。杨修说："鸡肋者，食之无味，弃之可惜。今进不可胜，退恐人笑，在此无益，不如早归。"

曹操听后大惊，斥责道："杨修怎敢造言，乱我军心？"喝令斩之。

作为一个下属，随意揣测上级的意图而擅自传播，这是杨修被杀的重要原因。

这就是处事知识，不懂这些，有可能招致杀身之祸。像探亲、访友、问候、祝贺、吊丧等这些都已形成不成文的规矩与习惯，若想提高语言应用知识，就应该投入社会，留心这些知识。

2. 世事知识让你言之有度

世事就是世界上的事，也就是社会生活中方方面面的常识、经验、风情、习俗等。这种知识一般不用专门学习，只要我们不脱离这个社会，在实际生活中我们就会潜移默化，逐步体会领悟到。正所谓"世事洞明皆学问，人情练达即文章"。

当然世事知识太多了，我们不可能都亲身经历过。比如，熟悉甲地，熟悉本地的世事知识，但对外地的这些知识可能了解很少。这就需要我们多学多问。我国有一句俗话"入乡随俗"，就是说到了外地就要学习并遵守当地的风俗习惯，否则只会自讨苦吃。

3. 文化知识让你言之有理

这里的文化是广义的文化，包括人类在发展过程中所形成的一切精神财富，上到天文，下到地理，中间的政治、经济、科学、艺术等一切尽在其中。这些知识体现为成语典故、名言警句等，它能陶冶人的情操，开拓人的视野，从而使人的语言表达更具有感染力和说服力。这些知识的获得只能靠我们孜孜不倦地学习。只有不断学习、不断积累，你的口才能提升得更快。

明朝万历年间，内阁首辅张居正为了使自己的儿子状元及第，派自己的弟弟张居直约见极有可能获得第一的临川考生汤显祖，要他让出第一名。张居直说："汤才子之乡乃产笔名地，故王勃在《滕王阁序》里写有'光照临川之笔'的佳句。"汤显祖笑道："据我所知，王勃所言指谢灵运之诗，他曾为临川刺史。"张居直的脸一下子红了，尴尬万分。

在人际交往过程中，若对某方面文化知识不足，就不要轻易涉足这方面的话题，否则会闹笑话。

4. 专业知识让你言之有力

前些年一个间谍被我公安机关抓获后，坚持说自己是一个学者而不承认自己的间谍身份。在多次审讯无果后，警察和他聊起了家常。

"你是学者，那你研究什么？"

"我研究的是古代思想家管子。"

"是管仲吗？"

"是的。"

"管子还是中国著名的军事家。"

"是吗？"

"中国有句成语叫老马识途，你知道吗？"

间谍摇摇头。

"怎么，你作为一个学者竟然连这么简单的一个成语都不知道？"

间谍一脸惶恐。

警察接着说："看来你在中国这么多年，没有研究管子，而是另有任务，一直从事非法活动。"

这个以学者身份为幌子的间谍因为专业知识的欠缺而露馅。社会上各有各的领域，不同领域其专业知识也不同，所谓"隔行如隔山"说的正是这个道理。无论我们从事什么行业，有一点是必需的，那就是掌握本行业的专业知识。

专业知识的获得，二靠学习，靠不断的积累；一靠实践，在实践过程中掌握这些知识。社会在发展，知识也在不断地更新，因为我们的专业知识即使学得很好，也还是需要不断学习。

明确说话的目的

在平常的语言场合中，失言有时是不可避免的。失言的原因是多方面的，但其中最根本的原因，往往是因为缺乏清醒的目的。语言交流的目的，不只是一种社交上的需要，也不只是互相认识和了解一下。

例如，你找一位朋友，请他参加一个团体，或者请一位医生解决一个医疗问题，或是买卖双方谈论生意上的事情，这一类谈话究竟和一般社交性质的谈话有什么不同呢？在有些方面，两者是一样的。例如，你要具有一般的谈话能力，你要能够适应对方，尽可能了解对方的特点；你要有兴趣，态度要友好而真诚，等等。但有些地方却是不同的，这类谈话，每次都有一个特殊的目的。

一般来说，人们说话的目的，有以下五种：

第一，传递信息和知识。如课堂教学、学术报告、现场报道、产品介绍、展览解说等一类的谈话。

第二，引起注意或兴趣。多是出于社交目的，或为了与人接触；或为了与人沟通；或为了表明自身的存在；或为了取悦别人，如打招呼、应酬、寒暄、提问、拜访、导游、介绍、主持人讲话等。

第三，争取了解和信任。如人们交谈、叙旧、拉家常、谈恋爱等，往往旨在交流感情，增进友谊，密切关系。

第四，激励或鼓动。旨在加强人们现有的观念，坚定信心，振奋精神，有时也要求得到行动上的反应，如赞美、广告宣传、洽谈、请求、就职演说、鼓动性演讲，以及聚会、毕业典礼和各种纪念活动、庆祝活动中的讲话等。

第五，说服或劝告。诸如谈判、论辩、批评、法庭辩护、竞选演讲、改革性建议等。此类说话，大多力图改变对方的某种观念或信念，阻止对方采取某种行动。

坚持话由旨遣的原则，明确说话目的，是说话取得成功的首要条件。目的明确，谈话、社交往往能够取得良好的效果，有时甚至能够使说话人急中生智，化险为夷。

只有明确目的，才知道应准备什么话题的资料，采取何种语言风格，运用哪些技巧，从而能够有的放矢，临场应变。若目的不明，不顾场合地信口开河。毫无目的性地东拉西扯，对方就会不知所云，无所适从。

因此，每次说话之前，不妨问问自己："我为什么要说？""人家为什么要我说?"预先想一想可能产生的效果，把预期的效果当作目标并为之努力。

那么我们怎样才能做到明确目的呢?

首先，以听明白为前提。语言是信息传递、思想交流的工具。无论是我们陈述一件事情、说明一个道理，还是提出一个问题，我们都要让听者明白我们说话的目的，这样才能达到我们的目的。比如，一个推销员向顾客推销自己的产品，那么他必须将自己推销的产品的性能、价格和其他的一些情况用语言向顾客讲述明白，只有这样顾客才了解你的产品，而只有顾客了解了你的产品，他才会决定是否购买你的产品。

从语言效果上来说，一切语言都是围绕听者而展开的，从这个角度来说，语言表达要以听者为主体。以听者为主体就是要考虑听者的接受能力、处境、心情、实际需要和思想性格。

其次，以说服对方为目的。在说服对方时，既要显得真诚，又要为对方着想。这样，无论是交易上还是感情上都和对方进行了沟通，从而促使我们的目的更好地达到。

一位善于谈判的经理在推销产品时总是说:"我的工厂是小工厂，大夏天工人在露天场地工作，汗流浃背，好不容易制造出产品，按照正常利润来算，我给你的报价是合理的。"对方听完一笑:"我可服你了，你的话总是和别人不一样。好吧! 我就按你说的价格买下来好了。"

这个经理的成功在于真诚的态度。真正地站在对方立场上，并全面分析双方的利弊得失，说话真诚，语气随和，不卑不亢，入情入理，又怎么能说服不了对方呢?

最后，以关心他人为准则。关心别人不仅可以结交不同的朋友，还可以获得更多的主动权。这并不是什么崭新的道理，早在基督降生前一百年，有一个罗马诗人就说过:"当别人关心我们时，我们也关心他们。"

必须坚持的原则

在与人交流时，有时候我们必须顾及他人的想法与感受，但为了能将自己的意思表述得更加恰当与完整，我们也需要在语言上表现出强势与肯定的态度。如何处理好这两者间的关系? 以下两点可以作为我们的日常参考。

1. 以他人的角度来看世界

有人认为，他们的观点是唯一真实或正确的看法。他们不去检验自己的看法，不知道自己很多的见解只是假设和偏见。指出他们的错误不是你的工作，由于你不能改变别人或至少不能期望改变他们，所以若你要设计出一项协议，就必须避开这些先入为主的观念。

有效地了解别人，你必须像别人那样看外界。当你有能力以他们的观点看问题时，你就能明白别人要什么，也使他们觉得意见正确因而快速和完整地听取你的意见。

2. 树立自信

从历史来看，能在事业上有所建树的人们有一个共同的特点，那就是自信。他们在进行语言表达的时候，思维敏捷，谈笑风生，应付自如。但是我们大多数人却做不到这一点。其实每个人都多多少少有怯场的经历，而非个别现象。

之所以怯场，是因为缺乏自信。那么，怎么才能树立自信心呢？

第一，要做好充分的准备。在你讲话之前做好各种意外情况的准备。首先不要背词。很多人为了避免冷场而栽在背诵的陷阱里。一旦养成这个习惯，就会不可救药地从事这种浪费时间的准备，从而破坏说话的效果。你所说的话会很死板，不是发自内心，只是出于记忆。其次预先将意念汇集整理，汇集那些从实践经验中汲取的思想、概念，真正地准备是思考，只需一点专注和思考便能达到目的。

第二，树立成功的决心。我们可以全身心投入自己的信念中，详细研究，抓住更深层次的意义。同时我们不要过多考虑令人紧张的负面情绪，总是想自己会不会犯什么错误，会不会出洋相。在这种反面假想支配下，我们的信心是很容易被击垮的。要时时想着为自己加油。当消极思想开始腐蚀你的时候，你就应该为自己打打气，用明白、坦诚的言辞告诉自己：我能行。事实上，真诚的鼓励是必要且必需的。

克服当众讲话的恐惧，树立自信，对于我们做任何事都有极大的心理暗示作用，并且发现我们的思维甚至性情都因而得到潜移默化地改变。那些接受挑战的人，会发现自己人品极佳，素质极高，发现自己已经脱胎换骨，进入更丰富、更美满的人生。

一位销售人员说："恐惧克服后，我感觉任何人都可以应付了。即便是特别凶悍的客户，他还没来得及拒绝，我已经将商品放在了他的面前。结果，他给了我很大一份订单。"以前是困扰难解的事情，现在变成快乐的挑战和机遇了。

第十二章　修辞技巧

比喻运用技巧

比喻是用某个有类似点的事物来比拟想要说的某一事物，以便表达得更加鲜明生动；打比方一般是拿具体的、浅显的、熟知的事物来说明或描述抽象的、深奥的、生疏的事物。无论是何种场合，如果想借题发挥的话，比喻绝对是个好方法，因为比喻有本体和喻体两种，我们可以借喻体发挥本体，如此一来效果绝对很好。

《说苑》中有这样一个生动的故事：

有人对梁惠王说："惠子这个人说话善于打比喻。假如大王您不让他打比喻，那么惠子便没法说话了。"

于是梁惠王对惠子说："希望您今后发言时不要打比喻了。"

惠子回答说："假如有个人不知道'弹'为何物，您告诉他'弹就是弹'，他能明白吗？"

梁惠王说："当然不能明白。"

惠子接着说："如果您改换一种说法，告诉他'弹的样子像弓，是用竹子作弓弦'那么，他能明白吗？"

梁惠王说："当然明白了。"

惠子说："我要把我知道的事物，告诉不知道这事物的人们，您说不打比喻，行吗？"

梁惠王说："你说得太好了，不打比喻是不行的。"

这个故事的有趣之处在于梁惠王本来是不许惠子再打比喻的，可是惠子又恰恰打了一个比喻，说得梁惠王口服心服，惠子真是一个"善喻"的能手。

惠子在这个故事中，指出了比喻的重要作用——"把我知道的事物，告诉不知道这个事物的人们"。也就是"以熟喻生"，达到"化生为熟"的目的。

在我们的日常说话中，常常需要论述一些道理，这些道理如果配以贴切的比喻，就会容易让人理解和接受。

春秋时期的大教育家孔子，有个弟子叫子路。子路开始不大重视学习，孔子很想改变子路的这个缺点。

有一天，孔子对子路说："你有什么爱好？"

子路答："爱好长剑。"

孔子说："我不是问你这个，我是问你学习怎么样？"

子路毫不在乎地反问："学习也有好处吗？"

孔子说："一个国君，如果周围没有敢于劝谏的正直之臣，他在政策上就要失误。一个君子，如果没有能够给予他教益的朋友，他在品德上就会有失检点。驾驭烈性的马，不能放下手中的鞭子，操纵弓箭，绝不能离开矫正弓箭的工具。木头经过墨绳的规矩加工，就能变直。人们经常听取别人的不同意见，就能变得非凡。如果你肯于学习，就能顺利成长。要想成为一个君子，不能不学习。"

子路虽然觉得老师讲得句句在理，但仍有点疑惑不解，也就打了一个比喻反问："南山上的竹子，不经加工自然直，砍伐下来做成箭，能够穿透犀牛皮做成的盔甲。这样看来，又何须学习？"

孔子借用子路的比喻，进一步开导他："话可不能这么说啊。用竹子削成的箭，虽说也能射穿物体，但不会是很锋利的。如果削去箭尾，插上羽毛，再装上箭头，就会射得远。如果把箭头再在磨刀石上加以磨砺，箭射入得不是会更深吗？"

这一番形象生动的教诲，终于打动了子路。他赶紧拜谢道："我一定牢记您的教诲。"

本来是比较枯燥的大道理，直接说给子路听，他也许会接受也许会拒绝，孔子将道理蕴含到一系列贴切浅显的比喻中，一下子就深深抓住了子路的心，使他欣然接受。

比喻贵在抓住事物的特征，古人历来十分注意进行这方面的训练。《世说新语》中记载了这样一个故事。

东晋政治家谢安在一个下雪的日子里，把家里的子侄们聚集在一起，同他们谈论做文章的规律。不一会儿，雪下大了，谢安兴致勃勃地说："这纷纷扬扬的雪花像什么呢？"

侄子谢朗回答道："在空中撒盐大概可以比拟吧！"

侄女谢道韫回答道："不如用柳絮随风飘舞来比拟。"

谢朗把天上下白雪比作"撒盐"，而谢道韫则把下雪比做飘起柳絮。虽然两者在颜色上都贴切，但后者显然更高明，因为后者道出了雪花的轻柔飘飞。

比喻不仅应用于日常的说服中，而且在辩论等比较激烈的场合也广泛应用，请看下面这个例子。

在交谈中，遇到棘手的质问或难于正面回答的提问，就可以用比喻巧辩法。适当地采用巧妙地比喻既能生动形象地说明观点，又能显示本人的幽默口才，较好地调节气氛。

用此法必须注意比喻的贴切性、易懂性、巧妙性以及表意的准确性，才能使对方无话可说。

用比喻这种修辞格时，既可以从正面设喻，说本体是什么，像什么；也可以反面设喻，指出本体不是什么，不像什么。这就是我们平常所说的反喻。反喻的喻体大都是和本体相悖的。运用反喻的目的当然是为了更深刻地说明问题。

反问运用技巧

反问就是用疑问的形式表达某种确定的意思，只问不答，因为答案很明显不需要回答。它能够把确定的意思表达得更鲜明更强烈。

反诘进攻，往往能比正面提问更有力量，更能表达爱憎之情，更具有强烈的批判和讽刺的作用。很多时候，还可以用反诘转守为攻，造成心理上的优势和咄咄逼人的气势，置对方于被动的地位。

反诘进攻的具体表现形式很多，下面从不同角度介绍几种。

1. 肯定式反诘

在一次亚洲大专学生辩论会决赛时，正方发言中有这样一段话："如果发展旅游业是弊多于利的话，那么，为什么许多国家和地区，包括参加这次辩论赛的中国、新加坡、中国香港地区和澳门地区都在发展旅游业呢？难道这些国家和地区那么多的领导人都是愚不可及的吗？"最后一句话就是反问，肯定了正方"发展旅游业是利大于弊"的观点。

2. 否定式反诘

否定式反诘即用反问的形式，否定对方的观点。

史密斯是英国律师和保守派政治家，从 1915 年起到 1919 年，担任代理监察长，后升为大法官。

在担任代理监察长期间，史密斯惹怒了伦敦一个俱乐部的会员们，因为他不是该俱乐部的成员，却经常在去议会的途中停下来使用俱乐部的卫生设备。这使得对他没有好感的会员们十分不快，他们要求管理人员制止这种"掠夺"。

一天，史密斯又若无其事地走进了该俱乐部的卫生间，马上跟进来一位侍者。他提醒史密斯注意本俱乐部有只对内部会员开放的规定。

史密斯随口说道："厕所也是俱乐部吗？"

"厕所也是俱乐部吗？"谁想过这样的问题？但是史密斯想到了，从而不仅制造了幽默，也回击了侍者的责难。

刚才是从内容上进行的分类，我们还可以从方式上将其分为步步逼问式和诱发反问式。

3. 步步逼问式

步步逼问式不仅要求能说，而且要求会听，能够抓住机会提出各种问题向对手进行连环式反击，令对方无招架之力而步步败退，从而一举赢得胜利。

东汉思想家王充敢于宣传无神论，批判鬼神迷信，是一位有胆有识的唯物论者。那时候，很多人都相信，人死后灵魂会变成鬼，还有人说自己真的见过鬼，说鬼的样子和穿戴跟人活着的时候一模一样。王充一下子就抓住了他们的破绽，反诘道："你们说一个人死了，他的灵魂就能变成鬼，难道它穿的衣服也有灵魂，也变成了鬼吗？按照你们的说法，衣服是没有精神的，不会变成鬼。如果真的看见了鬼，那它该是赤身裸体、一丝不挂才对，怎么还穿着衣服呢？"他的这番话把对方驳得张口结舌。

王充接着风趣地说："从古到今，不知几千年了。死去的人，比现在活着的人不知多多少，如果人死了就变成鬼，那么，现在路上将到处都是鬼。可是，有几个人见过鬼呢？那些见过鬼的人，也只说看见了一两个，他们的说法是自相矛盾的。"

有人辩解说："哪有死了都变成鬼的，只有死的时候心里有怨气，精神没散掉，才能变成鬼。古书上不是记载过，春秋时期，吴王夫差把伍子胥放在锅里煮，又扔到江里。伍子胥含冤而死，心里有怨气，变成了鬼，所以年年秋掀起潮水，发泄他的愤怒，可厉害了。怎么能说没有鬼呢？"

王充说："伍子胥的仇人是吴王夫差。吴国早就灭亡了，吴王夫差也早就死了，伍子胥还跟谁做冤家，生谁的气呢？伍子胥如果真的变成了鬼，有掀起大潮的力量，那么他在大锅里的时候，为什么不把掀起大潮的劲使出来，把那一锅滚水泼在吴王夫差身上呢？"

王充的反诘驳得对方哑口无言。

4. 诱发反问式

诱发式提问是有意识地通过提问来使对方落入自己设计的圈套，从而迫使对方承认或否认某种言行，达到己方目的。请看下面的一个例子。

刘先生是一位大学教授，一天他回家，路上遇到一个小青年，非要和他谈心不可。刘教授抬头看看眼前的青年，留着小分头，上穿红色衬衫，下穿牛仔裤，胸前却挂着一个耶稣受难的十字架。一看这身装束，刘先生便知道眼前这个青年的思想状况，于是刘教授便开始了一连串的诱发式反问。下面是他们的对话：

刘："你为什么要戴十字架呢？"

青年："我看着好看，挺好玩的，就买了一个戴上了。"

刘："你戴上后，你会祈祷吗？你懂弥撒仪式吗？"

青年：我知道，就是'主'啊，'阿门'啊什么的。"

刘："不对。"（背了一段祈祷词，讲解了弥撒的仪式）又说："你读过圣经吗？你知道圣经都写了什么吗？"

青年："没有，不知道。"

刘教授耐心地向他解释了圣经的主要内容，然后话题一转说道："打个比方，有个女孩非常漂亮，相貌好，身材好，皮肤白皙，看上去非常美，可是有一天你发现她心如蛇蝎，坑蒙拐骗，这时候你还认为她美吗？"

青年："内心与外表不和谐，当然不美。"

刘："有这样一个传教士，外表非常肃穆，内心对耶稣也很真诚，胸前挂着十字架，你认为他美吗？"

青年："内外和谐，当然美了。"

刘："阁下既不懂圣经又不是教徒，胸前却挂有一个十字架，难道你会认为这样很美吗？"

青年哑口无言。

有时为肯定自己的观点，诱导性地提问，让对方紧紧围绕自己的论题思考，再以反问的形式肯定自己的观点，也可以迫使对方不得不接受。

比拟运用技巧

比拟是把物拟作人或把人拟作物的一种修辞方法。用比拟可以使事物色彩鲜明，表意丰富，应用到说话中，可以起到幽默讽刺的效果。

1. 比拟的分类

（1）形象物拟人式

形象物拟人式就是把物比做人。即为了论点的需要，选用较形象的物体，将其赋予人的动作、行为或思想感情。在说话中恰当地运用以物拟人的方式，可以表现出强烈的爱憎感情，取得幽默的效果。

一次，意大利诗人但丁出席威尼斯执政官举行的宴会。席间，听差们捧给意大利各城邦使节的是一条条肥大的煎鱼，而给但丁的却是几条很小的鱼。

面对这种公然的歧视行为，但丁深为气愤，但没有因此而发作。他若有所思后，用手把盘里的小鱼逐条拿起，靠近耳朵，然后又一一放回盘中，循环往复多次。执政官见状，甚感莫名其妙，便走上前来和他搭话。

执政官：先生，您好像是听鱼说话？

但丁：几年前，我的一位挚友在海上旅行时不幸逝世，举行了海葬。从那以后，我一直不知道他的遗体是否已黯然葬入海底。因此，我就挨个问这些小鱼儿，也许它们多少知道一些情况。

执政官：那么，它们对你都说了些什么呢？

但丁：它们对我说，它们都很幼小，对过去的事情了解很少，不过，如果我向同桌的大鱼们打听一下，肯定会了解到想要知道的情况。

这位执政官听了但丁的话，很快明白了他的言外之意，连忙向但丁道歉并命令马上端上来一条又肥又大的煎鱼。

（2）形象人拟物式

形象人拟物实质上就是物拟人的翻版，亦即将原来有生命、有人性的类拟成无生命、无人性的。形象人拟物平常很少被人使用，即使在针锋相对时，能找到以人拟物者也是凤毛麟角。不过，人拟物确实不失为一种很具风趣意味的修辞，能起到很好的渲染效果。尤其是在驳论中，可以达到一语而制敌的效果。

大李和小张在同一单位工作。一天，他们谈论同事老王。

大李：老王挺老实的，比较可靠，比起那些高不成、低不就、见异思迁的人要好得多。

小张：好什么好！整天像个木头桩子，和他在一起好像全世界的生物都灭绝了似的。

在这段间断的对话中，小张就用了形象的比拟手法，将那位同事的"老实"与"木头"联系到一块，尖酸幽默地表达了自己的看法。

（3）形象物物相拟式

形象比拟还有一种方法，就是物物相拟式。这种方法通常也叫类比。在说话交谈中，物与物的类比经常被人使用，由此物比及彼物。用形象的类比取代抽象的说理，喻意深远，能让人产生联想，同样也可以将对手逼入困境。

形象比拟离不开幽默。幽默感的物物相拟，可以调节气氛，同时又能使对手因此而气馁并失去战斗力。在不同场合中巧妙地运用比拟法，可以鲜明地表达说话者的观点和立场，使交谈有一种令人荡气回肠的感觉。

2. 比拟应用

比拟的妙用，往往在人们轻松的掌声、愉快的笑声中显示出其难以匹敌的魅力。用这种方法不但可以起到良好的雄辩效果，同时也大大增强了说话者的信心。

运用比拟法进行辩论应注意如下三个要点。

第一，拟物与被拟物之间要有相关的逻辑联系，这样才能让听者由此产生联想。

第二，要注意适度，不能出格，以免造成人身攻击的不良后果。

第三，要扣紧说话的目的，不要只凭想当然去刻意渲染气氛或卖弄自己的幽默。

一个很虔诚的基督徒到非洲丛林探险，不幸脱队迷失在丛林中，接着更悲惨的事发生了。

一只狮子发现了他，便开始追杀他。他没命地跑啊跑啊！终于逃到一棵树上，可是狮子也不愿放弃，在树下等。

天黑了，他又渴又饿，于是他开始向上帝祷告："上帝啊，请您让这只嗜血的狮子变成基督徒吧！"

话刚说完，树下的狮子也说话了："亲爱的上帝，谢谢您赐给我丰盛的晚餐！"

狮子开口向上帝祷告，这是典型的拟人手法。

狮子很机智，口中的食物向上帝祈祷请求躲过杀身之祸，它为了不得罪上帝，也向上帝祷告，感谢上帝赐给他食物。到了最后，即使狮子真的吃了那个人，上帝也无法怪罪了。

曾任美国总统的杰拉尔德·R·福特，说话非常幽默。有一次，一名记者向他提问，请他自我评价一下，他风趣地说："我是一辆福特，不是林肯。"

林肯是非常高级的名牌汽车，而福特则是早已大众化的普通汽车，福特用汽车巧妙比拟自己，一方面是表示谦虚，一方面是为了标榜自己是深受大众喜爱的总统。

比拟幽默法不仅可以给人带来愉悦，而且可以用来下逐客令。

主人请客人在家里吃饭。客人酒足饭饱仍不想告辞。主人终于忍不住了，指着窗外树上的一只鸟对客人说："最后一道菜这样安排：砍倒这棵树，抓住这只鸟，再添点酒，现烧现吃，你看怎样？"

客人答道："只怕没砍倒这棵树，鸟就飞走了。"

"不、不！"主人说，"那是只笨鸟，不知道什么时候该离开。"

不想告辞的客人，被比拟成"不知道什么时候该离开"的笨鸟，如果这只笨鸟不是太笨的话，应该知趣地早点离开。

同样是逐客令，阿登纳的比拟法，不仅幽默而且具有讽刺意味。

阿登纳刚走出办公室，在花园的小道上小憩，这时为丈夫说情的科隆博塔夫人来了。阿登纳真不愿见，但她喋喋不休地要总理回办公室去谈。

"有什么说的，坦率地讲吧！"阿登纳有些不快。

这时不知从哪里飞来一只苍蝇，嗡嗡乱飞，夫人叫道："总理阁下，这里有苍蝇！"

"没关系，它老是在我身边。"

"它老是在我身边"。明指苍蝇，暗拟喋喋不休的夫人，幽默而又巧妙。

在不受欢迎的客人造访或有事急于脱身的时候直接下逐客令是一件令人为难的事。上面例子里的人比较聪明，巧借"笨鸟"和"苍蝇"将自己的意思表达出来。

比拟法也可以用来抨击时事。

以语言犀利、锋芒毕露见长的英国生物学家赫胥黎，在讲演中，用比拟法抨击了当时的社会对科学的不公正的态度。他说："科学这位'灰姑娘'天天生起火来，打扫房间，而到头来，人们给她的报酬，则是把她叫做贱货，说她只关心低级的物质的利益。"他60岁那年，辞去了英国皇家学会会长的职务。他在辞职仪式上说道："理智和良心向我指出，我已经无法完成这个会长职位的重大任务，所以我一分钟也不能干下去了。"说完上述话后，他又不无诙谐地对他的朋友们说："我宣读完了我去世的官方讣告。"

赫胥黎以拟人化的幽默，将教会和习惯势力排挤科学研究的丑恶面目揭示得淋漓尽致，因而具有震撼人心的力量。

双关运用技巧

双关是在一定的语言环境中，利用词的意义或同音条件，有意识地使语句具有双重意义，起到言在此而意在彼的效果。它分为谐音双关和语音双关。

在针锋相对、气氛热烈甚至略带一点火药味的情况下，面对对方凌厉的语言攻势，可以采用"明里说一，暗里说二"的方法，把深刻的道理寓于发人深省的比喻、回味无穷的幽默当中。这样发挥既能保持风度，又可以置对方于无可挽回的败地。

从前，有个县官带着随员骑马到王庄处理公务。走到一个岔道口，不知道朝哪个方向走才对。正巧一个老农扛着锄头走来，县官在马上大声问老农："喂，老头，到王庄怎么走？"

那老农头也不回，只顾赶路。

县官大声吼道："喂！"

老农停下来说："我没有时间回答你，我要去李庄看件稀奇事。"

"什么稀奇事？"县官问。

"李庄有头牛下了匹马。"

"真的？牛怎么会下马呢？"县官百思不解。

老农认真答道："世上的稀奇事多着哩，我怎么知道那畜生不下马呢？"

老农借字面的"畜生"，斥责连做人常礼都不懂的县官。这是一种明言此、暗言彼、指桑骂槐的双关讽刺手法。

双关技巧的应用是很普遍的，历来就为人们所重视。比如，在《红楼梦》

中双关技巧就有很多例子。

第四十六回中，鸳鸯与她嫂子之间有段对话：

鸳鸯道："什么话，你说吧！"

她嫂子笑道："你跟我来，到那里我告诉你，横竖有好话儿。"

鸳鸯明知她是为给贾赦说亲这件"喜事"而来，于是，使用双关手法骂道："什么好话，宋徽宗的鹰，赵子昂的马都是好画。什么'喜事'！状元痘儿灌的浆儿又满是喜事。"

这是一种谐音双关的技巧，显出言语的犀利，锋芒毕露，锐不可当。

以上都是双关技巧的运用。有的是谐音双关，有的是语意双关。不论是哪一种，只要运用得当，不但能够增加言语谈话的力度，使语言这一武器更具威力，而且能够有效地控制住谈话或辩论的气氛，要紧就紧，要松则松，牢牢把握主动权。

双关的运用具有模仿性、类比性、幽默性，故而在实践中运用这一手法时，要注意以下几个问题：

1. 高雅纯正

在使用这一手法时，要坚持文明表达、以理服人的原则。格调高尚文雅，内容纯净正派。要以德胜人、以理服人，切忌粗俗低级。虽然丑陋不堪也有可能凭一时的口舌之快占到上风，但泼妇骂街式的所谓"双关"令人不齿，是十分不可取的。

2. 隐藏幽默

这是双关技巧的要点。含而不露，幽默横生，是运用这种手法的基本要求，如果忽视这一点，就会失去风趣、讥讽和辩论的力量。幽默好比软鞭子，抽在身上，皮肤不留痕迹，但可以伤及人骨，刺入对方心里，使其言辞混乱，穷于应付，甚至还有可能使对方陷入自相矛盾而不能自拔的尴尬境地。所以，寓幽默于双关，寓驳于笑，是双关成功的秘诀之一。

3. 切中要害

我们不仅要善于捕捉对方的隐衷、企图，更要善于发现对方的破绽、矛盾，切中要害，置之于乱处，使之张口结舌，无言以对。同时要充分发挥联想、模拟的作用，加大发挥力度。

4. 沉着冷静

以静制动，对于对方挑衅性的言辞或咄咄逼人的气势既不能被其吓倒，也不可以同样气势摆出一副与之对骂的架势来。"不要同疯子争吵，否则人们会分不清谁是疯子"始终保持良好的举止修养，彬彬有礼却寸步不让，和风细雨却伤人于无形。所以在使用这一技巧时，也要巧妙地把自己的道理寓在其中，才能更有说服力，更富战斗性。

夸张运用技巧

夸张是为了达到某种表达需要，对事物的形象、特征、作用、程度等方面有意夸大或缩小的修辞结构。

"霜皮溜雨四十围，黛色参天二千尺。"这是唐代大诗人杜甫《古柏行》里形容古柏高大的诗句。这两句诗曾引起一场笔墨官司。《梦溪笔谈》的作者沈括说："四十围直径只有七尺，此树高达二千尺，不是显得太细长了吗？"《苕溪渔隐丛话》的作者引黄朝英德说："古制圆周与直径的关系式三比一，四十围就是一百二十尺，直径即四十尺，此树虽然高达二千尺，也不算细长了。"

这两个人说的似乎都很有道理，但是这样计算似乎过于拘泥了。杜甫是在进行文学创作，也就是说，是运用夸张手法写古柏的气势。"四十围""二千尺"都是虚数，并非实指。

夸张是为了表情达意的需要，故意言过其实，对客观的人、事、物进行夸大或缩小的描述。它的内核是表情达意，它的外貌是言过其实。只要内核把握好了，外貌不必斤斤计较。和比喻一样，一般的夸张说法已为人们普遍接受，逐渐化入人们的日常言谈之中，再也没有最初的刺激力了。

我们平时说的"烦死人了"就是典型的夸张。是程度上的夸张，因为烦人要到"死"的地步，岂不是夸张地形容烦得厉害？再如"忙了一天""干了一辈子""笑得喘不过气来""尾巴翘到天上去了"，以及"天翻地覆""绕梁三日"等，都运用了夸张的手法。可正由于用得多了，人们便不觉得那是夸张了。

又正如比喻要求创新，夸张也要求创新。比喻创新的路子是拉大本体与喻体的距离，夸张，尤其是作为幽默机智地方法的夸张，就是推向极度。所以这里称为极度夸张。

夸张应用到说话中往往起到讽刺的效果。正因为其有夸大的成分也就制造了幽默。所以应用夸张手法往往能起到一般语言起不到的作用。

阿凡提带着他7岁的儿子，拿着一份报告去找科长。

科长接过报告，不禁哈哈大笑："阿凡提啊阿凡提，别人都说你聪明，你怎么糊涂起来了？你才40多岁，你儿子才7岁，怎么打起退休报告来了？"

阿凡提不紧不慢地说："科长，按照你的工作效率，当你把这份报告批下来时，我和儿子的年龄就都够了。"

从40多岁到60多岁，中间有20年的时间，阿凡提够夸张的了，然而在阿凡提的幽默中，有强烈的讽刺意味。

口才加油站

里根的"闪避式"回答法

美国前总统里根在访问我国期间，曾去上海复旦大学与学生见面，有一学生问里根："您在大学读书，是否期望有一天成为美国总统？"

里根显然没有预料到学生会提出这样的问题，但这位政治家颇能随机应变，他神态自若地答道："我学的是经济学，我也是个球迷，可是我毕业时，美国的大学生有1/4要失业，所以我只想先有个工作，于是当了体育新闻广播员，后来又在好莱坞当了演员，这是50年前的事了。但是我今天能当上美国总统，我认为是早先学的专业帮了我的忙，体育锻炼帮了我的忙，当然，一个演员的素质也帮了我的忙。"

里根这一段精彩的回答自有他独特的魅力，他采取"闪避式"的回答方式，避开了学生提出的问题不谈，从其他角度巧妙地回答了难以对答的发问。

我们在工作、生活中也会经常遇到类似的问题，对这样的语势"锋芒"，采取断然回避的消极方法固然不行，"意在言外"可以说是一种较高的语言境界。表面上答非所问，实际上是以退为进。因此可以说"避锋"是为了"藏锋"，"藏锋"是为了更好地"露锋"，这样的语言自然会有较强的魅力。

一碗莲子粥的背后

一天，妻子下班回来，见丈夫已做好了饭，还熬了她很喜欢喝的莲子粥，非常高兴。

喝粥时，问丈夫："这莲子粥可真好喝啊，莲子是从哪儿买来的？"

丈夫说："不是买的，是乡下姑妈让人捎来的——她知道你很爱喝莲子粥。"

妻子听了有点儿感动，很感慨地说："姑妈想得可真周到啊，年年让人捎莲

144

子来!"

丈夫说:"那当然了,姑妈最挂念我们了。我家里人口多,父母无法养活我们,从小就把我放在姑妈家,我小时候几乎天天住在姑妈家里,可以说是姑妈把我抚养大的!那时姑妈家里也很穷。"

妻子感慨地说:"她这一辈子可真不容易。"

过了一会儿,丈夫忽然叹了口气,说:"听说,姑妈前几天病了,家里没钱,看不起病,我想给她寄点儿钱回家。"

"那就寄呗,多寄点儿,让姑妈多买点儿好吃的。"

就这样,丈夫以一碗妻子最爱喝的莲子粥作为说服妻子的条件,最终使妻子高兴地答应了给姑妈寄钱。

丈夫在说服妻子的时候,运用的就是"循序渐进"法。我们都知道,如今,很多家庭都是妻子说了算,若妻子不同意的事儿,丈夫有时候也无能为力。因此,这个故事里的丈夫就通过吃莲子粥、忆旧情,先让妻子感动,制造一种适宜的氛围,然后再在自己预先设置情境中,循序渐进地说服了妻子,这是我们在生活中应该学习的一种说服技巧。

第十三章 方圆技巧

迂回策略：以迂为直，绕路说服

在交际时，为了达到谈话的目的，有时需要绕一定的路才可以起到作用。人们常用的"以迂为直"策略在许多正面强攻不下的情况，不失为一种灵活有效的办法。因为它结合明确的目的性与战术的灵活性，避开对方布下的"地雷区"，进攻的路线又带有隐蔽性，并符合对方的心理需求，所以容易在对方戒备不严的情况下，逐步使其不知不觉地接受自己的观点。下面让我们举触龙说服赵太后的例子说明采用"以迂为直"策略的好处。

公元前265年，赵国的赵太后刚执政不久，秦国便发兵前来进攻。赵国求救于齐国。齐国提出必须以赵太后的小儿子长安君做人质，才肯发兵相救。但是赵太后舍不得小儿子，坚决不允。赵国危急，群臣纷纷进谏。赵太后依旧坚决地说："从今日起，有谁再提用长安君做人质，我就往他脸上吐唾沫！"大臣们便不敢再多说什么。

有一天，左师触龙要面见赵太后，赵太后认为触龙一定是为了劝谏而来，于是她便摆开了吐唾沫的架势。不想触龙慢条斯理地走上前，见了太后，关心地说："老臣的脚有毛病，行走不便，因此好久未能来见您，我担心太后的玉体，今天特地来看望。最近您过得如何？饭量没有减少吧？"

太后答道："我每天都喝粥。"触龙又说："我近来食欲不振，但我每天坚持散步，饭量才有所增加，身体才渐渐好转。"赵太后听触龙每句话都不提人质的事，怒气也渐渐消了。两人于是亲切、融洽地聊了起来。

聊着聊着，触龙向赵太后请求道："我的小儿子叫舒祺，最不成才，可是我偏偏最疼爱这个小儿子，恳求太后允许他到宫中当一名卫士。"太后赶紧问触龙："他几岁了？"触龙答："十五岁。他年岁虽小，可是我想趁我在世时，赶紧将他托付给您。"

赵太后听到触龙这些爱怜小儿子的话，深有同感，便忍不住与他闲谈，太后说："真想不到你们男人也疼爱小儿子呀！"触龙说："恐怕比你们女人还甚呢！"太后不服气地说："不会吧，还是女人更爱小儿子。"

触龙见时机已到，于是把话题引申一步，说道："老臣认为您爱小儿子爱得不够，远不如您爱女儿那样深。"太后不同意触龙的这个说法。

触龙解释道："父母爱孩子，必须为孩子做长远的打算。想当初，您送女儿远嫁燕国时，虽然为她的远离而伤心，可是又祈祷她不要有返国的一日，希望她的子子孙孙相继在燕国为王。您为她想得这样长远，这才是真正的爱。"

太后信服地点了点头。触龙接着说："您如今虽然赐给长安君许多土地、珠宝，但若不使他有功于赵国，您百年之后，长安君能自立吗？所以我说，您对长安君不是真的爱护。"

触龙这番话说得赵太后心服口服，立即吩咐给长安君准备车马、礼物，送他去齐国当人质，并催促齐国出兵。而齐国也很快地就出兵解了赵国之围。

触龙说服赵太后的方法，便是运用以迂为直的策略典范。

有人说，可不喜欢听拐弯抹角的话，还是希望别人有什么话就直接说出来，不然来回绕弯子多耽误大家时间，还不一定能达到良好效果。可是有时候有些话直接说出来不但让对方接受不了，也会给自己招来祸端。记住：得罪人的事或者不好听的话，要尽量绕弯子地让对方明白。

转弯策略：欲抑先扬，避免直接

有时对方提出的要求并不是不合理，但因条件的限制无法予以满足。面对这种情况，拒绝的言辞可采用"先承后转"的形式，使其精神上得到一些宽慰，以减少因遭拒绝而产生的不愉快。例如，一家公司的经理对一家工厂的厂长说："让我们公司做你们的经销商，以我们的名气和你们的实力来打造一个全新的大品牌，你看怎么样？"厂长回答："这个设想很不错，只是目前条件还没有成熟。"这样既拒绝了对方，又给自己留了后路。

对对方的请求最好避免一开口就说"不行"，而是要表示理解、同情，然后再据实陈述无法接受的理由，获得对方的理解，自动放弃请求。

李毅和王静是大学同学，两人毕业后一直没有来往。一天，王静突然向李毅提出借钱的请求，李毅很犯难。李毅这几年做生意虽说挣了些钱，但也有不少外债。这次要是借吧，怕担风险；不借吧，同学一场，又不好拒绝。思忖再三，最后李毅说："你在困难时找到我，是信任我、瞧得起我，但不巧的是我刚刚买了房子，手头一时没有积蓄，你先等几天，等我过几天结账了，一定借给你。"

有的时候对方可能会很急于事成而相求，但是你确实又没有时间，没有办法帮助他的时候，一定要考虑到对方的实际情况和他当时的心情，一定要避免使对方恼羞成怒，以免造成误会。

拒绝还可以从感情上先表示同情，然后再表明无能为力。

先扬后抑这种方法也可以说成是一种"先承后转"的方法，这也是一种力求避免正面表述，而采用间接拒绝他人的一种方法。先用肯定的口气去赞赏别人的一些想法和要求，然后再来表达你需要拒绝的原因，这样你就不会直接地去伤害对方的感情了，而且还能够使对方更容易接受你，同时也为自己留一条退路。

一般情况来说，你还可以采用下面一些话来表达你的意见，"这真的是一个好主意，只可惜由于……我们不能马上采用它，等情况好了再说吧""这个主意太好了，但是如果只从眼下的这些条件来看，我们必须要放弃它，我想我们以后肯定是能够用到它的""我知道你是一个体谅朋友的人，你如果对我不十分信任，认为我没有能力做好这件事，那么你是不会找我的，但是我实在忙不过来了，下次如果有什么事情我一定会尽全力来支持你"等。

这样的表述虽然最后结果是拒绝别人，但因为赞扬和抬高了对方，对方不但不会生气，还会觉得你是个体贴的人。

权威策略：借人之名，说你的话

有的人想问别人某些问题，并且这些问题不问是肯定不行的，但是直接问也不妥当，这个时候你不妨借别人的口来问自己的问题。

某公司总经理在外地与对方谈判了6天还没有结果，他的秘书想知道谈判究竟进行得如何以及何时能返回，但又不好意思开口问，于是跟经理说："服务台小姐刚打来电话，说她们有预订机票的服务，问我们是否需要。我们用不用现在回复？"总经理想了一下，回答道："问一问能不能订后天的票。"秘书于是做好了返程的准备。

这里，秘书用的就是"借不相关的人之口来问自己的问题"的方法。

有些问题自己直接问，效果可能适得其反，但又无其他人的口可借时，就可以找一个与问题不直接相关的人的名义来问。如果我们向媒体或医生咨询一些关于人际关系或者健康的问题又难以启齿时，可以说："我的朋友病况如何，请问……""我的同事请我代问一下……"其实，这些所谓的"朋友""同事"可以是根本就不存在的人。这种问话方式，在很大程度上能减轻人们的心理障碍，而使问题得以顺畅地表达出来。

生活中有些乖张的人，只有上级才能镇得住。以自己的名义向他提要求，没准碰一鼻子灰，这时最好借上级的口来问。

比如，出于工作需要，你要去问某一位领导工作进度。而他正好是一个欺软怕硬、专看上级脸色行事的人。你不妨这样问："王局长让我来问问，你们处的工作报告写好了没有。"这样一问，迫使他不得不以认真的态度来回答问题，而你自己又不会被他压住了气势，因为你的身份已经转换为"传话者"而非"办事者"，纵使他心里不情愿，鉴于领导的压力，也不敢怎么样。

虽然借上级的口来问话，比如，"组织上对这个问题很重视""某某领导一直很关心这个问题"等，听上去官腔十足，但关键时刻，却是对付某些人的撒手锏。

此外，对那些工作比较繁忙的对象或对某些问题有解释能力却故意藏而不露的人，提问时可以借用含义比较广泛而又模糊的"大家"的口来问，如"大家都想了解一下……您能不能给我们说一下""大家让我来问问……"

一般人都会认为"大家"提的问题是重要的问题，尤其是对于矛盾比较大的问题，如果回答得好，则既可以使工作顺利地开展同时还能在公众心目中树立良好的个人形象。所以，借用"大家"的口发问，往往会使对方对问题予以重视。

这一招最有效的场合是采访公众人物时，记者借用"大家"的口来问自己的问题。这样给人造成一种印象：这是大家都想知道的问题，我才不得不问的。

总之，当你在人际交往中遇到那些想问而又不能以自己之口直接询问的问题，最好借别人之口说出来，这样能取得良好的效果。

谐音策略：谐音巧用，反贬为褒

谐音，是指利用语言的语音相同或相近的关系，有意识地使用语句的双重意义，言在此而意在彼。谐音的妙用，在于能让人把话说圆而摆脱困境，甚至化险为夷。因为许多字词在特定场合中，用本音是一个意思，而用谐音则成了另一个意思。

据传，从前有个宰相，他有一个名叫薛登的儿子，生得聪明伶俐。当时有个奸臣金盛，总想陷害薛登的父亲，但苦于无从下手，便在薛登身上打主意。有一天，金盛见薛登正与一群孩童玩耍，于是眉头一皱，诡计顿生，喊道："薛登，你像个老鼠一样胆小，不敢把皇门边上的桶砸碎一只。"

薛登不知是计，一口气跑到皇门边上，把立在那里的双桶砸碎了一只。金盛一看，正中下怀，立即飞报皇上。皇上大怒，立刻传薛登父子问罪。

薛登父子跪在堂下，薛登却若无其事地嘻嘻笑着。皇上怒喝道："大胆薛登！为什么砸碎皇门之桶？"

薛登想了想，反问道："皇上，您说是一桶（统）天下好，还是两桶（统）天下好？"

"当然是一统天下好。"皇上说。

薛登高兴得拍起手来："皇上说得对！一统天下好，所以，我便把那只多余的'桶'砸掉了。"

皇上听了转怒为喜，称赞道："好个聪明的孩子！"又对宰相说："爱卿教子有方，请起请起！"

金盛一计未成，贼心不死，又进谗言道："薛登临时胡编，算不得聪明，让我再试他一试。"皇上同意了。

金盛对薛登嘿嘿冷笑道："薛登，你敢把剩下的那只也砸了吗？"

薛登瞪了他一眼，说了声"砸就砸"便头也不回，奔出门外，把皇门边剩下的那只木桶也砸了个粉碎。

皇上喝道："顽童！这又如何解释？"

薛登不慌不忙地问皇上："陛下，您说是木桶江山好，还是铁桶江山好？"

"当然是铁桶江山好。"皇上答道。

薛登又拍手笑道："皇上说得对。既然铁桶江山好，还要这木桶江山干什么？皇上快铸一个又坚又硬的铁桶吧！祝吾皇江山坚如铁桶。"

皇上高兴极了，下旨封薛登为"神童"。

谐音是一语双关的表现形式之一。在上面这个例子中，薛登之所以能够化险为夷，就在于他巧妙地运用了谐音把话说圆了。古人有这样的智慧，现代人也并不缺少。

一日，小君请了两位要好的朋友到家中小坐，几人猜拳行令，好不痛快，谈及三人兄弟友谊，更是情深意笃。小君掏出好烟，一一给两人点上，然后又点上自己的。谁知当他熄灭火柴扭头准备劝酒时，却见两位朋友拉着脸。小君一寻思：坏了！三个人不能同时用一根火柴点烟，因一根火柴点三次火的谐音是"散伙"。

面对这尴尬的场面，小君并没有用"对不起""请原谅"等客套话解围，他一笑说："咱们这地方都说三个人用一根火柴点烟的意思是'散伙'，我感到不对。我的解释是三个人用一根火柴点烟是三个人不分你我，是'仨人一伙'的意思。所以今天我特意用一根火柴点三支烟，我们三人今后永远是一伙的，有福同享，有难同当。哥们儿，你们说对不对呀！"经小君这么一解释，两位朋友都乐了："是！我们永远是一伙的。"

小君面对尴尬的局面，遇事不慌，巧妙地用谐音解释了词义，反贬为褒，不仅使误会消除了，而且加深了他们之间的友谊。

有时候出错是不好掩盖的，因为欲盖弥彰。这时候需要的是打破那种不快的气氛，让大家都能够释怀。用谐音把话说圆，就是让大家释怀的一种好方式。

双关策略：一语双关，引人就范

一语双关，是指在一定的语言环境中，利用语句的同义或谐音的关系，使语言具有双重意义。

由于双关含蓄委婉，生动活泼，又幽默诙谐，饶有趣味，能给人以意在言外之感，又使人回味无穷。

阿凡提在闹市的店面开理发店，租期为1年。

店主仗着店面是他的，每次剃头都不给钱。有一天店主又来了，阿凡提照例给他剃了光头，边刮脸边问道："东家，眉毛要不要？"

"废话，当然要！"

阿凡提嗖嗖两刀，把店主的两道浓眉剃下来了，说："要，就给你吧。"

店主气得说不出话来，埋怨自己不该说"要"。

"喂，胡子要不要？"

"不要，不要！"店主忙说。

阿凡提嗖嗖几刀，把店主苦心蓄养的大胡子刮下来，甩到地上。

阿凡提用双关语，把店主整治得无可奈何。

当遇到棘手的问题不好回答或不能回答时，一语双关往往能收到出人意料的效果。

不过一语双关是需要技巧和反应能力的，平常没有环境可以用不上这个技巧。但是如果有机会运用上，那这样的妙语足以让他人回味无穷。

晏子的语言智慧，也可以说是流芳千古了。

有一次，齐景公的一匹爱马突然病死，他迁怒于养马人，下令将养马人推出去斩首。

在场的晏子听说后，他略一思索，便跪到齐景公面前数落起养马人的"罪状"来了："大王，您想处死养马人，应该先让他知道，他犯了什么罪才行呀！现在让我来列举他的三条罪状，请您听一听。"

齐景公点头同意，晏子便对着养马人高声说道："你为君王养马，却把马养死了，这是第一条罪状；死掉的这匹马，又是君王最喜爱的，所以又增加了一条罪状；因为马的死，君王要处死你，这消息如果让老百姓知道了，他们就会怨恨君王，让邻国知道了，他们就会看不起齐国，让君王背上一个重马不重人的恶名，这不是你的第三条罪状吗？你犯下如此三条大罪，就应该处以死罪。"

齐景公听完这些话，觉得晏子是句句冲着自己来的，顿有所醒悟地说："把养马人放了吧！别损害了我仁爱的名声。"

晏子的话表面上处处顺着景公的心意，口口声声数落马夫的罪状，而实际上却是字字句句讽刺齐景公，从反面说出齐景公的错误，点出杀掉马夫的危害是"积怨于百姓，示愚于诸邻"。

这种蕴含大义的弦外之音，齐景公当然还能听得出，只好释放了马夫。遇到不可理喻的人，善辩者总是一反常态，采用正话反说的方式，在虚顺实逆、明褒暗贬的语言怪招中，收获正面说理难以出现的奇效。

暗示策略：寓理于事，不言自明

中国有句老话："只可意会，不可言传。"这句话一语道破很多无法用语言形容的景象和状况。很多时候就是这样，比如，你看到一篇佳作，你被触动了，深深打动了，可是如果有人说，你写篇读后感吧！那你多半要没了兴致，提笔也写不出心中的感受。

不过"只可意会，不可言传"，毕竟只是一个托词，对于朋友、家人间的一些问题不好回答了，可以用这句话搪塞过去。然而在公众场合，比如，领导提问、记者采访或者像外交官一样代表国家形象去接受问答，这句托词就起不到作用了。

如果对方问出一个让你非常棘手、不知如何回答的问题，该怎么办呢？你不回答会显得你无知，若是回答又没有贴切的语言可以描述。这时候你可以针对提问讲一个事例，让对方认同其中包含的道理，然后将此道理应用于对方的提问，使答案不言自明。

如果能反被动为主动，让对方代替自己回答问题，可以说是人际应对中的较高境界了。我们可以针对对方的提问，举出一个类似的事例，反请对方说出其中的道理，然后回到最初的问题上，说明对方的观点正是问题的答案。一个回合下来，对方这个"系铃人"在我方的诱导下不知不觉又成了"解铃人"，使我方得以轻松地摆脱困境。

罗斯福第四次连任美国总统时，许多记者都抢着采访他，请他谈谈连任四次的感想。一位年轻记者破例得到罗斯福总统的接待。他没有正面回答青年记者提出的问题，而是先请他吃一块蛋糕。

记者获得殊荣，十分高兴，他很快便把蛋糕吃下去了。接着，总统又请他吃了一块。当他刚要开口请总统谈谈时，总统又请他吃第三块蛋糕。青年记者受宠若惊，肚子虽饱了，还是盛情难却，勉强吃了下去。

记者正在抹嘴之时，只见罗斯福总统微笑着对他说："请再吃一块吧！"

记者实在吃不下去了，便向总统申明。

罗斯福总统笑着对他说："不需要我再谈第四次连任的感想吧？刚才您已经亲身体验到了。"

罗斯福没有直接告诉记者自己的感受，而是让他通过连吃四块蛋糕来，体验自己连任四次总统的感想，可谓高明之极。

有时候语言确实很苍白，不足以表达你心里的感受，比如，当你登上泰山，来到玉皇顶，看见头顶上云雾在太阳的照射下迅速褪去，那种风云变幻的场景令你十分震撼。这时，如果有人在旁边问，谈一下你现在的感受吧！你一定会顿时觉得索然无味，连继续欣赏景色的兴致都消失掉。因为那个时刻，不说话只默默欣赏美景才是最好的。

有的话不需要说得很明白，对于不好回答或者不方便说的话，不妨就打个比喻，或者推托一下，彼此也就明白，不会无趣地盘问下文了。

下篇

场景篇

第十四章　办事口才

求人必备的说话技巧

在求人办事时，往往会出现这样的情况，同样的请求内容，不同的人，用不同的方法和语言表达出来，得到的结果常常是不一样的。那么，怎样才能使被求者乐意答应自己的请求呢？

掌握几种求人的语言技巧是非常有必要的。下面介绍几种运用求人语言的具体技巧，也许有助于你的请求得到最理想的答复。

1. 以情动人

这一般用于比较大的或较为重要的事情上。把对人的请求融入动情的叙述中，或申述自己的处境，以表示求助于人是不得已之举；或充分阐明自己所请求之事并非与被请求者无关，以使对方不忍无动于衷、袖手旁观。

2. 先"捧"后求

所谓"捧"在这里是指对所求的人的恰到好处、实事求是的称赞，并不包括那种漫无边际、肉麻的吹捧。任何人都不会拒绝别人的赞美，所以求人时说点对方乐意听的话，也不失为一种求人的好办法。

3. "互利"承诺

天底下没有免费的午餐，求人时也要注意互利原则。在求人时不忘表示愿意给对方以某种回报，或将牢记对方所提供的好处，即使不能马上回报对方，也一定会在对方用得着自己的时候鼎力相助。配以"互利"的承诺，让对方觉得他的付出值得，同时也会对求助者多一分好感。

4. 寻找"过渡"

倘若向特别要好和熟悉的人求助，可以直截了当、随便一点儿。但有时求助于关系一般的人、生人或社会地位较高的人时，则常常需要一个导入的过程。这个导入过程可长可短，需视情况而定。

除此之外，还要尽量防止自己的话无意间冒犯了对方。所以，在有求于人时应事先对对方有所了解，以避免无意间冲撞了对方。

求别人帮忙时怎么说

每个人都有求别人帮忙的时候，为什么有的人求别人办事，对方能心甘情愿地应允；但是有的人虽费尽九牛二虎之力，却总是失望而归。其实，关键在于说话的技巧和分寸，在请求别人帮助时，可从以下几个方面入手：

1. 从对方的兴趣入手

以对方感兴趣或引以为自豪的话题展开交谈，在满足对方心理需要的基础上提出自己的请求。

一个村办小厂的厂长，希望与一家大集团公司建立协作关系，遭到该公司副经理的拒绝。第二天，他又找上门，要直接面见总经理，他被告知，谈话时间不得超过五分钟。

他被引见给总经理时，发现总经理正在小心翼翼地掸去一幅书法立轴上的灰尘。他仔细一看，是篆书，便说："总经理，看来您对书法一定很有研究。唔，这幅篆书写得多好，看这里悬针垂露之法的用笔，就具有一种多样的变化美……"总经理一听，啊！此人谈吐不凡，一定是书法同行，于是说："请坐，请坐下细谈。"

他们从书法谈到经历，总经理还讲述了自己的奋斗史，小厂厂长很懂说话艺术，谈话时适时提问，使总经理得以最大范围地展开叙述。最后，总经理很痛快地就和那家小厂合作了。

2. 先达共识，再提请求

强调某一问题的重要性和迫切性，与对方达成共识，然后顺势就解决此问题提出请求，使对方不好推却。

有一次，某小学针对学生流失严重的现象，计划召开家长大会。会议主持者想请镇委书记出面壮壮声色。校长找到了书记，说："×书记，我现将学校工作向您汇报一下……其中我校一个最突出的问题，就是学生流失严重，这对完成九年制义务教育势必带来不良影响。"书记接着说："是啊，这个问题不可忽视，应该很好地抓一抓。"校长趁势说："所以，我们学校打算马上召开家长会，想请您在会上做做指示。"

书记考虑片刻，便答应了。后来据他透露，他早已有约在先，只是这事不好推却，只得舍彼求此了。

这里，小学校长成功地使用了"先达共识，再提请求"的求助技巧，很容易地让书记出席了家长会。

3. 争取获得理解

当我们向别人求助遭到拒绝时，往往会发现对方其实并没有经过深思熟虑，只是因为意气用事或其他一些细小的原因而做出了拒绝的决定，这时候，我们就应当站在第三者的立场上，帮助对方分析其决定，然后再促使其答应我方的请求。

20世纪80年代初，引滦入津工程时，担负隧洞施工任务的部队因炸药供应不上，面临停工和延误工期。部队领导心急如焚，派李连长带车到东北某化工厂求援。李连长昼夜兼程，赶到该厂供销科，可是得到的答复只有一句话："眼下没货！"他找厂长，厂长推说自己很忙，没时间听他陈述，他就跟进跟出，有机会就讲几句，但厂长不为所动，冷冷地说："眼下没货，我也无能为力。"厂长给他倒了杯茶水劝他另想办法。

李连长并不死心，他喝了口茶，瞥见厂长戴的是天津产的手表，就接着说："您也戴的是天津表？听说现在全国每10块表中就有1块是天津的，每10台拖拉机就有1台是天津的，每4个人里就有1个人用的是天津的碱。您是办工业的行家，最懂得水与工业的关系。造1辆自行车要用1吨水，造1吨碱要160吨水，造1吨纸要200吨水……引滦入津，解燃眉之急啊！没有炸药，工程就得延期……"

厂长一听，心中受到触动，就问："你是天津人？"

"不，我是河南人，也许通水时，我也喝不上那滦河水！"

厂长彻底折服了，抓起电话下达命令："全厂加班3天！"3天后，李连长带着一卡车炸药返程了。

生活对我们说"你必须求人"。求人不是丧失原则，卑躬屈膝，而是人与人互相帮助的一种过程。

所以求别人帮忙，一定要掌握好求别人帮助时的分寸，以求达到最好的求人效果。

要注意的是，求人帮忙，一定要将自己放到合适的位置，而不是低级的位置，如果这样的话，就失去了运用语言的基础。千万不可虚张声势、空话连篇，也不必装得灰溜溜的任人奚落，要抱着一个平常心，本着有曲有直的原则去看待。

怎样开口提一些要求

俗话说：万事开头难。向别人提要求，通常都很难开口。不仅是你，对方也会感到有一定的麻烦存在。所以，有效的语言手段非常必要。彬彬有礼的语言是最好的敲门砖，讲究分寸就会让人难以拒绝。

下面通过一些实例，手把手地教你这些具体用法：

1. 间接请求

通过间接的表达方式（例如，使用能愿动词、疑问句等），以商量的口气把有关请求提出来，显得比较婉转一些，令人比较容易接受。例如：

"你能否尽快替我把这事办一下？"

（比较："尽快替我把这事办一下！"）

通过比较，我们不难看出，间接的表达方式要比直接的表达方式礼貌得多，因而更容易得到对方的帮助或认可。

2. 借机请求

借助插入语、附加问句、程度副词、状语从句及有关句型等来减轻话语的压力，避免唐突，充分维护对方的面子。例如：

"不知你可不可以把这封信带给他？"

（比较："把这封信带给他！"）

我们可以发现，语言中有很多缓冲词语，只要使用得当，就会大大缓和说话的语气。

3. 激将请求

激将请求的奇特之处就在于求人者从某种意义上贬低了被求者的能力，这样容易激发被求者的热情，也给对方和自己留下充分的退路。例如：

"如果你真的怕他，我就不麻烦你去办了。"

在请别人帮忙或者向别人提出建议时，如果在话语中表示人家可能不具备有关条件或意愿，就不会强人所难，自己也显得很有分寸。

4. 缩小请求

尽量把自己的要求说得很小，以便对方顺利接受，满足自己的愿望和要求。例如：

"你帮我解决这一步就可以了，其余的我自己想办法。"

我们确实经常发现，人们在提出某些请求时往往会把大事说小，这并不是变着法儿使唤人，而是适当减轻给别人带来的心理压力，同时也使自己便于启齿。

5. 谦恭请求

通过抬高对方、贬低自己的方法把有关请求等表达出来，显得彬彬有礼、十分恭敬。例如：

"您老就不要推辞了，弟子们都在恭候呢！"

请求别人帮助，最传统有效的做法是尽量表示虔敬，使人家感到备受尊重，乐于从命。

6. 自责请求

首先讲明自己知道不该提出某个请求，然后说明为实情所迫不得不讲出来，令人感到实出无奈。例如：

"真不该在这个时候打搅您，但是实在没有办法，只好麻烦您一下。"

求人的过程中，要知道在有的时候和有些场合打搅别人是不合适、不礼貌的，但有时又不得不麻烦人家，这就应该表示出你知道不妥，但想求得人家谅解，以免显得冒失。

7. 体谅请求

首先说明自己了解并体谅对方的心情，再把自己的要求或想法表达出来。

例如：

"我知道你手头也不宽裕，不过实在没办法，只好向你借 100 元钱。"

求人的重要原则就是充分体谅别人，这不仅要在行动上体现出来，而且要在言语当中表示出来。

8. 迟疑请求

首先讲明自己本不情愿打扰对方，然后再把有关要求等讲出来，以缓和讲话语气。例如：

"这件事我实在不想多提，可你一直忘了替我办。"

在提出要求时，如果在话语中表示出自己本不愿意说，这样就会显得自己比较有涵养。

9. 述因请求

在提出请求时把具体原因讲出来，使对方感到很有道理，应该给予帮助。例如：

"隔行如隔山，我一点儿也不知道人家那边的规矩。你是内行，就替我办了吧！"

在提出请求时，如果把有关理由讲清楚，就会显得合乎情理，令人欣然接受。

软磨硬泡友好地赖着

在求别人办事时，有时候对方虽然能办，但是他却找各种各样的理由搪塞，弄得你无可奈何。这种情况下，有些性格顽强的人，他们软磨硬泡、友好地赖着对方，一副不达目的决不罢休的样子。到最后，对方不得不答应他的请求。

宋朝的赵普曾做过太祖、太宗两朝皇帝的宰相，他是个性格坚韧的人。

在辅佐朝政时自己认定的事情，就是与皇帝意见相悖，也敢于反复地坚持。

有一次赵普向太祖推荐一位官吏，太祖没有允诺。赵普没有灰心，第二天临朝又向太祖提出这项人事任命请太祖裁定，太祖还是没有答应。

赵普仍不死心，第三天又提出来。

连续三天接连三次反复地提，同僚也都吃惊，赵普何以脸皮这样厚。太祖这次动了气，将奏折当场撕碎扔在了地上。

但赵普自有他的做法，他默默无言地将那些撕碎的纸片一一拾起，回家后再仔细粘好。第四天上朝，话也不说，将粘好的奏折举过头顶立在太祖面前不动。太祖为其所感动，长叹一声，只好准奏。

同样的内容，两次、三次不断地反复向对方说明，从而达到说服的效果。运用这种说服法，须有坚韧的性格才行，内坚外韧，对一度的失败，绝不灰心，找机会反复地盯上门去。

有些人脸皮太薄，自尊心太强，经不住人家首次拒绝的打击。只要略一受阻，他们就脸红，感到羞辱、气恼，要么与人争吵闹崩，要么拂袖而去，再不回头。

看起来这种人很有几分"你不给办就拉倒"的"骨气"，其实这是过分脆弱的表现，导致他们只顾面子而不想千方百计达到目的，于事业无益。

因此，我们在找人办事儿时，既要有自尊，又不要抱着自尊不放，为了达到交际目的，有必要增强抗挫折的能力，碰个钉子脸不红心不跳，不气不恼，照样微笑与人周旋，只要还有一丝希望就要全力争取，不达目的决不罢休。有这样顽强的意志就能把事情办成。

在运用此法时，应注意不要超过限度，否则伤害了对方的感情，反而会得到相反的效果。

看对方是什么人再说话

求人办事，求的是人，所以事先一定要了解对方是什么样的人。可以收集信息，因人而异，运用恰当的技巧，对症下药。千万不可意气用事，一言不和，怒发冲冠，引起被求对象的反感，这绝不是解决问题的正确方法。

《三国演义》中有这样一个例子：马超率兵攻打葭萌关的时候，诸葛亮对刘备说："只有张飞、赵云二位将军，方可对敌马超。"

这时，张飞听说马超前来攻关，主动请求出战。

诸葛亮佯装没听见，对刘备说："马超智勇双全，无人可敌，除非往荆州唤云长来，方能对敌。"

张飞说："军师为什么小瞧我？我曾单独抗拒曹操百万大军，难道还怕马超这个匹夫？"

诸葛亮说："你在当阳拒水桥，是因为曹操不知道虚实，若知虚实，你怎能安然无事？马超英勇无比，天下的人都知道，他渭桥六战，把曹操杀得割须弃袍，差一点儿丧命，绝非等闲之辈，就是云长来也未必能战胜他。"

张飞说："我今天就去，如战胜不了马超，甘当军令！"

诸葛亮看"激将法"起了作用，便顺水推舟地说："既然你肯立军令状，便可以为先锋！"

在《三国演义》中，诸葛亮针对张飞脾气暴躁的性格，常常采用"激将法"来说服他。每当遇到重要战事，先说他担当不了此任，或说怕他贪杯酒后误事，激他立下军令状，增强他的责任感和紧迫感，激发他的斗志和勇气，清除轻敌的思想。

求别人办事的时候，倘若能够明白对方属于哪种类型的人，说起话来就比较容易了。现列举六类人供参考：

1. 死板的人

这种类型的人比较木讷，就算你很客气地和他打招呼、寒暄，他也不会做出你所预期的反应来。他通常不会注意你在说些什么，甚至你会怀疑他是否听得进去。

求这种人的时候，刚开始多多少少会感觉不安，但这实在也是没办法的事。

举个例子，当你遇到某先生时，直觉马上告诉你："这是一个死板的人。"此人体格健壮，说话带有家乡口音，至于他是怎样的一个人，你却不太清楚。除了从他的表情中可以察觉出些许紧张之外，其他的，一点儿也看不出来。

遇到这种情况，你就要花些工夫注意他的一举一动，从他的言行中寻找出他所真正关心的事来。你可以随便和他闲聊一些中性话题，只要能够使他回答或产生一些反应，那么事情也就好办了，接下去，你要好好利用此类话题，让他充分表达自己的意见。

每一个人都有他感兴趣、关心的事，只要你稍一触及，他就会滔滔不绝地说，此乃人之常情。

2. 傲慢无礼的人

有些人自视清高、目中无人，时常表现出一副"唯我独尊"的样子。像这种举止无礼、态度傲慢的人，实在让人看了生气，是最不受欢迎的类型。但是，当你有事需求他帮忙的时候，你应该如何对付他呢？

某企业的一位副科长，说话虽然客气，眼神里却有些许傲慢，并且不带一丝笑意，这种人实在是非常不好对付，让人一见到他，就感觉有一种"威胁"存在。

对付这种类型的人，说话应该简洁有力才行，最好少和他啰唆，所谓"多说无益"正是如此。因此，你要尽量小心，以免掉进他的圈套里。

不要认为对方"客气"，你也礼尚往来地待他，其实，他多半是缺乏真心诚意的。你最好在不得罪对方的情况下，言辞尽可能"简省"。

3. 深藏不露的人

我们周围有许多深藏不露的人，他们不肯轻易让人了解其心思，或让人知道他们在想些什么。有时甚至说话不着边际，一谈到正题就顾左右而言他，自我防范心理极强。

求这样的人更是难上加难，往往搞得人们无所适从。

当你遇到这么一个深藏不露的人时，你只有把自己预先准备好的资料拿给他看，让他根据你所提供的资料做出最后决断。

有些人不愿将自己的弱点暴露出来，即使在你要求他做出回答或进行判断时，他也故意装傻，或者故意言不及义地闪烁其词，使你有一种"莫测高深"的感觉。其实这只是对方伪装自己的手段罢了。

4. 草率决断的人

这种类型的人，乍看好像反应很快，你求他时，他甚至还没听明白你到底要干什么的时候，忽然做出决断，给人一种迅雷不及掩耳的感觉。由于这种人多半是性子太急了，因此有的时候为了表现自己的"果断"，就会显得随便而草率。

倘若你遇见这种人，最好把谈话分成若干段，说完一段之后，马上征求他的意见，没问题了再继续进行下去，如此才不会发生错误，也可避免发生因自己话题设计不周到而引出的不必要的麻烦。

5. 过分糊涂的人

这种人一开头就没弄懂你的意思，你就是和他长时间频繁地接触，结果也是枉然。

小王经常光顾一个书店，那里的一位女店员常常在小王讲明购买的书名时，还会稀里糊涂地弄错。像这种错误，一般人难免犯一两次，但像她那样经常犯，也就有点不可原谅了。因为小王是这家书店的常客，老是遇到这种事情，心里总感觉不太舒服。终于，有一次小王把这种情形告诉了书店经理，不多久，那个女店员就被辞退了。

经常犯错的人不外乎两种：一种人是自己从来不知反省；另一种人则是理解能力差，完全没听懂别人的谈话。对于这类人，你如果实在找不到合适的人，再去求他吧。

6. 行动迟缓的人

对于行动比较迟缓的人，交涉时最需要耐心。

有一位年轻而稍显肥胖的女士，也许因为体形的关系，她做起事来，总是比别人慢半拍，感觉上，工作效率总比别人差一点儿。严格说起来，倒不是她的办事能力不如其他同事，只不过她做起事来太过慢吞吞而已。

求人时，可能也经常会碰到这种人，此时你绝对不能着急，因为他的步调总是无法跟上你的进度，换句话说，他是很难达到你的办事标准的。所以，你最好按捺住性子，拿出耐心，言谈上永远别透出恼火的意思，并且尽可能配合他的情况去做。

由此可见，学会遇到什么样的人说什么样的话，对提高办事效率大有益处。

"心理共鸣" 求人法

人与人之间，本来有许多地方是相同的，但是要使彼此真正共鸣起来，得有相当的说话技巧。

在你对另一个人有所求的时候，这样的论点也同样适用。最好先避开对方的忌讳，从对方感兴趣的话题谈起，不要太早暴露自己的意图，让对方一步步地赞同你的想法，当对方跟着你走完一段路程时，便会不自觉地认同你的观点。

伽利略年轻时就立下雄心壮志，要在科学研究方面有所成就，他希望得到父亲的支持和帮助。

一天，他对父亲说："父亲，我想问您一件事，是什么促成了您同母亲的婚事？"

"我看上她了。"父亲答道。

伽利略又问："那您有没有娶过别的女人？"

"没有，孩子。家里的人要我娶一位富有的女士，可我只钟情于你的母亲，她从前可是一位风姿绰约的姑娘。"

伽利略说："您说得一点儿也没错，她现在依然风韵犹存。您不曾娶过别的女人，因为您爱的是她。您知道，我现在也面临着同样的处境，除了科学以外，我不可能选择别的职业，因为我喜爱的正是科学。别的对我而言毫无用途，也毫无吸引力！难道要我去追求财富、追求荣誉？科学是我唯一的需要，我对它的爱有如对一位美貌女子的倾慕。"

父亲说："像倾慕女子那样？你怎么会这样说呢？"

伽利略说："一点儿也没错，亲爱的父亲，我已经18岁了。别的学生，哪怕是最穷的学生，都已想到自己的婚事，可是我从没想过那方面的事。我不曾与人相爱，我想今后也不会。别的人都想寻求一位标致的姑娘作为终身伴侣，而我只愿与科学为伴。"

父亲似乎有所感悟，但始终没有说话，仔细地听着。

伽利略继续说："亲爱的父亲，您有才干，但没有力量，而我却能兼而有之。为什么您不能帮助我实现自己的愿望呢？我一定会成为一位杰出的学者，获得教授身份。我能够以此为生，而且比别人生活得更好。"

说到这儿，父亲为难地说："可我没有钱供你上学。"

"父亲，您听我说，很多穷学生都可以领取奖学金，这钱是公爵宫廷给的。我为什么不能去领一份奖学金呢？您在佛罗伦萨有那么多朋友，您和他们的交情都不错，他们一定会尽力帮忙的。他们只需去问一问公爵的老师奥斯蒂罗·利希就行了，他了解我，知道我的能力……"

父亲被说动了："嗯，你说得有道理，这是个好主意。"

伽利略抓住父亲的手，激动地说："我求求您，父亲，求您想个法子，尽力而为。我向您表示感激之情的唯一方式，就是……就是保证成为一个伟大的科学家……"

伽利略最终说动了父亲，他实现了自己的理想，成为一位闻名遐迩的科学家。

这里，伽利略采用的是"心理共鸣"的说服方法。这种说服法一般可分为以下四个阶段：

第一，导入阶段。先顾左右而言他，以对方当时的心情来体会现在的心情。伽利略先请父亲回忆和母亲恋爱时的情形，引起了父亲的兴趣。

第二，转接阶段。逐渐转移话题，引入正题。伽利略巧妙地通过这句话把话题转到自己身上："我现在也面临着同样的处境。"

第三，正题阶段。提出自己的建议和想法。伽利略提出"我只愿与科学为伴"，这正是他要说服父亲的主题。

第四，结束阶段。明确提出要求。为了使对方容易接受，还可以指出对方这样做的好处。

就这样，伽利略终于达到了自己的目的，为最终实现自己的理想奠定了基础。

要学会与生人拉近距离

托人办事之前首先要通过语言拉近和对方的距离，俗称"套近乎"，也叫"名片效应"或"认同术"。套近乎是交际中与陌生人、尊长、上司等沟通情感的有效方式。

外交史上有一则轶事：

一位日本议员去见埃及总统纳赛尔，由于两人的性格、经历、生活情趣、政治抱负相距甚远，总统对这位日本议员不大感兴趣。日本议员为了不辱使命，搞好与埃及当局的关系，会见前进行了多方面的分析，最后决定以套近乎的方式打动纳赛尔，达到会谈的目的，下面是双方的谈话：

议员：阁下，尼罗河与纳赛尔，在我们日本是妇孺皆知的。我与其称阁下为总统，不如称您为上校吧，因为我也曾是军人，也和您一样，跟英国人打过仗。

纳赛尔：唔……

议员：英国人骂您是"尼罗河的希特勒"，他们也骂我是"马来西亚之虎"，我读过阁下的《革命哲学》，曾把它同希特勒《我的奋斗》做比较，发现希特勒是实力至上的，而阁下则充满幽默感。

纳赛尔：（十分兴奋）呵，我所写的那本书，是革命之后，三个月匆匆写成的。你说得对，我除了实力之外，还注重人情味。

议员：对呀！我们军人也需要人情。我在马来西亚作战时，一把短刀从不离身，目的不在杀人，而是保卫自己。阿拉伯人现在为独立而战，也正是为了防卫，如同我那时的短刀一样。

纳赛尔：（大喜）阁下说得真好，以后欢迎你每年来一次。

此时，日本议员顺势转入正题，开始谈两国的关系与贸易，并愉快地合影留念。日本人的"套近乎"策略产生了奇效。

在这段会谈一开始，日本人就把总统称作上校，降了对方不少级别；挨过英国人的骂，按说也不是什么光彩事，但对于军人出身，崇尚武力，并获得独立战争胜利的纳赛尔听来，却颇有荣耀感；没有希特勒的实力与手腕，没有幽默感与人情味，自己又何以能从上校到总统呢？接下来，日本人又以读过他的《革命哲学》，称赞他的实力与人情味，并进一步称赞了阿拉伯战争的正义性。这不但准确地刺激了纳赛尔的"兴奋点"，而且完全迎合了他的口味。日本议员先运用寻找共同点的办法，使纳赛尔从"不感兴趣"到"十分兴奋"而至"大喜"，可见其套近乎的功夫不浅。

这位日本议员的成功，给我们一个重要启示，就是不能打无准备之仗，有备而来，才能套近乎，并且套得扎实，套得牢靠。

善于利用逆反的心理

"请不要阅读第七章第七节的内容。"这是一个作家写在其著作扉页上的一句饶有趣味的话。后来，这个作家做了一个调查，不由得笑了，因为他发现绝大部分的读者都是从第七章第七节开始读他的著作的，而这就是他写那句话的真正目的。

当别人告诉你"不准看"时，你却偏偏要看，这就是一种逆反心理。这种欲望被禁止的程度愈强烈，它所产生的抗拒心理也就愈大。所以，如果能善于利用这种心理倾向，就可以将顽固的反对者软化，使其固执的态度发生一百八十度的大转变。

某建筑公司的李工程师，有一次说服了一个刚愎自用的人——一个工头，他常常坚持反对一切改进的计划。

李工程师想换装一个新式的指数表，但他想到那个工头必定要反对，于是李工程师去找那个工头，腋下挟着一个新式的指数表，手里拿着一些要征求工头的意见的文件。当大家讨论着关于这些文件中的事情的时候，李工程师把那指数表从左腋下移动了好几次，工头终于先开口了："你拿着什么东西？"

李工程师漠然地说："哦！这个吗？这不过是一个指数表。"

工头说："让我看一看。"

李工程师说："哦！你不要看了。"并假装要走的样子，嘴上说："这是给别的部门用的，你们部门用不到这东西。"

但是工头不死心，又说："我很想看一看。"

当工头审视指数表的时候，李工程师就随便但又非常详尽地把这东西的效用讲给他听。他终于喊起来："我们部门用不到这东西吗？它正是我想要的东西呢！"

李工程师故意这样做，果然很巧妙地把工头说动了。其实，逆反心理并不是顽固的人身上才有，每个人身上都长着一根"反骨"。

某报曾连载过一篇以父子关系为主题的纪事文章《我家的教育法》，叙述某社会名人的孩子在学校挨了顿骂后便非常怨恨他的老师，甚至想"给他一点颜色瞧瞧"，他父亲听了也附和道：

"既然如此，不妨就给他点颜色看。"但父亲接着又说，"不过，纵使你达到报复的目的，你却因此而触犯了法律，还是得三思才是。"听父亲这样一说，儿子便取消了报复的念头。

据说明朝时，四川的杨升庵才学出众，中过状元。因嘲讽了皇帝，所以皇帝要把他充军到很远的地方去。朝中的那些奸臣更是趁机公报私仇，向皇帝说，把杨升庵充军海外，或是玉门关外。

杨升庵想，充军还是离家乡近一些好，于是对皇帝说："皇上要把我充军，我也没话说。不过，我有一个要求。"

"什么要求？"

"宁去国外三千里，不去云南碧鸡关。"

"为什么？"

"皇上不知，碧鸡关呀，蚊子有四两，跳蚤有半斤！切莫把我充军到碧鸡关呀！"

"唔……"皇帝不再说话，心想：哼！你怕到碧鸡关，我偏要叫你去碧鸡关！杨升庵刚出皇宫，皇上马上下旨：杨升庵充军云南！

杨升庵利用"对着干"的心理，打破了奸臣的奸计，达到了自己要去云南的目的。

可见，无论男性女性、长者幼小，内心多多少少都带有一些逆反心理，只要善于抓住那一根"反骨"，轻轻一扭，就连皇帝也难免上当。

逆反心理是人们内心中普遍存在的一种心理状态，利用好这种心理，将会给你带来无情的妙处。

以利害打动他人内心

说服他人时，从对方的利益出发，是最容易达到说服目的的。

肿瘤患者放疗时，每周测一次血常规，有的患者拒绝检查，主要是因为他们没意识到这种监测的目的是保护自己。

一次，护士小王走进病房，说："王大嫂，该抽血了！"

患者拒绝说："不抽，我太瘦了，没有血，我不抽了！"

小王耐心地解释："抽血是因为要检查骨髓的造血功能是否正常，例如，白细胞、红细胞、血小板，等等，血象太低了，就不能继续做放疗，人会很难受，治疗也会中断，对身体也不好。"

患者更好奇地说："降低了，又会怎样？"

小王说："降低了，医生就会用药物使它上升，就可以继续放疗！你看，别的病友都抽了！一点点血，对你不会有什么影响的。再说还可以补充过来呀。"患者被说服了："好吧！"

如果能够充分理解别人，那么想要说服他人就犹如探囊取物般容易了。只要了解对方真正追求的利益何在，进而满足他的欲望，便可达到目的。

相对应的，我们在劝阻对方放弃固执、愚蠢、鲁莽、不明智的举动时，也可以摆出利害关系，使对方心服口服。

有时候，我们的真诚劝阻之所以没有成功，是因为我们没有抓住对方固执的行动给他自己造成的危害。"打蛇打七寸"，抓住对方切身利益的损失，会使他的心弦受到颤动，促使他进行深入思考，从而放弃自己消极的、错误的行动。

某剧场门前不许卖瓜子、花生之类的小食品，怕的是污染环境，影响市容。唯有一位年近六旬的老太太例外。用剧场管理员的话说就是："这老太婆年岁大，嘴皮尖，人家叫她铁嘴，不好对付，只好睁只眼闭只眼。"

某日，市里要检查卫生，剧场管理员小王要老太婆回避一下，说："老太太，快把摊子挪走，今天这里不许卖东西。"

"以前许卖，今天又不许卖，世道又变了吗？"

"世道没有变，检查团要来了。"

"检查团来了就不许卖东西？检查团来了还许不许吃饭？"

"检查团来了，地皮不干净要罚款的。"小王加重了语气。

"地皮不干净不关我的事，他肥肉吃多了拉肚子，能去罚卖肉的款吗？"小王无言以对，悻悻而退。

管理自行车的老刘师傅随后走了过来，说道："老嫂子，你这么一把年纪，没早没晚的，又能挣几个钱呢？检查团来了，真要罚你一笔，你还能打场官司不成？再说，检查团不会天天来，饭可是要天天吃，生意可是要天天做的呐。"

"嗯！姜还是老的辣。好，我走，我走。"老太太边说边笑地把摊子挪走了。

本例中，两种劝阻方式，一个失败了，另一个却成功了，这其中很有学问。管理员小王之所以劝阻不成反自讨没趣，就因为他只是一味地讲抽象的大道理，却没有站在老太太的角度上耐心地帮助她分析利弊。而老刘师傅就懂得这一点，他从老太太的切身利益出发，向她指出了只考虑眼前的小利而不顾长远利益的不良后果，使她真正认识到了自己固执行为的不明智，于是心服口服地接受了规劝。

利己是多数人的通病，只要能将这种心理利用起来，多半的说服都是会成功的。

必要时刻要有话直说

我们知道，说话要讲究方圆曲直，不可口无遮拦，但在某些情况下，有的话必须以实相告，有话直说。

明末农民领袖李自成逼死崇祯皇帝，建立了大顺政权，可时过不久，由于吴三桂背叛，兵临城下，李自成形同瓮中之鳖，苦思撤退良策。烟花女子陈圆圆前来拜谒。面对这位风尘女子，李自成猛想起以前吴三桂、刘宗敏就是为了争夺她才闹得满城风雨，便寻思"自古红颜多祸水"，于是传令将陈圆圆处斩。

武士们正要动手，陈圆圆自己站了起来，不屑一顾地看了李自成一眼后，冷笑一声转身就走。

李自成大喝道："回来！你冷笑什么？"

陈圆圆转回身来，再次跪下，语带讥讽地说："小女子久闻大王威名，以为是位金戈跃马、逐鹿问鼎的大英雄，没想到……"

"没想到什么？"李自成问道。

"想不到大王却害怕一个弱小女子！"陈圆圆情绪激愤地说道。

"孤怎么会畏惧你？"李自成反问道。

"大王，小女子也出身良家，不幸坠入烟花巷，饱受青楼沧桑之苦，实属身不由己。最初被崇祯皇帝霸占，后被吴三桂夺去，大王手下刘将爷又围府强行将小女子抢来，其实这并非小女子本意。请问大王，小女子自身何以为罪？大王挥师起义，不是要救天下黎民于水火吗？小女子本是无辜之人，大王却要赐死，不是畏惧小女子又作何解释呢？"陈圆圆妙语反驳道。

李自成被问得瞠目结舌，只见他抬了抬手，对陈圆圆说道："你且起来说话。"

陈圆圆给李自成磕了头，说了声："谢大王!"然后站起来说："就是为大王计，大王杀小女子也实为不智。"

"怎么不智?"李自成一怔。

"小女子看宫中情形，大王有撤出京城的打算，不知是也不是?"陈圆圆试探道。

"就算孤有这种打算，那又如何?"李自成想从这位女子口中得到点什么，继续追问。

"大王是想安全撤离，还是想被追袭而奔呢?"陈圆圆问道。

"当然想安全撤离，又当如何?"李自成继续往下追问。

"大王，吴三桂为先锋，兵强马壮，小女子听说他正向京城进逼。小女子蝼蚁之命，大王杀了我，不会给你带来任何好处;留下小女子，小女子感念大王不杀之德，当尽心竭力，使吴三桂滞留京师，不再追袭。大王可保全实力，全师而撤，巩固西京，不久又可东山再起。趋利避害，请大王三思。"陈圆圆说道。

陈圆圆的话触到了李自成的心病，他不由身子前倾，问道："你果真能使吴三桂滞留京师吗?"

"大王想必知道，吴三桂背叛大王，由小女子所致，大王杀了小女子，必然激起他复仇的欲望，以致日夜兼程，追袭不休。大王留下小女子，小女子指天立誓，想尽一切办法也要使他滞留京城，不再追袭。小女子如有背信，五雷击顶。"

"好! 孤王相信你，留下好了。"李自成最终同意了陈圆圆的请求。

为什么陈圆圆能让李自成同意其请求，免遭杀身之祸呢? 那是因为她从实际情况出发，有话直说。吴三桂进逼京城，李自成苦无去路，都是实际情况，直说让她和李自成有了相容的心理基础。

相反，如果陈圆圆在生死关头还要和李自成打哑谜，恐怕话还没说明白就要被李自成拉出去砍头了。可见，不是不能有话直说，而是直说要选好时机，如果情况紧急，就不要说些拐弯抹角的话。

口才加油站

"您的功劳"

春秋时期，韩国修筑新城的城墙，规定 15 天完工。大臣段乔负责主管此事。有一个县拖延了两天，段乔就逮捕了这个县的主管员，将其囚禁起来。这个官员的儿子想方设法解救父亲，就找到管理疆界的官员子高，让子高去替父亲求情。子高答应了这件事。

一天，见了段乔后，子高并不直接提及放人的事，而是和段乔共同登上城墙，故意左右张望，然后说："这墙修得太漂亮了，真算得上是一件了不起的工程。功劳这样大，并且整个工程结束后又未曾处罚过一个人，这确实让人敬佩不已。不过，我听说大人将一个县里主管工程的官员叫来审查，我看大可不必，整个工程修建得这样好，出现一点儿小小的纰漏是不足为奇的，又何必为一点儿小事影响您的功劳呢。"

段乔见子高如此评价他的工作，心中甚是高兴，然后又听子高的见解也在情理之中，于是便把那个官员放了。

第十五章　面试口才

说话方式，快速接受

从一定意义上说，面试的过程是一个让面试官接受你、欣赏你的过程。如果能在最短的时间内发挥出自己的聪明才智，让面试官眼前一亮，你就会有很大胜算。

1. 表明你的工作态度

国外某家企业欲招聘一个职员，有三位求职者报名前来。招聘人员让这三个人想象正在打扫，然后问道："你们在做什么？"

第一个应聘者说："打扫屋子。"

第二个应聘者说："我正在做钟点，每小时3.3美元。"

第三个应聘者却说："你问我吗？我正在整理一座世界上最庞大的宾馆。"

结果，第三个应聘者被录取了。

如果你作为公司的主管人员，不难想象这三个人未来发展的情况会怎样。最可能的情况是：前两人依然是清洁工。他们没有远见，不重视自己的工作，缺乏追求更大成功的推动力。这种人很难为企业的发展做出创造性的贡献。但是，那位把自己看成在整理大宾馆的清洁工绝不会永远是个工人。也许他已成为管理者，甚至成为有名的宾馆经理。第三个清洁工已经掌握了新的思维方法，这为他在工作中的自我发展开辟了道路。

一个人的工作态度能说明他是否能担当大任。事实上，招聘者对求职者能否适合某项工作，经常注意的一点，就是看他对目前的工作有何看法。如果求职者认为自己的工作很重要，就会给招聘者留下深刻的印象，即使他对那项工作还有不满。道理很简单，如果他认为他目前的工作很重要，那很可能为他的下一个工作自豪。这是许多单位选用人的重要原则。一个人的工作态度同他的工作表现有着密切的关系。他的工作态度，正如他的仪表一样，会对上级、同事和下级，乃至他接触的大部分人说明他内在的品质。

2. 亮出你的新意

青青去深圳某电子公司应聘时，穿的是一袭雅致的连衣裙。老板问她，为什么愿意离开家，从遥远的西安来深圳打工。

青青微笑着说："在深圳一年四季都可以穿裙子！"这出乎意料的回答，令老板十分欢喜。他马上笑着站起来，走过去握着她的手说："好，我们欢迎你，你有一颗纯真质朴的心。"

青青用一句轻松的调侃，就将一个很难的问题轻松化解，表现了较高的应变能力。

一般来说，招聘者提出的问题可分为两类。一类是规定性提问，也就是招聘者事先准备好的对每一位应聘者都要发问的问题；另一类是自由性提问，亦即招聘者随意穿插的问题，这些问题往往是千变万化、涵盖宽泛的，招聘者可以从应聘者不经意的对答中窥视其闪光点或缺点。

无论是哪一类问题，应聘者在回答时都应当把握以下几条基本原则：不要遗漏表现自己才能的重要资料；保持高度敏锐和机敏灵活的思维状态；回答既要表现自己的个性气质，又要表现出对招聘者的尊重与服从；认真倾听对方的提问，并注意对方的反应，以便及时调整自己不恰当的回答；避免遇到"倒霉""晦气""不幸""疾病"之类可能招致对方忌讳的字眼。

两难问题，机巧回答

中国自古以来讲究中庸之道，折中可以说是一门艺术，是祖先智者留下的智慧结晶；是为人处世，各个方面都可以适当运用的生存立世之道。

在求职面试中，主考官经常会给你出一些令你左右两难的问题。在这个时候，你可以选择缄默吗？不能，那只会使你与工作失之交臂。你只能勇敢作答，但有勇也要有谋。左不行，右也不行，那就最好采取折中术。

在一次外企面试中，双方交谈得很投机，看来希望不小。接近尾声时，考官看了一下表，问："可不可以邀请您一同吃晚饭？"

原来这也是一道考题。如果考生痛快接受，则有巴结、应酬考官的嫌疑；如干脆拒绝，又被说成不礼貌。考生动了动脑筋，他机智地回答道："如果作为同事，我愿意接受您的邀请。"

由于他预设了一个前提条件，所以他的回答十分到位，获得了好评。

总之，对于可能设有"陷阱"的提问，一般情况不要直答，而应想一想对方的用意是什么，"机关"在哪里，然后运用预设前提的说法跳过陷阱，予以回应。所谓折中术，就是采取一个巧妙的方法将划分左右的界限模糊掉。

日本某银行招聘公关人员时，极为重视职员协调人际关系的才能。该银行没有专门考核应聘者的业务知识，而是提出了一道别出心裁的判断题："当国家的利益和本银行的利益发生冲突时，阁下采取何种对策？"

三类不同的应聘者对问题的回答迥然不同。

第一类人回答："当国家利益跟我们银行利益发生冲突时，我会坚决地站在我们银行的立场上。"

第二类人回答："当国家利益和本银行利益发生冲突时，我作为国家的一员，应该坚决保护国家的利益。"

第三类人则回答说："当国家利益和银行利益发生矛盾时，我要尽全力淡化矛盾。"

银行主管人员认为第三种人才是银行需要的高手。企业同政府的关系往往集中表现在国家利益和企业利益上，企业公关人员作为企业与公众之间的媒介，只有注重社会整体的协调性，善于采取圆融战术，才有可能妥善处理好企业与国家的关系。

在这里尤其要指出的一个方面是，由于女性本身所具有的一些求职方面的先天劣势，如结婚生子、照料家庭内务等，招聘单位常担心其婚姻和家庭会影响工作，所以面试时往往提出许多相关的问题。这些问题或刁钻古怪，或直击要害，总让人觉得左右两难，如何回答都不妥当；但能否回答好这些问题，又直接关系到求职是否能获得成功。比如，其中有一个问题常常被当作拦路虎，它时时跳出来为难求职女性：如果让你在家庭与事业之间做选择，你认为哪一个更重要？

这是一个老生常谈的问题，也是一个难题。事实上这是一个对于任何人都重要的问题，之所以更经常地出现在女性求职者面试的情景中，是由于女性往往要对家庭内务承担更多的责任，而这些责任很可能与工作相冲突。招聘单位自然非常希望你以事业为重，但也很清楚谁都希望拥有一个幸福美满的家庭，有幸福的后方保证，才能无后顾之忧地集中精力工作。显然，这道题目是个两难的选择，不管你选择家庭还是事业，无疑都是不合适的。所以，回答这个问题的时候，不妨换个角度，不和题目正面冲突，又给出招聘单位想要的答案。

你可以参考如下的回答：

"我认为，无论在工作上还是在家庭中，女性的最大目标都是要使自己活得有价值。虽然我很想通过工作来证实自己的能力、体现活着的意义，但家庭对于我的意义也是不容小觑的，我也相信，不只是我，可能每个人都是这么认为的。家庭和生活也许是互相影响的两方面，但我相信，它们并不是站在对立的立场上，处理得当的话是完全有可能两全其美的。事实上，有很多女性都是这样做的，而且她们也做得很不错。我认为我也可以做到。"

这样的回答，既表明了你对待工作的态度，又表达了你对家庭的热爱，而这两点，正是一个心理健康、成熟的女性所应该具备的。

在面试中，学会这样回答问题，不要表明你对任何一个方向的倾向，能大大提高被录用的机会。

幽默风趣，别具一格

在面试的时候，许多人会因为紧张而失去被录取的机会，这其中包括许多有才华、有能力的人。面试官认为，紧张慌乱的应聘者，意味着在工作中也不能胜任。此时，如果你善于幽默，可以在此发挥，调节一下气氛。幽默可以说是一种优美的、健康的品质；幽默也是人与人之间的润滑剂，是一个敏锐的心灵在精神饱满、神气洋溢时的自然流露。每个人都喜欢说话风趣的人。

在求职面试过程中，求职者在回答问题时采用一些幽默的语言，这样不但能活跃气氛，也能获得面试官的好感。

一位考官这样问一名女性应聘者："为什么你要选择教师这个职业？"

应聘者回答说："我小时候曾立志长大后要做伟人的妻子。但现在，我知道我能做伟人妻子的机会实在渺茫，所以又改变主意，决定做伟人的老师。"

这位应聘者的回答博得在场人员的一片掌声，结果她被录取了。

这位应聘者的明智之处就在于打破了常规思维和表达模式，以真实感受胜人一筹。她用了"伟人"这个范畴来贯穿前后，表达自己所立的志向、幽默的谈吐，既清楚地表达了自己的中心意图，又出语惊人、新颖、不落俗套，因而这位求职者获得了成功。

在一次电视台主持人招聘面试中，考官问一位女学生："三纲五常中的'三纲'指什么？"这名女学生答道："臣为君纲，子为父纲，妻为夫纲。"她刚好把三者关系颠倒了，引起哄堂大笑。可她镇定自若，幽默地说："我指的是新'三纲'，我们国家人民当家做主，领导是人民的公仆，当然是'臣为君纲'！计划生育产生了大量的'小皇帝'，这不是'子为父纲'吗？如今，妻子的权利逐渐升级，'妻管严''模范丈夫'流行，岂不是'妻为夫纲'吗？"

这位女学生机敏幽默的回答，显示了她的口才与智慧，显示了她竞争的实力，最终，她顺利通过了面试。

幽默是自信的表现，是善于处理人际关系的反映。在非常严肃、紧张、决定前途的面试中，不妨来点幽默，不仅可以使自己放松，能使考官记住你，还会让你因此在面试中脱颖而出。

面试中，自信的应答不但有助于受试人吻合招聘者既定的聘用期望，而且可能重新塑造招聘者的聘用愿望。然而有的人更胜一筹，是因为他在自信中添加了幽默的元素。

自我介绍，恰如其分

求职面试时，招聘者最想知道的就是求职者的独到之处。在能力相同的情况下，那些求职者之所以能够成功，关键在于他们在面试时自我介绍得恰如其分。

要做到恰如其分的自我介绍，可以从以下几个方面着手：

1. 彬彬有礼

在做介绍前，要先对主试官打个招呼，道声谢，如："经理，您好，谢谢您给我这么好的机会，现在，我向您做个简单的自我介绍。"介绍完毕后，要注意向主试官道谢，并向在场面试人员表示谢意。

这能给主试官留下很好的印象。没有人会拒绝谦恭的态度。

2. 主题明确

在做自我介绍时，最忌漫无中心，东扯一句西扯一句，或者陈芝麻烂谷子，事无巨细一一详谈，让人听了不知所云。求职面试中的自我介绍宜简不宜繁，一般包括这些基本要素：姓名、年龄、籍贯、学历、学业情况、性格、特长、爱好、工作能力和工作经验，等等。对于这些不同的要素该详述还是略说，应按招聘方的要求来组织介绍材料，围绕中心说话。假如招聘单位对应聘者的工作能力和工作经验很重视，那么，求职者就得从自己的工作能力及经验出发做详细的叙述，而且整个介绍都是以这个重点为中心。

下面是一位求职者面试时的自我介绍，非常精炼，分寸把握得当。

"我的经历非常简单。1985 年，18 岁的我高中毕业没有考上大学，招工进入某厂当上了一名车工。从此，我操刀切削十多年。其间 3 次参加全市车工岗位技术大比武，荣获两次第 3 名，一次第 2 名。去年企业破产，我下岗失业。下岗后参加过 3 个月的电脑培训，3 个月的英语培训，取得两个上岗证书，为我掌握现代化的数控车床操控技术打下了基础。听说贵公司招聘技工，我觉得我是比较合适的人选。"

从上例中可以看出，介绍自己简历时可以从参加工作时讲起，不要拉得太远；经历中重点介绍自己从事什么工种，有何特长，凡与此无关的都可省略；能够显示自己优势的，可以讲详细些，而且应与招聘内容联系起来。例如，三次参加技术比武获奖，两次参加技术培训，都显示了应聘者的技术水准，可以说正投招聘者所好。所以，立刻引起了主考官的兴趣。

3. 让事实讲话

在自我介绍中，要尽量避免对自己做过多的夸张，一般不宜用"很""第一""最"等表示极端的词来赞美自己。在面试场上，有些人为了让面试官对他留下深刻的印象，往往喜欢对自己进行过多的夸赞，如"我是很懂业务的"，"我是年级成绩最好的一个"，总是喜欢带着优越的语气说话，不断地表现自己。其实，如果对自己做过多的夸耀，反而会引起面试官的反感。

谈论自己的话题，应尽可能避免一些夸大的形容词，把话讲得客观真实，尽量用实际的事例去证明你所说的，最好用真实的事例来显露你的才华给面试官。

一家物流公司在招聘考试时，发现一位应试者在校成绩不太好，主考者问道："你的成绩不是很好，是不是不太用功？"应试者回答说："说实在话，有的课我认为脱离实际，所以把时间全花在运动上了，所以身体特别好，还练就一身好功夫。"主考者很感兴趣，让他表演一下。应试者脱下衣服，一口气做了

100 多个俯卧撑，使主考者大为吃惊，立即录用了他。

有位成功面试者说："我毕业于一所没有名气的大学，但请看看我过去 10 年的工作成就吧！"这样说突出了他的精明和强干，用事实来说话。

当你在谈论自己某方面的长处时，请千万记住用具体论据来支持。比如，你说"我和其他工作人员关系很好"时，别说到这里停止了，还要举一些具体事例来加以陈述，如："我总是和我的工作伙伴和属下有着相当融洽的关系，而且我也和从前每一位上司都成为好朋友。

4. 好牌不要一次出完

当你有了不起的业绩时，或者你有足够的资历、经验能胜任这项工作时，不要在"自我介绍"中和盘托出、暴露无遗，要给自己留一手，一开始就说出"伟大业绩"会给人自吹自擂的感觉，引起人反感，留在后面说，会给人以谦虚诚实的印象，使面试官对你刮目相看。

小秦曾经得过全国发明奖。他先故意不跟面试官提这件事，当谈话进一步深入时，面试官提到这项发明。小秦笑笑说："这是我前年搞的。去年和今年又搞了两项。"面试官问："得奖了吗？"小秦说："那有什么可值得提的。"小秦也许在今年和去年都没有得奖，他对得奖的淡漠，赢得了面试官的格外好感。面试官十分高兴，录用了小秦。

5. 掌握"瞬间展示"法

现在，许多企业，特别是外资企业和合资企业，都喜欢采用"一分钟录像"的办法来选择人才。所谓一分钟录像，就是只给应聘者一分钟的时间，让他们利用这短暂的时间来介绍自己，同时录像，然后拿给招聘者观看。这种自我介绍比较难，因为没有任何问题作为你谈话的引导和提示。

如果招聘单位使用"一分钟录像"的方法录用人员，那么求职者在一分钟的时间里，如何充分地表现，如何更多、更好地让对方了解自己，便成了求职成败的关键所在。因而，要求应聘者必须在短短的几分钟内或某一瞬间，最有效、最充分而又最简洁地表现自己，从而获得求职成功。这种策略称为"瞬间展示"法。

"瞬间展示"法的求职技巧主要包括以下两个方面：

其一，精选一分钟录像内容。由于只有一分钟，时间很短，因此说话内容不宜太多、太繁杂，着重讲好以下几个方面即可：

自己的简历、家庭状况。

自己的专业、主修的课程。

曾担任过的社会工作。

对自己未来工作的简单设想。

应聘的态度。

自己的抱负和理想。

其二，一分钟内注意的事项：

在服装方面要着意打扮一下，衣着整洁，将会给人一种美的感觉，也是社交活动必备的。

切忌蓬头散发，不修边幅。

镇定自如，不要紧张。

礼仪周全。开始时，先说声"你好"，然后再做自我介绍，最后不要忘了说声"谢谢"。

内容要简单精炼。

说话声音要高低适中，吐字发音要清楚。

自我介绍的话并不需要说得太多，但要句句说到点子上，这样就能轻易为你的面试加分。

不管面试的类型设计得如何科学，让人喜欢的气质在对方决定谁能获得职位时总是起着很大的作用。愿意雇用自己喜欢的人这是人之常情。所以，必须学会让面试官喜欢我们，具体做法如下：

1. 展现你与面试官或公司文化的相似之处

你和面试官也许并不完全相同，但你应该找出你们兴趣相同的方面：比如，共同喜欢的电影、工作方法和产品，等等。如果你成功地使有权决定录用员工的面试官看到了你们的共同之处，例如，世界观、价值观以及工作方法等，那么你便赢得了他的好感并可因此获得工作机会。

2. 聆听面试官的问题、评论或者感受

人们喜欢别人听自己说话胜于自己听别人说话。你应该通过总结、复述和回答面试官说的话，使对方喜欢你，而不是仅仅注意你要说什么。

3. 赞美时不要做得太过头

当看到办公室好看的东西时，你可以趁机赞美几句以打破见面时的尴尬，

但不要说个没完，你应该及时切入正题——工作。

4. 讲话停顿时显得像是在思考的样子

这么做能使你显得是那种想好了再说的人。这种做法在面对面的面试时是可以的，因为面试官可以看得出你在思考而且是想好了才回答。在电话面试和可视会议系统面试时，不要做思考的停顿，否则会出现死气沉沉的缄默。

5. 适当做笔记

随身携带一个小笔记本。在面试官说话时，特别是你问完一个问题之后，或者他在特别强调某件事情时，你可以做些记录。做笔记不仅表明你在注意听，而且也表明你对面试者的尊重。

要求薪酬，注意要点

求职面试时难免不谈起薪酬。一个人的薪酬是与其能力、作用、表现和贡献等息息相关的，在用人单位尚未了解你上述情况时，开价过高，难以被用人单位接受；开价过低，吃亏的又是自己。

怎样与用人单位协商薪酬？你必须首先应该知道以下几点：

第一，除非用人单位已经十分明确表态要用你，否则不要讨论薪酬；

第二，切勿盲目主动提出希望得到的薪酬数目；

第三，尽可能从言谈中了解用人单位给你的薪酬是固定的还是有协商余地的；

第四，面试前设法了解该行业薪酬福利和职位空缺情况。

在协商过程中，如果用人单位要你开价，可告诉其一个薪酬幅度。如他一定要你说出个明确数目，可问他愿意付多少，再衡量一下自己能否接受。

为减少讨价还价的盲目性，可到其他同类公司询问职位空缺情况和大概的薪酬标准，以便自己心中有数。同时别忘了，福利也是你应得的报酬，如医疗保险、公积金、带薪休假和年底分红等。

理想的薪酬数，应是用人单位和求职者双方都能接受的，而应试者应表现一定的灵活性。当薪酬福利谈妥后，最好要求用人单位写份协议合同，因为有些用人单位面试之后，很可能会忘掉曾答应你的事。

工作谈判不能像其他谈判那样，一味设法提高对方开出的条件，而对方就只顾压低你的价钱。把原来和谐的气氛弄成敌对的局面，这对你实在没有好处。

谈判一旦出现僵局，不妨把话题转移到有关工作的事情上。例如，对方有心压低你的薪酬，就可将话题转移到你上任后有何大计，如何扩大市场占有率和如何降低产品成本等，那样原来紧张敌对的状态，很快便会变成同心协力的局面。

公司都希望应试者对应聘的职位感兴趣，而非纯以金钱挂帅。因此，只要老板觉得请你没有令公司损失，要争取高薪、福利并不困难。你可以讨论自己的才能、经验，要求老板让你承担多一点儿责任，甚至把职位提高，这样就有机会将福利提高。即使没法调升职位，但是工作范围扩大了，公司多付薪水给你，也不过是补偿你额外的工作，亦不会因任何一方吃亏而令谈判中断。

如果受公司预算限制，甚至比你现有或以往的薪水还要少。只要你认定这是一份理想工作，不妨暂时不谈薪水。待对方认定你是最佳人选，再尝试以职位及工作为由，多要求些福利津贴。例如，若想要求提高公务开销，你就应说以往工作顺利，全因频频与客户交际应酬，从而提出担心公务开销不够，雇主也会乐于增加这方面的津贴。

底气十足，面试加分

在面试的时候，没有人不希望自己能登上理想的职位，但是绝大多数人，在面对考官的时候，缺少必需的自信和说话的底气，因此他们不能打动考官。

但是有少部分人真的相信他们会成功。他们抱着"我就要坐上这个位置"（这并不是不可能的）的积极态度来进行求职面试。最后，他们终于凭着十足的底气赢得了主考官的青睐。

吉拉德欲步入推销界的时候，曾因多次遭拒绝而感到极度沮丧。

吉拉德重新开始建立信心，他拜访了底特律一家大的汽车经销商，要求获得一份推销工作。推销经理起初很不乐意。

"你曾经推销过车子吗？"经理问道。

"没有。"

"为什么你觉得你能胜任？"

"我推销过其他的东西——报纸、鞋油、房屋、食品，但人们真正买的是我，我推销自己，哈雷先生。"

此时的吉拉德已表现出了足够的信心。

经理笑笑说："现在正是严冬，是销售的淡季，假如我雇用了你，我会受到其他推销员的责难，再说也没有足够的暖气房间给你用。"

"哈雷先生，假如您不雇用我，您将犯下一生最大的错误。我不抢其他推销员的店面生意，我也不要暖气房间，我只要一张桌子和一部电话，两个月内我将打败您最佳推销员的纪录，就这么定了。"

哈雷先生终于同意了吉拉德的请求，在楼上的角落里，给了他一张满是灰尘的桌子和一部电话。就这样，吉拉德开始了他的汽车推销生涯。

吉拉德在求职的谈话中体现了十足的底气，这不可否认地让主考官对他建立起了一种信任感，使他的求职面试成功了一大半。

有的面试过程中，主考官会故意采用一种压力面试，来测验你的抗压能力。所谓压力面试一般是指在面试刚刚开始时，主考官就风向一转，给应试者意想不到的一击，以此观察应试者的反应。

比如，面试官会突然提出一些不甚友好或具有攻击性的问题，这时，如果你能顶住压力，从容不迫，表现出你十足的把握，那你多半都能在面试中获胜。

要是遇到问题就发软，说起话来有气无力，谁能相信你并录用你呢？

有底气，就是要在考官面前拿出你的自信，只有信任自己的人，别人才能放心地把工作交给你。

独树一帜，主张个性

意气风发的你怀里揣着个人简历，为谋求一份满意的工作尽着种种努力。人才市场、招聘会、就业指导中心、因特网上，都留下了你辗转流连的脚步。面对着熟悉而又陌生的社会，面对着成千上万的优秀竞争者，你也许感到迷茫彷徨，怎样才能在众多应聘者中脱颖而出，让招聘方看到你呢？请在言谈中发挥你的创意吧！彰显你的个性，若干竞争者都会迅速排到你的后面去。

陈锋南下广州，第一次参加应聘面试却迟到了，到达该公司时，已有30个求职者排在他前面，他是第31位。

怎么能引起主试者的特别注意而赢得职位呢？陈锋很快拿出一张纸，在上面写了一些东西，然后折得整整齐齐，走向秘书小姐，恭敬地对她说："小姐，请你马上把这张纸交给老板，这非常重要！"

那小姐很称职，点点头把那张纸条取走，并很快送到老板的桌上。老板看后笑了起来，因为纸条上写着："先生，我排在队伍的31位，在你看到我之前，请不要做决定。"

虽然迟到了，陈锋却反而利用这一点，将劣势转为优势。

最终陈锋得到了工作，这是他善于用脑的结果。

确实，一个会动脑筋的人，一定是个富有创意的人，而这家广告公司所要的人才，就是要求其想象力丰富，有创意。

在面试过程中，招聘人员经常会产生奇思妙想，故意抛出难题来考验你的想象力和创造力。这时候，切忌平淡做出回答，最好让你的思想长上一双翅膀，多发挥创造力，让你的回答独树一帜。

款式新颖、造型独特的物体常常是市场上的畅销货；见解与众不同、构思新奇的著作往往供不应求。独特、新颖便是价值。物如此，人亦然。他人不修边幅，你则不妨稍加改变和修饰；他人好信口开河，你最好学会沉默，保持神秘感，时间越长，你的魅力越大；他人总是扬长避短，你可试着公开自己的某些弱点，以博得人们的理解与谅解；他人自命清高、孤陋寡闻，你应该尽力地建立一个可以信赖的关系网；他人虚伪做作，你要光明磊落，待人坦诚；他人只求可以，你则应全力以赴，创第一流业绩；他人对上级阿谀奉承，你却以信取胜。独特也是一种艺术。

某公司在一次"形象大使"的挑选赛中，为了测试参赛选手的应对技巧，主持人提出了这样一个难题："假如你必须在肖邦和希特勒两个人中间，选择一个作为终身伴侣的话，你会选择哪一个呢？"

其中有一位参赛选手是这样回答的："我会选择希特勒。如果嫁给希特勒的话，我相信我能够感化他，那么第二次世界大战就不会发生了，也不会有那么多家破人亡的事发生。"

这位选手的巧妙回答赢得了人们的掌声。这个问题难度较大，大多数人估计都不会回答"选择希特勒"，因为如果回答"选择希特勒"，很难给予合理的解释。那位小姐却选择了出人意料的答案，又寻出了合理而又充满正义的解释，从而成功地推销了自己的特色，以幽默、机智给评委留下了深刻印象。

"山不在高，有仙则名；水不在深，有龙则灵"，有时候，真实的思想和坦率的语言就是个性突出的最佳表现。你不妨实事求是，个性鲜明地怎么想就怎么说（当然，除一些敏感性问题需有适度的分寸之外）。你所表现出的机敏、坦诚与个性，一定是招聘者最为欣赏的。

怎样树立独树一帜的个性？

首先，要多动脑筋，发挥自己的创意，让竞争者都排到你的后面。

其次，可用真诚的思想和坦率的语言突出自己的个性。

当你被问道："你喜欢出差吗？"你可以直率地回答："坦率地说，我不喜欢。因为从一地到另一地去推销商品并不是一件惬意的事。但我知道，出差是商业活动中的一个重要部分，也是推销员的主要工作之一。所以说，我不会在意出差的艰辛，反而会以此为荣。因为我非常喜欢推销工作。这一点更重要。"

又如，主持面谈的经理问你："如果我们接受你，你会干多久呢？"如果你这样回答："没人愿意把一生中最为宝贵而有限的时光花在不停地寻找工作当中；也不会有人甘愿把他所喜爱的东西轻易放弃。就拿这份工作来说，如果它能使我学以致用，更多地发挥我的潜力，而我也能从中获取更多的新知识与技能，并且也能得到相应的回报，那么我没有理由不专心致志地对待我所热爱的工作。"

扬长避短，力求完美

金无足赤，人无完人，如果你想刻意掩盖自己的缺点，尤其是那些显而易见的缺点，恐怕会招致反感。最好的办法就是在与主考官交谈时坦然地主动承认，但是，承认缺点是要讲求方法的，最好在谈缺点的时候，模糊该重点，甚至暗暗对自身优点夸赞一番。

当求职者的简历上有明显的留级记载，你可以这样谈及这件事：

"我也觉得留级一年很不应该，当时我担任社团的负责人，全身投入社团活动上，反而忽略了自己当学生的本分，等我察觉到这个错误时，我已经留级了。虽然我花在社团的心血，也带给我不少的收获，可是每想到自己因此而留级，就觉得很可耻，我一直都对此事耿耿于怀，更不愿重蹈覆辙。"

从你的话语中，主考官反而关心起你社团负责人的工作来，他猜测该应聘者在社交方面的能力会非同一般。求职者明说缺点，暗中却在体现自己的能力，这样的坦白何其高明，何其漂亮。

我们都非完人，但可以扬长避短。

在某公司招聘部门经理的面谈中曾有这样一段对话：

问："你不认为自己做这项工作年轻了些吗？"

答："我已经23岁了，事实上，下个月我就23周岁了。尽管我没有相关的工作经历，但我有整整两年的领导校学生会的工作经验。2008年初，我被推选为该年度的校学生会主席，之后又连任一年。你们可以想象，管理组织 3000 多名学生并非易事，没有一定的管理才能和领导艺术，是无法胜任的。所以，我认为，年龄固然能说明一定的问题，但个人的素质和能力更为重要。因为这正是一个部门经理所不可缺少的。"

这就是一种典型的扬长避短式的回答。答者极力宣扬个人的长处，并把自己的长处同应聘的工作有机地结合起来，变不利为有利。

我们可能经常会遭遇这样一个问题："你认为你自己最大的弱点是什么？"我们不得不针对这个提问做一番对策准备。

这是一个棘手的问题。如果照实回答，你可能会毁了工作；如果回答没有什么缺点，又实在不能令人信服。招聘官试图使你处于不利的境地，观察你在类似的工作困境中将做出什么反应。

"朋友们都说我做事情过于追求完美，以至于有些吹毛求疵。记得学校校庆时，我负责宣传板报的制作，返工了 4 次，被和我搭档的同学埋怨了好久。"这样的回答，说的虽是自身的缺点，却表现了正面的效果，体现了你对工作的认真和负责。

从辩证的角度看，缺点与优点是相互转化的，"横看成岭侧成峰"，对缺点本身来讲，有些"缺点"对某些工作来说恰恰是优点；对有缺点的人来讲，坦然承认，并懂得迂回之术，变短为长，扬长避短，都会使消极评价转化为积极的评价。

求职面试时，如何做到扬长避短？

第一，不宜说自己没什么缺点。

第二，不要把那些明显的优点牵强地说成缺点。

第三，切勿不经思量地说出那些严重影响所应聘工作的缺点。

第四，不宜说出一些令人不放心、不舒服的缺点。

面试冷场，如何破冰

在面试过程中，冷场常常出现在谈话双方都没有激情的情况下，所以要用你的激情保证整个面试过程的活跃和热烈。如果冷场出现，一定要主动打破沉默，找到可以激起面试官谈话兴趣的话题，或者运用提问打破沉默，如可以说："我们换个话题好吗？"

你可以对自己以上所说做个补充。如果你刚刚谈了自己以前所取得的工作业绩，你可以接着谈一谈自己有哪些不足，或者有什么让自己感到遗憾的地方。可以从正面补充，也可以从反面，这样会让考官觉得你思考问题很全面。

王建在一家公司待了3年，积累了一些经验，想换个环境，找一家新的单位。在网上投出简历不久，就有一家公司通知他去面试。

面对面前的5个考官，王建虽然身经百战，也还是手心冒汗。开始的时候他们轮番轰炸，你一言我一语，问了很多有关专业的问题和他对这个工作的认识。过了几分钟，4位考官有事出去了，只剩下一个人提问。到后来，这仅剩的一位考官问题越来越少，最终沉默下来。屋里从一片吵闹到寂静，双方都感到很不习惯，只好低下头做些小动作。

王建看了看表，距离面试结束还有5分钟，如果就此沉默下去，自己这份工作肯定要砸锅。于是，他从一个被动答问者变为主动者，抬起头来对考官说道："我听说这个公司开始的时候只是给人家做一些中介生意，经过老板和员工们的努力，几年时间就发展成了一个拥有200多人的大公司。看来公司有一种非常好的企业精神。"

听到王建打破沉默的这句话，考官重重地点点头说："是啊。"原来他就是开始和老板一起创业的6个人之一，听到王建谈起公司的企业精神，马上来了精神，和王建很愉快地又聊了15分钟。临走的时候，他对王建说："你很不错，等好消息吧。"

第二天王建就接到电话，他被录取了。

适当地总结一下，也是不错的处理办法。当考官沉默时，你可以大胆地说"总之……"为你的言论做个简短的结尾。事实证明，这往往行之有效。

你也可以另起一个新话题，最好能在面试之前就准备好这样几个话题，以备不时之需。一旦遇到冷场，马上话锋一转，与考官进行新的讨论，使对话朝着有利于你的方向发展。

面试开始时，有的应试者不善打破沉默，他们出于种种顾虑，不愿主动说话，只等待面试官打开话匣，结果使面试出现冷场。其实，面试中的沉默有时候是许多考官的"杀手锏"，因为这能有效检验应聘者的心理素质和办事能力。有的面试官是故意不说话，只拿眼睛注视着应试者，这其实是一种无声的提问，他在等着应试者主动打破沉默。可是有些应试者以沉默对沉默，你不开口，我也不开口，导致出现冷场。有的应试者虽然勉强打破沉默，可是词不达意、语调生硬，反使场面更显尴尬。这样的错误是致命的，一个不善于打破沉默的人，会被认为是缺少交际能力、缺少自信而且很难相处的人。一位人事主管说，在与求职者面谈的时候，他就非常喜欢沉默，以此来看看对方的应变能力。这时，你应该主动打破沉默。实际上，应试者主动致意与之交谈，会留给面试官热情和善于与人沟通的良好印象。

面试过程中的交流应该是互动的，无论是面试前还是面试中，应试者应善于寻找合适的话题打破沉默，不管这种沉默是无意的还是考官有意设置的。这是一种自信的表现，也是一种能力。

离职原因，小心表达

"你能说一说离开原单位的原因吗？"这类问题在面试时经常会被问及，面试考官能从中获得很多有关你的信息。因此，求职者面对这个看似简单的问题，回答时切不可掉以轻心。对于一些普遍性的原因，如"大锅饭"阻碍了自身的发挥、上班路途太远、专业不对口、结婚、生病等人们都可以理解的原因，是可以如实道来的。而对下面一些原因就要慎之又慎了，否则，很有可能使你的面试陷入僵局。

1. 关于上司的问题

对你的前任上司切不可妄加评论，要知道现在招聘你的考官可能就是你未来的上司，既然你可以在他面前说过去的上司不好，难保你今后不在上司面前对他说三道四。一个人要在社会中生存，就得与各色各样的人打交道，挑剔上司说明你对工作缺乏适应性。

其实主考官心里有数，知道许多人是因为讨厌上司而辞职不干的，他们自己也可能因为同一原因换过几次工作。但是没有多少雇主喜欢听这种话。

惠普公司的副总裁麦克·李弗尔说："我想不通为什么有些人希望我录用他，却又去谈他和上司有冲突。那等于拉响了警报。"然而，如果你真是因为上司太难应付而辞职，就应该委婉地告诉主考人，这比直接说出来好得多。要说得得体，保持冷静。

如果你只是因为领导层频频换人而辞职，而领导本人并无问题，这个原因你也不可以随便讲出。原因很明显，工作时间你只管做自己的事，领导层的变动与你的工作应该是没有直接关系的，你对此过于敏感，也表现了你的不成熟和个人角色的不明确。

2. 关于人际关系的复杂

现代企业讲求团队精神，要求所有成员都有与别人合作的能力，你对人际关系的胆怯和避讳，会让人认为你心理状况不佳，处于忧郁、焦躁、孤独的心境之中，从而妨碍了你的事业发展。

3. 关于工作压力太大

在这个快节奏的现代社会，无论是在企业内部还是在同行业之间，竞争都很激烈。竞争不仅来自于社会压力，同时也使员工处于高强度的工作压力之下。如果你说，在原单位工作压力太大，很难适应，很可能让现在的招聘单位对你失去信心。

李强原是某经济报专刊部记者，报社不仅要求记者一个月完成多少字的文稿，而且还要负责拉广告。中文系毕业的李强对家电、电脑市场行情一窍不通，要写这方面的文章，感到压力太大。于是他到商报应聘新闻记者。负责招聘的考官问他："你是否觉得在经济报的工作压力太大？我们社的工作压力也不小的，你可以承受吗？"李强说："作为年轻人，工作压力大点没关系，最重要的是希望找到能发挥自己专长的工作岗位。"结果李强如愿以偿进了这家报社，文章也频频得奖，很快当上了新闻部主任。

4. 关于竞争过于激烈

随着市场化程度的提高，无论是在企业内部还是在同行之间，竞争都日益激烈，需要员工很快适应，在这种环境下干好本职工作。

5. 关于你想换行业的意愿

洛杉矶的招募员霍华德·尼奇克告诫说："不要直接说'我想试一试另一份工作'。我听了会这么想：'此人对自己的方向都没搞清楚。'"你应该说，以你的能力、个性和志向，做这份新工作更适合，或者说，你想"添加"一些能助你取得更大成就的新经验。

你可以从几个方面来说，一方面是自己的专业基础（假如你是学计算机的），例如，会计事务所其实很欢迎工科的学生，因为他们对数字很敏感，曾经的工作经验、社会活动、个人感受，说明你对这个职位的了解；另一方面告诉考官你的性格，正是这样的性格适合这份工作；此外，再把你的兴趣与工作联系起来就使这个回答更加圆满了。

在上述几个慎重回答的重点中，我们推荐尽量采用与工作能力关系不大，能为人所理解和接受的原因，如为符合职业生涯规划；住处离公司太远不方便上班，影响工作效率；生病离职（这种病不是经常性发作的）等。

口才加油站

法拉第的求职故事

戴维："很抱歉，我们的谈话随时有可能被打断。不过，法拉第先生，你很幸运，此时此刻仪器还没有爆炸（当时戴维正在做实验）。你的信和笔记本我都看了，你好像在信中并没有说明你在什么地方上大学。"

法拉第："我没有上过大学，先生。"

戴维："噢？从你的笔记看来，你显然具备这一切的理解能力，这又怎么解释呢？"

法拉第："我尽可能学习一切知识，并在用自己的房间建立的实验室进行试验。"

戴维："唔，你的话使我很感动。不过科学太艰苦了，付出极大的努力只能得到微薄的报酬。"

法拉第："但是，我认为，只要能做这件工作，本身就是一种报酬！"

戴维看着眼前的法拉第，微笑着说道："如果可以的话，你就来试试吧！"

这段对话是英国科学巨匠法拉第当年向戴维爵士求职时的对话。可以看得出，戴维爵士强调的是从事科学研究的艰苦，必须付出代价；而法拉第表示的是对知识的强烈渴望和对科学的执著追求。结果法拉第被戴维破格聘为自己的助手。假如他们一个只强调学历，一个只贪图金钱，那法拉第的求职肯定失败！

求职应聘对于那些刚走进社会的大学生来说，的确是一件不容易的事，但如果我们能够掌握求职的语言艺术，就可以达到事半功倍的效果。

第十六章　下属口才

赢得上司好感的说话技巧

在职场上出人头地，才干加上超时加班固然很重要，但懂得在关键时刻说适当的话，也是成功与否的决定性因素。卓越的说话技巧，避免麻烦事落到自己身上，处理棘手的事务，等等，不仅能让你的工作生涯加倍轻松，更能让你名利双收。牢记以下九个句型，并在适当时刻派上用场，加薪与升职必然离你不远。

1. 承认疏忽但不引起上司不满句型：是我一时失察，不过幸好……

错在所难免，但是你陈述过失的方式，却能影响上司心目中对你的看法。勇于承认自己的过失非常重要，因为推卸责任只会让你看起来就像个讨人厌、软弱无能、不堪重用的人，不过这不表示你就得因此对每个人道歉，诀窍在于别让所有的矛头都聚到自己身上，坦承能淡化你的过失，转移众人的焦点。

2. 面对批评要表现冷静句型：谢谢你告诉我，我会仔细考虑你的建议

自己苦心设计的成果遭人修正或批评时，的确是一件令人苦恼的事。不需要将不满的情绪写在脸上，但是却应该让批评你工作成果的人知道，你已接收到他传递的信息。不卑不亢的表现令你看起来更有自信、更值得人敬重，让人知道你并非一个刚愎自用，或是经不起挫折的人。

3. 以最委婉的方式传递坏消息句型：我们似乎碰到一些状况

你刚刚才得知，一件非常重要的案子出了问题。如果立刻冲到上司的办公室里报告这个坏消息，就算不关你的事，也会让上司质疑你处理危机的能力，弄不好还惹来一顿骂、把气出在你头上。此时，你应该以不带情绪起伏的声调，从容不迫地说出本句型，千万别慌慌张张，也别使用"问题"或"麻烦"这一类的字眼儿；要让上司觉得事情并非无法解决，而"我们"听起来像是你将与上司站在同一阵线，并肩作战。

4. 巧妙闪避你不知道的事句型：让我再认真地想一想，三点以前给您答复好吗

上司问了你某个与业务有关的问题，而你不知该如何作答，千万不可以说"不知道"。本句型不仅暂时为你解危，也让上司认为你在这件事情上很用心，一时之间竟不知该如何启齿。不过，事后可得做足功课，按时交出你的答复。

5. 智退性骚扰句型：这种话好像不大适合在办公室讲

如果有男同事的黄腔令你无法忍受，这句话保证让他们闭嘴。男人有时候确实喜欢开黄腔，但你很难判断他们是无心还是有意，这句话可以令无心的人明白，适可而止。如果他还没有闭嘴的意思，即构成了性骚扰，你可以向有关人士举报。

6. 说服同事帮忙句型：这个报告没有你不行啦

有件棘手的工作，你无法独立完成，非得找个人帮忙不可，于是你找上了那个对这方面工作最拿手的同事。怎么开口才能让人家心甘情愿地助你一臂之力呢？送顶高帽，并保证他日必定回报；而那位好心人为了不负自己在这方面的名声，通常会答应你的请求。不过，将来有功劳的时候别忘了记上人家一笔。

7. 恰如其分的客气句型：我很想听听您对某件案子的看法

许多时候，你与高层要人共处一室，而你不得不说点话以避免冷清尴尬的局面。不过，这也是一个让你能够赢得高层青睐的绝佳时机。但说些什么好呢？每天的例行公事，绝不适合在这个时候被搬出来讲，谈天气嘛，又根本不会让高层对你留下印象。此时，最恰当的莫过一个跟公司前景有关，而又发人深省的话题。问一个老板关心又熟知的问题，在他滔滔不绝诉说心得的时候，你不仅获益良多，也会让他对你的求知上进之心刮目相看。

8. 上司传唤时责无旁贷句型：我马上处理

冷静、迅速地做出这样的回答，会让上司直觉地认为你是名有效率、听话

的好部属；相反，犹豫不决的态度只会惹得责任本就繁重的上司不快。夜里睡不好的时候，还可能迁怒到你头上！

9. 表现出团队精神句型：安琪的主意真不错

安琪想出了一条连上司都赞赏的绝妙好计，你恨不得你的脑筋动得比人家快，与其拉长脸孔、暗自不爽，不如偷沾他的光。方法如下：趁上司听得到的时刻说出本句型。在这个人人都想争着出头的社会里，一个不妒忌同事的部属，会让上司觉得此人本性纯良、富有团队精神，因而另眼看待。

尴尬时刻替领导打圆场

适时替领导打圆场，使他得到心理上的安慰，会令他把你看做知心人。

慈禧太后爱看京戏，常赏赐艺人一点东西。一次，她看完著名演员杨小楼的戏后，把他召到眼前，指着满桌子的糕点说："这一些赐给你，带回去吧！"

杨小楼叩头谢恩，他不想要糕点，便壮着胆子说："叩谢老佛爷，这些尊贵之物，小民不敢领，请……另外恩赐点……"

"要什么？"慈禧心情不错，并未发怒。

杨小楼又叩头说："老佛爷洪福齐天，不知可否赐个字给奴才。"

慈禧听了，一时高兴，便让太监捧来笔墨纸砚。慈禧举笔一挥，就写了一个"福"字。

站在一旁的小王爷，看了慈禧写的字，悄悄地说："福字是'示'字旁，不是'衣'字旁的呢！"杨小楼一看，这字写错了，若拿回去必遭人议论，岂非有欺君之罪？不拿回去也不好，慈禧太后一怒就要自己的命。要也不是，不要也不是，他急得直冒冷汗。气氛一下子紧张起来，慈禧太后也觉得挺不好意思，既不想让杨小楼拿去错字，又不好意思再要过来。

旁边的李莲英脑子一动，说："老佛爷之福，比世上任何人都要多出一'点'呀！"杨小楼一听，脑筋转过弯来，连忙叩首道："老佛爷福多，这万人之上之福，奴才怎么敢领呢！"慈禧太后正为下不了台而发愁，听这么一说，急忙顺水推舟，笑着说："好吧，隔天再赐你吧！"就这样，李莲英为二人解脱了窘境。

当了领导的人，有时比普通人更注重面子，尤其是下属在场的时候。如果在公众场合碰到了尴尬，是十分令人沮丧的事情。这时作为下属，就应当站出来，替他打个圆场，来缓和这种尴尬，让自己在领导心中有更好的印象。

某公司部门经理田某由于办事不力，受到公司总经理的指责，总经理扣发了他们部门所有员工的奖金。这样一来，大家很不满，认为田经理办事不当，造成的责任却由大家来承担，所以一时间怨气冲天。田某也身处困境难以自拔，田某的秘书小胡心里也颇不好受。

这时，秘书小胡站出来对大家说："其实田经理在受到批评的时候还在为大家据理力争呢！要求总经理只处分他自己而不要扣大家的奖金。"

听到这些，大家对田经理的气消了一半儿，但还是有些愤愤不平。小胡接着说："田经理从总经理那里回来后很难过，表示下个月一定要想办法补回奖金，把大家的损失通过别的方法补回来。其实这次失误除田经理的责任外，我们也有责任。请大家体谅田经理的难处，齐心协力，把公司业务搞好。"

小胡的调解工作获得了很大的成功。按说这并不是秘书的分内之事，而小胡的做法使田某如释重负，心情豁然开朗。接着田某推出了一系列方案，激发了大家的工作热情，很快使大家的不良情绪得到了化解。小胡在这个过程中的作用是不可小视的，田某当然会对她另眼相看。

领导喜欢的是能为自己排忧解难、出谋划策的人，不是见事就躲、不替领导打圆场，甚至把尴尬境地硬推给领导的人。

上司面前千万不要抱怨

在工作中，你总是非常出色地完成了工作，总是赞叹自己如同诸葛孔明般聪明，总是讥笑那些"榆木脑袋"似的同事……

于是，你看什么都不顺眼，总是觉得自己出类拔萃，总是满怀欣喜地盼望着评优、加薪、升迁，但好事偏偏离你那么遥远。

回头好好想一想，自己平时是怎么和上司说话的？是不是经常口无遮拦地诉说自己的成功，贬低同事呢？是不是信口开河、滔滔不绝地对周围的人抱怨呢？

其实，这些偏激的语言都逃不开上司的眼睛！他们嘴上虽然不说，心里其实已经在开始为你打分了，为了你的前途，你还是改变一下自己的说话风格，把抱怨收起来吧！

有一位在网络公司做美编的年轻人这样讲述自己的一段亲身经历：

半年过去了，我的薪水依然没有提高。于是，我开始在上司面前隐约地提到这个问题，上司一直装傻。我有点急了，那天办公室就我和上司两个人，我故意提到，这个月的房租又涨了，饭票也涨了……言外之意是，我的工资什么时候涨呀？

上司笑着说："别抱怨了，好好工作吧！大家的工资都是一样的！"

"是吗？真的一样吗？"其实我早就生气了，但是一直忍着。上司说出大家的工资都是一样的，我就不服气！怎么是一样呢？我好像比同事少了好几百块呢！关于上司的工资，我不知道是多少，但是我知道，他的工资不知道比我多多少倍呢！所以那句"真的一样吗"的话就这么脱口而出了。出口之后，我长久以来的怨气都宣泄出来了："不要以为别人不知道，大家做的工作都是一样的，凭什么拿的工资不一样呢？要说工作经验，我也已经在这里半年了，什么经验没有呀？"

上司看了我半天，就像看一只怪物。我觉得自己理由充分，所以一点儿也不心虚。但是我错了！

第二天，办公室里的同事相继对我说："我们刚来的时候比你的工资还少呢，到现在才一点点提升上去。"我心里一惊，肯定是上司找我的同事谈话了！

我跑进上司的办公室，直接问上司："我想知道这里的每个员工都是干了多长时间开始加薪的。"

上司不动声色地问我："你有什么权利知道？"

我说："因为我想知道自己什么时候可以加薪！还有，你对我有什么意见可以直接问我，不要让同事来告诉我，我觉得这样的做法未免有点太卑鄙了！"

上司瞪了我一眼，说："如果你来上班就是为了将来拿高工资，那么我可以告诉你，我这里没有高工资，只有你的业绩做到一定程度，你的价值值得我给你开那么多工资，我就给你开。但是目前，你还没有做到。我说过，工资每个人都是一样的，并不是说你们的数量是一样的，而是说标准是一样的。在这里，都是为工作而来的，没有工作能力一味谈高工资，我想每个老板都不欢迎。"

这个年轻人无话可说了，虽然他很生气，但是再也说不出来什么了。他知道自己错了，和上司发生争执是不应该的，而和上司说这些偏激的话，更不是他该做的！

工作中和上司说偏激的话，是很愚蠢的做法。即使你真的发现了上司对每个职员的不同待遇，也不能用偏激的语言说出来！毕竟人家是你的上司。你可以以别人的待遇为参考，但绝不能以抱怨的方式向上司提出要求。

如何提要求上司不会拒绝

不管情商是高还是低，老板总是老板，希望什么事情都由自己决定。作为下属，向老板提要求的时候，就应该用商量的口气，让他感觉决定权在自己手里。

小侯是一家化工公司的财务人员，整天坐在办公室与数字打交道，这与他所学的专业不符。小侯觉得挺没意思，也不是他的兴趣所在，想换个环境，发挥自己的特长。于是在一个上午，他瞄准老板一人在办公室没事干，敲门走了进去。

老板见他进来，知道他肯定是有事情，示意他坐下后，问道："小侯，有什么事吗？"

"经理，我有个小小的要求，不知您是否会答应？"他微笑着看着经理。

"什么要求？说说看！"

"我……我想换个环境，想到外面跑跑，可以吗？"

"可你对业务不熟，你想跑什么呢？"经理面有难色。

"业务不熟我可以慢慢熟悉。如果经理能给我这个机会的话，我会好好珍惜，一定不会让您失望。"

听小侯这么一说，经理面色缓和了许多，问道："你具体想去哪个部门呢？"

"您认为我去公关部合不合适？"经理皱了一下眉，"你原来做财务工作，现在去跑公关……""经理，是这样的，我有些朋友在媒体工作，我通过他们的关系，可以为公司的宣传出一分力的。"

经理想了想说："那你先试试吧，小侯，我可是要见你成绩的啊！"

"谢谢经理给我这次机会，我一定好好干！"

于是，小侯成功地调到了公关部，工作成绩还相当不错。

记住，老板永远是决策者，下属永远是建议者。有什么要求只能用商量的口气提出来，绝不可以自己先作了决定再去向老板提。领导是不会喜欢"先斩后奏"的人的。

被批评后如何巧妙辩驳

面对上级的批评，不管他说的对不对，都要虚心而诚恳地听取，但也应该勇于为自己做出积极地辩护。

晋文公一次用餐时，厨官让人献上烤肉，肉上却缠着头发。文公叫来厨官，大声责骂他说："你存心想让我噎死吗？为什么用头发缠着烤肉？"

厨官叩着响头，拜了两拜，装着认罪，说："小臣有死罪三条：我找来细磨刀石磨刀，刀磨得像宝刀那样锋利，切肉肉就断了，可是粘在肉上的头发却没切断，这是小臣的一条罪状；拿木棍穿上肉块却没有发现头发，这是小臣的第二条罪状；捧着炽热的炉子，炭火都烧得通红，烤肉烘熟了，可是头发竟没烧焦，这是小臣的第三条罪状。君王的厅堂里莫非有怀恨小臣的侍臣吗？"

文公说："你讲得有道理。"就叫来厅堂外的侍臣责问，果然有人想诬陷厨官，文公就将此人杀了。

这明显是个冤案，如果正面辩解，有可能使晋文公火上浇油，怒气更盛而获死罪。因此，厨官采取正意反说的方式为自己辩解。他装着认罪的态度供认了三条罪状，其实是为了澄清事实：切肉的刀如此锋利，肉切碎了而头发居然还绕在上面；肉放在火上烤，肉烤焦了而毛发犹存，这明显不合乎事理。至此，厨官已证明自己无罪，同时提醒晋文公，是否有人陷害自己？厨官的辩解顺其意，却能揭其诬，可谓灵活机巧。这种做法也是非常必要和适当的。

有些人面临麻烦的事常用辩护来逃避责任，这就走到另一个极端了。这种推卸责任的辩护，偶一为之，无伤大雅，尚可原谅，倘一犯再犯，肯定会失去别人对你的信任。

有时候，做错了事责任在下级，却是由于上级的缘故，这时应大胆辩解。不辩解，只能使上级对你的印象更加恶化，而丝毫不会考虑到也有自己的责任。

所以，工作中，同事之间，尤其是下级与上级之间，由于地位不同而发生意见相左的情况时，不要害怕会被认为是顶撞，应积极地说明理由，沉默不语只能使问题更加复杂而难以化解。

辩解的困难点在于双方都意气用事，头脑失去了冷静。所以过于紧张和自责，反而会使场面更僵。因此越到这类棘手的对立状态时，更应该积极辩明，明确责任。其要点大概有以下几点：

1. 不要畏惧。不必害怕声色俱厉的上级，越是嚷得凶的上级，往往心越软。

2. 把握时机。寻找一个恰当的机会进行辩解也很重要。辩明应该越早越好。辩明越早，则越容易采取补救措施。否则，因为害怕上级责骂而迟迟不说明，越拖越误事，上级会更生气。

3. 对错误已经有了足够的认识。

4. 辩护时别忘了站在对方的立场上讲话。上级责备下级，当然是出于自己的观点。如果下级不了解这一点儿，一味认为自己受了冤枉，因此站在本身的立场上拼命替自己辩解，这样只能越辩越使上级生气。应该把眼光放高一点，站在对方的立场上来解释这件事，则容易被接受。

5. 辩解时不管是何种情况，都不要加上"你居然这么说"。任何人都有保护自己的本能，做错事或和旁人意见相左时，便会积极地说明经过、背景、原因等。但在上级看来，这种人顽固不化，只是找理由为自己辩护罢了。

6. 道歉时不要再加上"但是"。千万不要说"虽然……但是……"这种道歉的话，让人听起来觉得你好像是在强词夺理，无理争三分。道歉时，只要说"对不起"，不必再加上"但是……"如果面对的是性格坦率的上级，或许就可以化解彼此的距离。当然该说明的时候仍要有勇气据理力争，好让上级了解自己的立场。

摆正自己作为下属的位置

上司就是上司，平时说话应该注意突出他的身份。既然你的角色是为人职责，那么就该摆正自己的位置，在自己的职位上为公司出力，而且还要做到不越位。

越位的表现有多种：

第一，决策的越位。在有的企业中，职员可以参与决策，这时就应该注意，谁做什么样的决策，是要有限制的。有些决策职员可以参与意见，有些决策，职员还是不插言为妙。

第二，表态的越位。表态，是表明人们对某件事的基本态度。表态要同一定的身份密切相关。超越了自己的身份，胡乱地表态，是不负责任的表现，也是无效的。对带有实质性问题的表态，应该由领导或领导授权才行。而有的人作为下属，却没有做到这一点。上级领导没有表态也没有授权，他却抢先表明态度，造成喧宾夺主之势，陷领导于被动。

第三，干工作越位。哪些工作由你干，哪些工作由他干，这里面有时确有几分奥妙。有的人不明白这一点，有些工作，本来由领导做更合适，他却抢先去做，从而造成干工作越位。

第四，答复问题越位。这与表态的越位有些相同之处。有些问题的答复，往往需要有相应的权威，作为职员、下属，明明没有这种权威，却要抢先答复，会给领导造成工作的干扰，也是不明智之举。

第五，某些场合越位。有些场合，如与客人应酬、参加宴会，也应当适当突出领导。有的人作为下属，张罗得过于积极，比如，同客人如果认识，便抢先上前打招呼，不管领导在不在场。这样显示自己太多，显示领导不够，十分不好。

阿明年轻干练、活泼开朗，入行没几年，职位"噌噌"地往上升，很快成为单位里的主力干将。几天前，新老板走马上任，下车伊始，就把阿明叫了过去："阿明，你经验丰富，能力又强，这里有个新项目，你就多费心盯一盯吧！"

受到新老板的重用，阿明欢欣鼓舞。恰好这天要去上海某周边城市谈判，阿明一合计，一行好几个人，坐公交车不方便，人也受累，会影响谈判效果；打车吧，一辆坐不下，两辆费用又太高，还是包一辆车好，经济又实惠。

主意定了，阿明却没有直接去办理。几年的职场生涯让他懂得，遇事向老板汇报一声是绝对必要的。于是，阿明来到老板跟前。"老板，您看，我们今天要出去，"阿明把几种方案的利弊分析了一番，接着说："所以呢，我决定包一辆车去！"汇报完毕，阿明发现老板的脸不知道什么时候黑了下来。他生硬地说："是吗？可是我认为这个方案不太好，你们还是买票坐长途车去吧！"阿明愣住了，他万万没想到，一个如此合情合理的建议竟然被打了"回票"。

"没道理呀！傻瓜都能看出来我的方案是最佳的。"阿明对此大惑不解。

阿明凡事多向老板汇报的意识是很可贵的，错就错在措辞不当。注意，阿明说的是："我决定包一辆车！"在老板面前，说"我决定如何如何"是最犯忌讳的。

尊卑有序是一种纪律的象征，维护领导权威形象是属下分内的事。

在工作中，越位对上下级关系有很大影响。下属的热情过高，表现过于积极，会导致领导偏离帅位，大权旁落，无法实施领导的职责。因此，领导往往把这视为对自己权力的严重侵犯。

下属如果经常这样，领导会视之为危险角色，不得不警惕你，甚至来制约你，这时，即使你有意同领导配合，领导也不愿与你配合了。

时刻维护领导权威

"人活脸，树活皮"，作为领导更是如此。当领导的都常把面子看得非常重要，因此做下属的应当处处想到给他留脸面，尤其是在众人面前，不仅不能驳领导的脸面，还应处处维护他人脸面。

一家公司新招了一批职员，老板抽时间与这批职员见个面。他按员工姓名表把新员工一个个叫起来认识一下。

"黄烨（huà）。"老板微笑着叫道。全场一片静寂，没有人应答。

老板又念了一遍。

这时一个员工站起来，怯生生地对老板说："杨总，我叫黄烨（yè），不叫黄烨（huà）。"

人群中发出一阵低低的笑声。

老板的笑脸不见了，脸上有些不自然。

一个精干的小伙子忽然站了起来，解释道："请杨总原谅，我是新来的打字员，是我把名字打错了。"

"太马虎了，下次注意。"老板挥挥手，接着念了下去。

之后不久，叫黄烨的那个员工被解雇了，而那个打字员则被提升为制作部经理。

在这样的场合公然指出老板的低级错误，还弄得"人群中发出一阵低低的笑声"，太不给领导面子了，是可忍，孰不可忍。如果不是打字员出来打圆场，老板的这个低级错误一定会成为大家茶余饭后的笑谈。所以提意见的新员工被解雇，打字员被提升也是情理之中的事。

相反的，如果在大庭广众之下维护了领导脸面，甚至能做到归罪于己，会让领导十分喜欢，今后会更尊重和重视你。

小甄今年刚大学毕业，进了政府机关，当了一名职员。这天，领导拿着一份文件，让他传真到市委宣传部，小甄照办了。可谁知，第二天，领导怒气冲冲地走进了小甄的办公室，当着众多同事的面，大声斥责小甄：

"你怎么做事的？让你发份传真到组织部，你却给我发到了宣传部！"

小甄一下子懵了，他回忆了一下，确定领导昨天向他交代的确实是宣传部而非组织部，他想领导一定是在情急之中记错了。可是看着领导愤怒的脸，小甄二话没说，主动承担了责任：

"对不起，实在对不起！都怪我办事毛躁，本想抓紧时间办好，没想到闹了个大错。我一定会吸取教训的，保证不会有第二次了！"

说完，他赶紧又给组织部发了份传真。又过了一天，小甄被叫到了领导的办公室，领导真诚地向他道了歉，说自己那天因为着急，错怪了小甄，并夸奖小甄小小年纪，就懂得忍辱负重。自此，小甄在领导心目中的地位大大提升了。

领导也是凡人，也有犯错的时候，尤其在工作中，极有可能因为混乱和着急，而错怪了你。这时，你千万记住：一定不要当着众人的面反驳上司，因为上司需要维护一定的威信和颜面，即使他错怪了你，你也不能当众让他下不了台。你应该暂时把责任承担下来，等上司清查过来后发现自己错怪了你时，自然会为你当初的忍辱负重而感动。

谦虚地向领导请教

小李和小陆是同一所名牌大学的毕业生，他们的成绩都很优秀。两人分配到同一家单位。一年以后，小陆被提升为部门主管，小李则被调到公司下属的一家机构，职位没有实权，地位明升暗降。为什么呢？

他们分配到该单位后，领导各交给他们一件工作，并交代他们可以全权处理。

小李接到任务后，做了精心的准备，方案也设计得十分到位。他一心投入工作，全然不记得要向领导请示一下。领导是开明的，既然说过让他全权处理，自然也不干涉，但也没有和下面人交代什么。等到小李把自己的计划付之于实践时，各部门人员见他是新来的，免不了有些怠慢，小李心直口快，与一个人顶了起来，这可惹了麻烦，因为这人正是公司总经理的亲信。后果可想而知，他的工作处处受阻，最后计划中途"流产"。

小陆接到任务后，经过周密分析调查，提出了若干方案给领导看，又向领导逐条分析利弊，最后向领导请教用哪个方案。这时，领导对他的分析已经信服了，当然采取了他所推荐的那个方案。这时他又问领导如何具体实施。领导说：你自己放手干吧，年轻人比我们有干劲。小陆连忙说，自己刚来，一切都不熟悉，还得多听领导的意见。因为小陆的态度谦恭，意见又到位，领导很满意，当即给几个部门的主管打电话，让他们大力协助小陆的工作。因为有了领导的交代，小陆在实施自己的方案时又时时注意与各部门人员的协调，所以他的工作完成得又快又好。

孔子教导我们要"不耻下问",按这种道理说,"上问"就更是理所当然了。领导也许学历不如你,某些方面的能力也许不见得很强,但是他能成为领导,自然有他的长处,多向他请教不但能提高自己的能力,有助于做好工作,还能给领导留下良好的印象。一举两得,何乐而不为呢?

有人因为害羞而不敢向领导请教,有人因为自傲而不愿向领导请教,有人害怕向领导请教会显得自己没水平……其实大可不必顾虑这些。多思勤问的人总会得到领导的重视的:一是,你的提问显出你对工作的热情和思考;二是,你的提问显出你的谦虚和诚恳。这样的人谁会不喜欢呢?

你是不是常常向上司询问有关工作的事?或者是自己的问题,有没有跟上司一起商量呢?

如果没有,从今天起,你就应该做出改变,尽量地发问。一个不成熟的部下向成熟的上司请教,这并不可耻,而且是理所当然的。即使你并不是不懂,也要"问",从而可以满足上司好为人师的心理。千万不要想:"我这样问,领导会不会笑我,我是不是丢了脸?"如果你这样想,那就是多虑了。

有心的上司都很希望他的部下来询问,部下来询问,就表示他在工作上有了不明之处,而上司予以回答,就能减少错误。

如果你假装什么都懂,一切事都不问,上司会觉得"这个人恐怕不是真懂",会对你的能力表示怀疑。除了金钱以外,任何事情都可以问,诸如工作上的难题、家中的困扰、男女感情的苦恼,都可以跟上司谈谈。作为上司,他们必定很喜欢能敞开胸怀,有事和自己商量的部下。

要让上司自己做出决定

提建议时要记住,要让上司自己做出决定。让上级在多项建议中做出选择,会使上级感到非常舒服,是一种高明的提建议技巧。

对在国外出生的学究式人物亨利·基辛格来说,他在美国政府中的生涯可谓壮丽辉煌。他第一次崭露头角引起国民注意是作为当时的纽约州州长纳尔逊·洛克菲勒的外交政策顾问,洛克菲勒竭力向尼克松推荐基辛格,终使基辛格后来成了美国的国务卿。继尼克松之后,杰拉尔德·福特接任总统,他上任后办理的第一件事就是再次任命基辛格为国务卿。还有罗纳德·里根,虽然他被迫向极右支持者们许下诺言，他将不会任命基辛格为国务卿，然而他经常要求得到基辛格的帮助。

与总统或将成为总统的人打交道，基辛格喜欢用的手段之一就是让他们自己做出各种选择。至少在重要问题上，他努力向他们提供许多可能性以供他们选择，而不是提出一个特定的政策或是特定的行动方针。基辛格总是精心地列举各种可能性。他列出每个可行的方案，并且认真地写下它们所有的优点和缺点，但他绝对禁止自己只推荐其中的任何一个。

从上级管理的角度来看，这种方法的优点是显而易见的。当然，这种方法不只局限于广阔的和充满异国情调的外交活动场所，在处理相当细微的琐事的时候，也可以有效地使用它。

假设你正在为一家小公司处理雇员关系。这家公司接受了大量的订货任务，为了完成任务，公司实际上已增加了劳动力，因而，曾一度宽敞的公司停车场地现已变得拥挤不堪。雇员们为了有限的停车场地开始激烈地争夺，而且所用言语十分恶毒，甚至两个雇员为争夺停车场地发生口角，导致动手打架。

你觉得这个问题应当引起上级的重视，因为你所能想到的任何一个解决方法，都超出了你的职责范围。但你要列出一些可供选择的方案，而不是把这件事情往上级身上一推了事：或者提出一个拟定好的方法劝他采纳。这些可供选择的方案大致包括：扩大停车场；租车接送工人；停车收费并把这项盈利作为雇员的娱乐基金；组织汽车联营，等等。所有这些方案各有利弊，拟订方案时，你要仔细但简要地说明这些利弊。当你希望这个问题能引起上级注意的时候，就可以提交这个方案。

这样做时你也要考虑一下它的不利因素。显然，这会花费你一些时间和精力。有些问题根本不值得花费那么大的力气，还有些问题只能提供一个可行方案。而且，下属总倾向于罗列他自己喜欢的方案，上级感觉到这一点时，就会失去对下属的信任。

尽管有这些潜在的缺点，这种方法仍有其真正的魅力。它让上级就问题做出最后的决策，从而使其发挥作为上级应起的作用。而且很清楚，这种方法能促使下属全面、深入地思考问题。这样的结果对上下级都是有利的。

和上司有分寸地开玩笑

玩笑万一开得不好，对方听了心里就会不舒服，在上司面前尤其如此。事实上，没有几个人真正喜欢黑色玩笑的，这里包含了太多的不尊敬和戏弄成分。

玩笑开得好不仅可以增进人际关系，还能使你整个人充满魅力。但如果玩笑有人身攻击的成分，就是黑色玩笑了。很多人喜欢和别人开玩笑，却从来不知道玩笑也是要有分寸的，其实，黑色玩笑体现着一个人性的弱点：面对一个人或一件事时，会不自觉地挑刺，这是一种思维习惯。

高蝶上学的时候就非常聪明，老师说她的脑子活，言辞犀利，还有丰富的幽默细胞。无论上学还是工作，她都是大家的一颗"开心果"。尽管如此，她在一家公司已经工作三年了，仍然只是一名仓库管理员。到底是什么原因使她在工作上没有转变，她自己也说不好。

那天，高蝶向研究心理学的表哥提到了这个问题，表哥问她："你平时有没有在言辞上对上司不敬啊？"

高蝶一愣，想她平时除了爱开玩笑，没有其他的毛病了，难道是她向上司开玩笑引起的？于是，高蝶想到了最近的几个玩笑。

那天，上司穿了身新衣服去上班，灰西装、灰衬衫、灰裤子、灰领带。同事都没有说话，只有高蝶高声地喊着："哎呀，穿新衣服了？"上司听了咧嘴一笑，她接着捂着嘴笑："哈哈，像只灰耗子！"

还有周五的时候，来了个客户找上司签字。当上司签完字以后，对方连连称赞上司的字好，说："您的签名可真气派！"高蝶正好走进办公室，听到称赞声后，一阵坏笑："能不气派吗？我们上司可暗地里练了三个月呢！"当时她注意到上司和客户的表情都很尴尬，不过她也没有多想。

现在仔细一想，好像问题都出在这里。有时为了赶时间，高蝶很早就去公司上班了，所以加班时会满身疲惫，难免出点差错，上司不仅不体谅，还不分青红皂白地说她偷懒，怎么解释都不行。当时觉得很委屈，现在看来，好像真正的原因很明了了！

开玩笑没有分寸的人一定是热衷于挑刺的人，这类人往往被视为刻薄，容易引起他人反感。同事或朋友、同学之间，也许一笑了之，但如果冒犯了上司的尊严，其后果是严重的。

同样一个问题，也许你觉得没有什么，然而你的上司会觉得问题很严重。这就需要平时自己的努力了！

首先要学会宽容，学会挖掘别人的优点。只有你的眼睛里都是对方优点的时候，你的玩笑开起来才会动听一些。

其次，在和上司单独相处时，可以去赞美对方的衣饰细节的变化，这样能迅速拉近双方间的距离。用这个方法，不仅能在紧急时刻迅速打破和上司之间的僵局，而且还能了解到不少上司的喜好。

平时在汇报自己想法的时候，要选择好措辞。在开玩笑的时候一定要看场合，要清楚自己该不该说。比如，某些人如果不开黑色玩笑，而用另外一种方式向上司说话，如："我个人认为××方案比较可行，但我做不了主，您经验丰富，帮我做个决定行吗？"上司听到这样的话，绝对会做个顺水人情，答应你的请求，这样岂不两全其美？

对领导有意见要婉转说

面对来自上司的压力，总有一些话如鲠在喉，不吐不快。此时此刻，你将怎么做？不吐不快，绝不意味着要一吐为快，跟上司提意见还是要婉转说。因为他有权力随时开除你。

1. 提意见兼并上司的立场

李先生是一家知名外企的总经理助理。他的顶头上司王总是搞学术和技术出身，由于工作重点长期落在研究开发领域，因此对企业管理一知半解。出于对技术的钟情与依恋，王总直接插手技术部门的事，把管理的层级体系搞得乱七八糟，其他部门虽然表面上敢怒不敢言，但私下里无不怨声载道，让李先生与其他部门沟通协调倍感吃力。

经过思考，李先生决定采用兼并策略，向王总建议。

他对王总说，真正意义上的领导权威包含着技术权威和管理权威两个层面，王总的技术权威牢固树立，而管理权威则有些薄弱，亟待加强。王总听后，若有所思。

　　李先生巧妙地兼并了王总的立场，结果获得了成功。后来，王总果然越来越多地把时间用在人事、营销、财务的管理上，企业的不稳定因素得到控制，公司运营进入了高速发展状态，李先生的各项工作也顺风顺水，渐入佳境。

　　从李先生的经历，我们可以得到很好的启发：兼并上司的立场，的确不失为向上司提意见的上等策略。首先，他没有排斥上司的观点，而是站在上司的立场上，最终是为了维护上司的权威，出发点是善意良性的；其次，这种策略是一种温和的方式，能够充分照顾上司的自尊，易于被上司接受，效率较高；另外，它需要很强的综合能力，需要很高的社会修养。能够针对不同情况，不断提出有效率的兼并上司立场的意见，并非轻而易举。长期这样做下去，自己个人的领导能力亦会迎风而长，甚至来一个飞速提升。

2. 注意语气适当，措辞委婉

　　因为说得过火或过于渲染，涉及领导的尊严与权威，尺度掌握不准，搞不好就会有嘲讽、犯上之嫌，被领导误以为心怀不满，另有所指。所以下属一定要注意使自己的口气比较和缓，显示自己的诚恳和尊敬之情。特别是要使领导明确地认识到，你的所作所为都是出于做好工作的动机，是为领导设身处地的着想，而不是针对领导者本人有何不恭的看法。

　　"要想成功与上司交手，了解他的工作目标和其中的苦衷是极为重要的。"赖斯顿顾问说，"假如你能把自己看作是上司的搭档，设身处地替他着想，那么，他也会自然而然地帮你的忙，实现你的理想。"

　　卡内基·梅伦大学的商学教授、《金额工人》一书的作者罗伯特·凯利，曾引述加利福尼亚某电影公司的一位程序设计员和他上司进行争辩的故事。当时，为了某个软件的价值问题，双方争执得僵持不下。凯利说："我就建议他们互换一下角色，以对方的立场再进行争辩。五分钟以后，他们便发现自己的行为有多么可笑，两个人都不禁大笑起来，接着，很快找出了解决的办法。"

　　你必须掌握一个常识。你要牢记，无论怎样，你的一切都操持在上司手中。假如争辩过火弄成僵局，也许会产生比原来更坏的影响，他是随时都能把你解雇的。

口才加油站

"我各方面都不如陛下"

1909 年，德国的最后一位皇帝威廉二世是一位极其傲慢的君主，经常口无遮拦。

一次，威廉二世公然宣称他会率领他强大的陆军和海军征服欧洲，征服全世界。不仅这样，威廉二世还宣称他是和英国友好的唯一德国人；他要建立一支更强大的海军去对抗日本；他独自一人挽救了英国，使英国免于臣服沙皇俄国和法国的厄运；由于他的策划，才使得英国的罗伯特爵士得以在南非打败波尔人等。

这些狂言震撼了整个欧洲大陆。因为，在历史上从未有过任何一位君主敢如此大放厥词。整个欧洲大陆都愤怒起来了，威廉二世慌了神，万般无奈，他向当时德国的总理大臣——布洛亲王求助。威廉二世向布洛亲王建议，由布洛亲王来承担一切责任，希望布洛亲王宣布这是他建议威廉二世说这些话的。

布洛亲王为人谦逊和善，风度优雅，深得德国人民爱戴。同时，他也对威廉的所作所为极为不满，认为他不能算是一位贤明的君主。所以，当威廉向他提出这些荒谬的请求时，他再也无法忍受了。

"但是，陛下，"布洛亲王极力控制自己的情绪，"这对我来说，几乎不可能。全德国和英国没有人会相信我有能力建议陛下说出这些话。而且，一个人总要为他所做的一切承担责任，不是吗？"

布洛话一出口，就知道自己已经犯了一个大错误，再想改口已经来不及了。

"住口！"威廉大为恼火，"你认为我是一个蠢人吗？难道你自己就没有犯过错误吗？你敢蔑视国王！"

布洛知道自己的方式欠妥，但已经太迟了，他只好改变策略。

"我绝对没有这种意思，"他十分诚恳地回答，"陛下在许多方面皆胜我许多，而且最重要的是自然科学。在陛下解释晴雨计，或是无线电报，或者伦琴射线的时候，我经常是注意倾听的。而且，内心十分佩服，也觉得十分惭愧，对自然科学的每一门我都茫然无知，对物理化学毫无概念，甚至连解释最简单的自然现象的能力也没有。"

"但是，"布洛亲王继续说，"为了补偿这方面的缺点，我学习了某些历史知识，以及一些可能在政治上，特别是外交上有帮助的知识。"

威廉的脸上终于露出了微笑。"我不是经常告诉你,"他热诚地说,"我们两人互补长短,就可闻名于世吗?我们应该团结在一起,我们应该如此!"

他十分激动地握住布洛亲王的双手说:"如果任何一个人敢对我说你布洛亲王的坏话,我就一拳打在他的鼻子上。"

对于一个下属来说,布洛亲王的做法值得效仿。如果,你的上司要求你做一件无理的工作时,你在给上司提出建议之后,一定不要忘记立即补上一句安慰或称赞的话语。这样不仅给了上司的面子,而且还能达到拒绝的效果。

第十七章　领导口才

怎么说话能够平息下属的怨气

作为领导，如何才能让下属消解心中的怨气，而又不失自己作为上司的尊严与威信呢？

1. 主动自责

人非圣贤孰能无过，领导也有犯错误的时候，办错事不妨主动承认自己的错误，这样不但能让员工消解怨气，还能让自己树立威信。

当下属因为你过激的批评而心怀怨气时，如果能主动找到下属，作真诚的自责，就能有利于在对方本已紧凑的心理空间辟出一块"缓冲地带"，让命令得以执行，工作能够顺利地开展下去。因为这能使员工感觉到你的关怀和体贴。

2. 晓以利害

某市无线电厂由于长期亏损，债台高筑，濒临破产。这天，该市电视机厂对无线电厂实行有偿兼并的大会在无线电厂举行。上千名职工感到耻辱，坚决反对兼并，愤怒的人群争吵着，吼叫着，吹口哨，鼓倒掌，场面十分混乱。

这时，电视机长的吴厂长，扯大嗓门对陷入失控状态的人群喊道：

"我告诉你们一个事实：到下个月工商银行的抵押贷款就要到期，无线电厂马上就要破产，上千名职工就要失业！难道你们愿意这个具有几十年历史的我市唯一的收录机专业生产厂家破产吗？难道我们厂上千名职工情愿失业，重新到社会上待业吗？请问，谁能使无线电厂不破产？谁能使上千名职工不失业？是能人，请站出来说话，有高招，请拿出来！你们反对兼并，拿出主意来！"

愤怒的人群开始静下来，他面对着上千双翘首以待的眼睛，接着说：

"我不是资本家，是国家干部。就我个人而言，我不愿兼并无线电厂，可我是共产党员，看到国家受损失，我于心不忍啊！"

这时有人站起来说："我要问你，你能保证我们不失业，无线电厂不破产吗？"

吴厂长说："有些同志对我不信任，这是可以理解的，因为不了解嘛。请大家放心，从并厂后第一个月起，如果再亏损，由我负责。我和大家同舟共济。如果要下海，我第一个带头跳！至于具体办法，我这里就不说了！"

这时，全场爆发出雷鸣般的掌声。

在当时骚乱的情况下，面对愤怒的人群，训斥制止都不行，婉言相劝想必也不行。这时，吴厂长直言并与不并的利害得失，终于打破了人们的认识障碍，镇住了混乱的场面，又消解了大家的怨气。

上司相对于自己的利益，更应该关心单位的整体利益，而下属却关注自己的切身利益胜过关注整体利益。因此，对下属说话应该常记住"晓以利害"这一技巧，当他们对某件事有与单位上司不同的想法时，作为上司的你就应该明智地对他们做一番权衡利弊的分析，只有让他们觉得你的决定才是真正有利于他们切身利益的时候，他们才会真心地消除不满，转而支持你的工作。

3. 抓住实质

冯玉祥当旅长时，有一次驻防四川顺庆，与一支军队发生矛盾。这支军队将骄兵惰，长官穿黑花缎马褂、蓝花缎袍子，在街上招摇过市，像当地的富豪公子模样。有一天，冯玉祥的卫士来报：

"我们的士兵在街上买东西，他们说我们穿得不好，骂我们是孙子兵。"冯玉祥看到自己穿的灰布袄，便说："由他们骂去，有什么可气的。这正是他们堕落腐化、恬不知耻的表现！"

为了避免士兵们由于心里不平衡而生闷气，冯玉祥立即集合全体官兵，进行训话："刚才有人来报，说第四混成旅的兵骂我们是孙子兵，听说大家都很生气，可是我倒觉得他们骂得很对。按历史的关系来说，他们的旅长曾做过20镇的协统，我是20镇出来的，你们又是我的学生，算起来，你们不正是矮两辈吗？他们说你们是孙子兵，不是说对了吗？再拿衣服说，绸子的儿子是缎子，缎子的儿子是布，现在他们穿绸子，我们穿布，因此他们说我们是孙子兵，不也是应当的吗？不过话虽这么说，若是有朝一日开上战场，那时就能看出谁是爷爷，谁是真正的孙子来了！"

几句话把官兵们说得大笑起来，再也不生闷气了。冯玉祥正是抓住了问题的实质，即军队就是比赛打仗的，而不是比赛穿衣服的，因此他把手下人说得心服口服。

当下属心怀怨气的时候，单纯劝导难以起到真正的作用，只有把他们心中的怨结打开，才能让他们豁然开朗。而打开怨结的关键就是抓住令他们生气的问题的实质，带领他们走出思想的误区。

怎样能留住想辞职的优秀员工

"千金易得，一将难求"，优秀员工的跳槽时常困扰着领导。任何公司都避免不了竞争者的袭击，高素质的员工总是会有工作机会找上门来。

当优秀员工递上他的辞呈时，领导们不见得束手无策，但能把多少人留下来，决定于你对他们得到的工作机会作何反应，即你的反应速度有多快、劝人留下来是否有效。下面的一些建议可供借鉴。

1. 即刻做出反应

如果企业十分想留住这位员工，那就没有什么事比立即对离职做出反应更重要了。领导应该马上放下预定的活动，任何延误，例如，"开完会我再和你谈"之类的话，都会使辞职不可挽回。带着紧迫感处理问题有两个目的，首先，向员工表明他确实比日常工作更重要；其次，在员工下决心以前，给领导最大的机会去尝试改变他的想法。

2. 保密消息

绝对封锁辞职的消息对双方都很重要。对员工来说，这为他改变主意继续留在公司清除了一个主要障碍，这个障碍有可能使他在重新决定时犹豫不决。如果其他人毫不知情，他就不必面对公开反悔的尴尬处境。而企业在消息公布以前，能有更大的回旋余地。

3. 倾听员工心声

领导要坐下来和想辞职的员工交谈，仔细聆听，找出辞职的确切原因。从员工身上了解到的情况要原封不动地向上级汇报，即使其中有对领导的微词。还要了解员工看中了另一家公司的哪些方面，是环境更好、待遇更优厚、工作节奏有快慢差异，还是对事业看法发生了根本转变。这些显然是说服员工改变主意的关键。

4. 组织方案

一旦收集到准确材料，领导们应该形成一个说服员工留下来的方案。一般而言，员工因为两个并存的原因而辞职：一个是"推力"，即在本企业长期不顺心；另一个是来自另一家公司的"拉力"，即站在这山望着那山高。一个成功的挽留方案，应该针对员工产生离职想法的问题，提出切实的解决意见，还要使员工认识到，他对别家公司的种种看法不切实际。

5. 全力求胜

有了仔细规划的策略，就该着手赢回员工了。领导对辞职快速做出反应，就是要让员工从一开始就感到，他的辞职有误会，公司也知道这是个误会，并将全心全意纠正失误。要是合适，公司可以在工作时间之外和他一起用餐，工作所需的各级领导都应参加。如果员工的配偶是其辞职的重要因素，那就请她（或他）也一起参加。

6. 为员工解决困难，把他争取回来

如果方案制订及时，又确实能纠正造成员工心猿意马的那些问题，员工可能会改变想法，除非辞职员工确实已对企业深恶痛绝。多数情况下，他们只是不满工作中的某些方面，或不喜欢直接上司。当他们能在别的公司找到工作时，这些问题就被放大了，因为粗看之下，那家公司好像可以满足相应的要求。通过缓和在本企业的矛盾，突出与那家公司的不同之处，员工往往同意留下来是最佳选择。

7. 赶走竞争对手

要让员工同意，给竞争对手打电话，回绝对方提供的工作，他应该坚定不移地表明，不希望再讨价还价或继续商量，他将留在本企业，他的决定是最终决定。让员工用这种方式向竞争对手表明事实，阻止那家公司企图再挖走其他员工。

要适当地肯定和赞扬你的下属

在单位里，大部分人都能兢兢业业地完成本职工作，每个人都非常在乎领导的评价，所以领导的赞扬是下属最需要的奖赏。

首先，领导的赞扬可以使下属意识到自己在群体中的位置和价值、在领导心中的形象。由于在单位，职员或职工的工资和收入都是相对稳定的，人们不必要在这方面费很多心思。因而人们都很在乎自己在领导心目中的形象问题，对领导对自己的看法和一言一行都非常注意、非常敏感。领导的表扬往往很具有权威性，是确立自己在本单位或本公司同事中的价值和位置的依据。

有的领导善于给自己的下属就某方面的能力排座次，使每个人按不同的标准排列都能名列前茅，可以说是一种皆大欢喜的激励方法。比如，小王是本单位第一位博士生；小李是本单位"舞"林第一高手；小刘是单位计算机专家等，人人都有个第一的头衔，人人的长处都得到肯定，整个集体几乎都是由各方面的优秀分子组成，能不说这是一个生动活泼、奋发向上的集体吗？

其次，领导的赞扬可以满足下属的荣誉感和成就感，使其在精神上受到鼓励。

领导的赞扬是下属工作的精神动力。同样一个下属在不同的领导指挥之下，工作劲头判若两人，这是与领导用赞扬的激励方法分不开的。

魏征是唐朝很有才能的一个人，原先魏征侍奉皇太子李建成，因为敢于进谏而不受李建成的欢迎，李建成不仅对他的建议漠然置之，还有时候批评他。李世民掌权后，很器重魏征，为了鼓励魏征敢于直言进谏，唐太宗李世民每次都很虚心地听他献策，并经常赞扬他敢说真话说实话。一次唐太宗赞扬魏征说："夫以铜为镜，可以正衣冠；以古为镜，可以知兴替；以人为镜，可以明得失。我以你这样的良臣为镜，也就不糊涂，少做错事了。"

在唐太宗的赞扬和鼓励之下，魏征至诚奉国，真是喜逢知己之主，竭尽所能，知无不言，先后共陈言进谏二百多件事。后来，魏征怕仅凭进谏参政议政招来事端，想借目疾为由辞官修养，唐太宗为挽留这位千载难逢的良臣，极力赞扬了魏征的敢于进谏，表达了自己的赏识之情，道："您没见山中的金矿石吗？当它为矿石时，一点儿也不珍贵。只有被能工巧匠冶炼成器物后，才被人视为珍宝。我就好比金矿石，把您当作能工巧匠。您虽有眼疾，但并未衰老，怎么能提出辞职呢？"魏征见唐太宗如此诚恳，也就不再提辞官的事了。

再次，赞扬下属还能够密切上下级的关系，有利于上下团结。

领导的赞扬不仅表明了领导对下属的肯定和赏识，还表明领导很关注下属的事情，对他的一言一行都很关心。有人受到赞美后常常高兴地对朋友讲："瞧我们的头儿既关心我又赏识我，我做的那件连自己都觉得没什么了不起的事也被他大大夸奖了一番。跟着他干气儿顺。"互相都有这么好的看法，能有什么隔阂？能不团结一致拧成一股绳把工作搞好吗？

最后，对下属的成绩和良好品格的肯定和赞扬，实际上就是对另一种与之相对立的倾向的有力的否定和批评。直接指斥某种倾向的危害，明白地提出某种诫令，不失为一种可行的常规办法。但是平心而论，这只能是一种辅助手段，其效力不会更深远。实际上指出"什么不好""不要干什么"，只能解决眼前的问题，因为人的精神和行为不会出现空白，不干这个便会另干那个，而干那个是否正当，可能又是问题。倘若及时向人们说明"什么好""应该干什么""怎样干"，那就从根本上解决了带有过程意义的问题。所以对于规范下属的行为，肯定、赞扬要比否定、批评来得更为直接。

正是从这个意义上说，榜样的力量是无穷的。下属的活动一般来说，都是自觉地指向上级确定的目标，遵循着上级的规定展开的，主观上是希冀成功、得到奖励的。然而，由于受个人的智力、学识、经验以及种种随机因素的制约，其活动结果不尽如人意甚至出现大的差异也是不可避免的。在失误、败绩面前，下属内心惴惴，上级该作何处置？简单的方法当然是论过行罚。然而，更为远虑的处置应该是宽容。当事人由悚惧而看到希望，日后必然会更加努力工作。

说话要注意自己的身份和地位

领导跟员工在一起时，要适当表明自己的身份。在办公室里与员工相处，别人应该一眼就能瞧出，谁是员工，谁是领导。如果你不能表现出这一点，给人的印象就可能正好相反，那么，你这个领导就是失败的。

虽然你不必过于矜持，但要让你的员工起码意识到，你是领导。这样，即使是活泼、轻佻的职员也不至于去拍你的肩膀，或拿你的缺点恣意开玩笑。他在你面前会小心谨慎，会看你的脸色行事，当你们一起离开办公室时，他会恭恭敬敬地把门打开，让你先行。

领导要保持自己的威严，在无形中造成员工对你的尊敬之意，会为你的工作顺利开展创造条件，员工会处处——至少在表面上尊重你的意见，当他们执行任务有困难时，会与你商量，而不会自作主张，自行其是。

领导要注意自己的讲话方式。在办公室里跟员工讲话，要亲切自然，不能让员工过于紧张，以便更好地让员工领会自己的意见。但是在公开场合讲话，譬如面对许多员工演讲、作报告，要威严有力，有震慑力。

但不管在哪种情况下，领导讲话都要一是一，二是二，坚决果断，切忌含糊不清。

跟员工交谈，即使员工处于主动，领导听取员工谈话，也切忌唯唯诺诺，被对方左右。如果员工的意见与自己的意见相左，可以明确给予否定，如果意识到员工意见的确是对公司、对自己有利的，则不要急于表态。

多思考少说话，也可以以"让我仔细考虑一下"或"容我们研究、商量一下"来结束谈话。这样，在回去之后，员工不会沾沾自喜，而会更加谨慎，领导也可以利用时间从容仔细地考虑是取是舍，这在无形中增加了领导的权威，总比草率决定的好。

行为是无声的语言。很多员工与领导直接交谈、交往的机会不是很多，他们了解你往往是远远地看到你的一举一动，或通过其他一些材料，员工们会根据每一个较小的事情来判断你。

当你显示自己的身份时，你是将办公室的门敞开还是紧闭，当你走出办公室时如何与员工打招呼，你如何接听电话，如何回复来信等，每一个细节都会映入员工的脑中，每一个细节都是向员工们传达了你自身的一份信息。

批评下属的时候需要适可而止

但凡为人处世都要有个"度"，批评下属也是如此。在实际生活中，人们习惯于称度为"分寸"，为人处世要适当、适度，要讲究分寸，过犹不及都是应当避免的。作为领导，批评下属时也要注意有"度"。

从质的方面来说，上下属的矛盾属于人民内部矛盾，批评大都要本着"团结——批评——团结"的原则进行，在运用语言的过程中就有一个质的差别问题。

首先，下属是同志不是敌人，批评的目的是要把问题谈透，而不是把下属批臭。因此，虽是批评，词语也要有讲究，切不可气势汹汹，一团杀气。即使下属错误较重，或态度不太好，也不必吵吵嚷嚷，搞得四下不安。须知，领导者批评的虽是一个人，但面对的是整个群体，你刚一出口，早已有别的下属在那里窃窃私语、议论纷纷，今日气撒完，明天怎么干？可见，恰当地运用语言，还是一个领导者的气度和修养问题。身为上级的领导者，应该表现出一定的大家风范和君子气派，而不应该鼠肚鸡肠、斤斤计较，必要时可适当选用具有一定模糊度的语言，暂为权宜之策。

其次，下属虽是同志，但毕竟犯了错误，需要批评而不是褒奖，如果批评时语言没有分量，嘻嘻哈哈不了了之，也就失去了批评的意义。这个没批评好，后继者将有恃无恐。本着惩前毖后的原则，要维护制度的威严，不能放弃原则，赏罚不明，使纪律松弛。

从量的方面来说，同是犯错误，轻重可能不同，批评的语言也应相机而变。倘若等量齐观，一视同仁，各打四十大板，就会引出一些不必要的错误。该轻则轻，不能揪着辫子不放；该重则重，切莫姑息迁就。此外，男女性别不同，心理有异，因而在批评异性下属时还要作适当考虑，做到有理有节。

质的把握，即丁是丁，卯是卯，不能混同；量的限制，则指该一说一、该二说二，必须区别对待。而所谓度，也就是质的把握和量的限制的有机统一。在这种统一中，领导者批评的效果应力求达到最佳状态。

批评下属时也要因人而异说话

既然批评的对象是人，那么就要因人而异。身为领导，不能用单一的批评方式去对待不同下属的错误，而应综合考虑批评对象的各种具体情况。

1. 职业情况

工农商学兵，不同行业有不同行业的批评要求；同一行业，不同工种、不同职务级别有不同的否定艺术。对工作能手和初学者，对担任领导工作的下属和一般工作人员的批评也是应该不一样的。一般说来，随着下属工作熟练程度和行政级别的提高，要求应该越来越严格，虽然方式各有不同。

2. 年龄情况

同样的问题，对不同年龄的人的批评是有差别的。对年长的人，一般应用商讨的语言；对年龄相差不多的人，就可以自由一些，毕竟彼此共同的地方多一些；对年少的下属，就应适当增加一些开导的语句，使其印象深刻。并且，批评时的称谓也是有差别的。对年长的人加上谦词，如，以"老"字为前缀（"老王同志"）、以职务为后缀（"李教授""老主任"）等，就显得很郑重、有礼；对同龄人的称谓可以多少随便些，一般可以直呼其名，或用些常用的称呼法，可以显得随和些；对年少的人称谓多以"小"字为前缀，如"小孙""小刘"，显得亲切。假如彼此不太熟悉，可以适当换用郑重一些的称谓。总之，不同年龄的人有不同的特点和要求，运用否定和批评的语言艺术不可等同视之。

3. 知识、阅历情况

不同的下属，知识、阅历等都是不尽相同的。上级在否定和批评下属时，必须根据其知识、阅历的不同施以不同的语言艺术。有几十年工龄的同志，你一声轻叹，就会勾起他对过去的回忆，从而激发其心中的共鸣；受过高等教育的下属，可能因你对某些艰深理论的熟谙而产生由衷的敬意；一句粗话出口，会使还不习惯集体劳作的社会青年感到"来者不善"……知识、阅历深的人需要讲清道理，必要时只需蜻蜓点水，他便心领神会，无须唠唠叨叨。相反，知识、阅历浅的人必须讲清利害关系，我们看重的是结果如何，而不理会其中的奥秘究竟怎样；之乎者也、文绉绉的词句，只能使其如入五里云雾，辨不出东西南北。老同志不喜欢那些开放性的词句，五光十色的世界令他们目不暇接，莫不如对往日的回忆或可增加其些许安慰。年轻人讨厌那些陈腐的说教和诡秘的人际关系，他们需要理解，喜欢直来直去。领导者如何运用语言艺术，使下属既接受了批评，又有正中下怀、如遇知己之感，是完善领导工作的重要课题。

4. 心理特征

这里讲的心理特征主要指下属的气质、性格、对工作的兴趣和自我更正的能力。上级批评和否定下属必须首先在心理上占上风，否则将不会成功。按照心理学的分类，人的气质主要分为胆汁质、多血质、黏液质、抑郁质四种类型。领导者应该根据各种类型的不同特点来决定使用何种批评方式。胆汁质的人情绪外露，一点即爆，所以领导者在批评这种类型的下属时不宜使用带有更多情感色彩的语言，但又不能因怕起"火"而不敢点，而是要摆出事实和道理，不给其以任何发作的借口。多血质的下属较随和，但因其性情体验不深而要特别在逻辑和道理上下工夫。黏液质的人虽然稳重但生气不足，因此要适当给予情感刺激，激发其前进的活力。至于抑郁质的下属，由于心细而内向，所以批评的语言以点到为妥，并尽量消除彼此之间的距离感，增加感情上的认同。诚然，现实中人的气质类型并非如此分明，更多的是混合型。所以领导者在批评下属时可以针对不同状况，综合运用各种语言艺术，以达到批评的目的。

一般说来，下属对于改正错误、改进工作是有浓厚兴趣的。此时领导者的指导性批评无异于一支清醒剂，会使其加倍努力工作。相反，对于那种缺乏兴趣的人，必须多费口舌调动或激发其改进工作的兴趣。对于那些无视批评、屡教不改的人，在严厉批评的同时，也要采取一定的组织行政措施，以儆效尤。

假如下属有很强的自我更正能力，那么领导者只需用中性、平静的语言提醒他注意就可以了；假如下属的自我更正能力差，领导者在批评时就不仅要使之知其然，而且更要使之知其所以然，甚至要身体力行为之做必要的示范。人的能力有高低之分，对于那些能力弱的人，自然要提供更多的帮助，必要时甚至调换其工作。

如何能够拒绝员工的某些要求

工作中，员工有时难免会向你提出某些要求，有的要求是合情合理的，有的却可能是非分的要求，那么作为上司，如何拒绝员工的某些要求，才不会使员工感到难堪或者影响员工的情绪呢？

一些平常你有可能会同意的要求，在某些场合你却不得不拒绝，例如：要是在全年最忙的几天，有人要请假，或者别的经理想从你部门借一名员工用一周，你很可能会一口回绝："不行。"怎样的拒绝才会有理却又不会让对方难堪呢？

恰到好处的拒绝既有利于自己，也有利于别人。作为领导者，你不可能什么事情、什么情况下都能满足员工的要求。有些人经常在该说"不"的时候没有说"不"，结果到头来既害己、又害人，将人际关系弄糟。

对于员工的要求，不论合理与不合理，你都必须要有非坚持不可的立场。

当员工要求休假的时候，可能会有两种情况：要么是你的下属没有按照休假计划的规定办事，要么是这段时间已经安排给其他员工休假了。要是前一种情况，就应该让下属知道他没有遵守规定。你应该这么对他说："很抱歉，我们打算在那个星期盘点存货，一个人手也不能缺。你知道，正因为这样我们才规定每年的一月安排休假计划。"有时，员工的请假要求与别人预先计划好的休假有冲突。遇到这种情况，你要让他明白，批假的原则是"先申请先安排"，所以不能批准他的请求。不过，可以准许他与已安排休假的那个员工自己协商调换休假日期。

当员工要求加薪或升职的时候，尤其是那些特别尽职尽力的员工，要领导开口说"不行"实在是一件很为难的事。有时员工的职位、薪酬早该变动了，但预算紧缩，生意清淡，或其他因素使你无法对他们的勤奋予以奖励，要说"不行"更是难上加难。这时，最好如实相告，说清楚为什么不能提职或加薪。处理这类问题时，切忌做超出你职权的承诺。即便你说了你承诺的事要视将来情况而定，如等生意出现转机，预算松动之后等，员工仍可能把它看成是正式的承诺。

当员工要求调到另一部门时，如果是一个可有可无的人请求调动，那就赶快批准，你还应该庆幸自己的运气。但如果最得力的员工要求调动，而且是在大忙时节，或在一时找不到人顶替的时候，千万不要断然拒绝，因为那样会使一个好员工消沉下去。你应该跟他坐下来谈谈为什么要请调。你会发现促使他调动的原因可能与工作无关。可能是他与某位同事关系紧张，也可能是由于一些通过调整工作可以解决的问题，通过交谈才会发现问题在哪里。如果谈话毫无结果，没有什么能使他改变调动的想法，你只有拒绝。但要尽可能减少给他造成的消极影响，尽量给他一线希望。比如，可以说："现在不能调，过一两个月再看看有没有机会。"这样做不仅为你赢得了考虑其他可能性的时间，而且在这段时间里，员工的想法也可能发生变化。不管怎样，对员工的调动要求表现出关心，有助于减轻拒绝对员工造成的伤害。

拒绝员工的某些要求，关键是怎么说"不行"。因为如果员工感到你对他的困难漠不关心，他就很可能另谋高就。具体处理时要尽可能灵活，探讨各种可能的办法，这样即便不得不否决他的请求，你为此所做的努力也有助于消除员工的怨恨。

如何消除员工对你的仇视敌意

做好管理工作真的不容易，有人说做事容易做人难，管得多了不但没有效果，反而会影响彼此的人际关系；管得少了虽然能保住彼此的感情，但是效果又不好。

看看下面两种对话方式：

　　领导："你最近的表现可不太好啊！"

　　员工："可是我已尽了最大努力了。"

　　领导："努力？我怎么看不出来你在努力。"

　　员工："我难道不是在工作吗？"

　　领导："你怎么能用这种态度说话？"

　　员工："那你要我怎么说呢？"

　　领导："你太自以为是了。这就是你的问题所在。"

　　领导这样对员工说话，很容易让员工对你产生不满，甚至产生敌意，不利于以后工作的开展和公司的团结。但是如果领导换一种说法方式，效果就会完全不同了。

　　领导："你最近表现的不太出众啊！这可不像是你的作风。"

　　员工："我已经尽了努力了……"

　　领导："是不是有什么心事"？

　　员工："实际上……妻子住院了！"

　　领导："是吗！你怎么不早说，家里出了事理应当多照顾，要不就先请几天假，好好在家照顾一下病人。"

　　员工："好在已经没有什么大问题了。"

　　领导："噢，那就好。如果有什么困难尽管来找我。"

　　例子中的领导既委婉地提出了批评，又照顾到了下属的心情。下属自然非常愉快，也很感激。与下属沟通时，作为领导者，最忌讳的就是不注意说话方式，倚仗自己的地位，恣意贬低下属。这样不仅解决不了任何问题，反而会使矛盾激化。要注意，千万不可让对方对你产生敌意。

　　具体方法，可以从以下几点入手：

　　1. 谈话要客观，不要过于急躁，也不要在谈话之前就对对方怀有不满和厌恶。

　　2. 要站在员工的角度为员工着想，当员工与你的意见相反时，切忌用权力去压下属。

　　3. 要尊重员工，不能对其进行人身攻击，或者使用尖酸刻薄的语言，不要伤害员工的感情。

　　4. 与员工沟通要挑对时机，如果对方情绪过分激动，其是非的判断力、意志的驱动力都会变得模糊，处于抑制状态。此种状况下，任何"强攻"都难奏效。不如暂停说服工作，告诉对方，好好休息，下次再慢慢谈。停一停再谈，这对扭转认识、稳定情绪具有很大作用。

5. 如果员工有错，批评时也要适度、有分寸。

6. 如果员工对你已经产生敌意，可以通过鼓励、安慰等方式消除隔阂。

第十八章　职场口才

切勿散布流言与飞语

　　同事中常有些人没事就散布别人的流言飞语，虽然他们可能并非有意，但他们的言语却对别人产生了很大的影响，甚至有些人竟被流言飞语淹没，自身的才能被流言飞语渐渐吞噬。

　　流言飞语会对人们的工作、生活产生巨大影响。有一位赵小姐就遇到过这样的痛苦经历，下面我们来听听她的讲述：

　　我为人善良，但很要强。我既想在事业上有所作为，又不想让他人说三道四。说来有些惭愧，高考落榜后，我进了一家工厂。一进厂，厂里就组织我们一同来的40个女同学进行培训。4个月以后，只有我一人分到科室工作，其他全下车间。我很高兴，在科室工作许多事要从头学起，我虚心向老同志请教，勤奋学习，细心观察别人对问题的处理方法，以便能很好地胜任自己的工作。我这个人不笨，脑子比较灵，办事也有一定的能力。就在工作取得一定成绩的时候，听到别人议论自己，说我是靠不正当手段进科室的，说我与上司的关系不一般等闲话。我的上司有能力，但名声的确不好，而且粗鲁，经常开过头的玩笑。我对他也很看不惯，但毕竟是上司，又能怎么样？所以我对他敬而远之。可是有些同事总是背后议论我的品行，他们这些无中生有的议论，实在影响我的情绪，心理压力很大，我没有使用任何手段使自己分到科室工作，我自认为是凭自己的本事得到这一份工作的，可是人言可畏啊！自从听到传言之后，我处处小心，感到孤独、烦恼，工作积极性不高，精力很难集中起来，我该怎么办呢？

　　上例中的赵小姐就是一位典型的被流言飞语所伤的受害者，男女关系是散布流言飞语的同事最喜欢传播的小道消息之一。当然了，这类同事散布流言飞语不仅仅是这一方面，他们散布的话题非常广泛，比如，某人工作有了一些成绩、家庭出现一些问题，甚至多接几个电话都会有流言飞语产生。流言飞语是软刀子杀人，会使人陷入深深地痛苦之中而不能自拔。

办公室的是是非非每天都发生着，你可能是个很有正义感的人，忍不住要挺身而出"匡扶正义"，也可能你是个外向型的人，眼里看不惯嘴里要说出来，也可能你是个"事不关己，高高挂起"闲事少管的人……不管你是个什么样的人，你都得要和同事们日复一日、年复一年地相处下去。这就需要你掌握一些与同事说话的招法，在他们中间塑造一种受欢迎和受欣赏的说话形象和风格，以便使身边的同事不至于小看你或者抓住你的某个话柄找你的麻烦。

对于造谣中伤大多数人都是深恶痛绝，而提到流言飞语，虽然人人痛恨，但不少人总爱在不知不觉中就加入进来了。

什么叫流言飞语？有人下过这样一个定义："把一种信念具体化地提示、表达出来，从这个人嘴里传到另一个人嘴里，全无应该作为其证据的确实证据，却被四处散布。"

读起来非常拗口，但简单明了一点，就是：毫无根据地传闲话。

许多人传播流言飞语并不认为自己在传闲话。而且流言飞语往往传得特别快。早上发生的一件事，一经传播家们地渲染，绘声绘色地叙述，晚上准能传遍全城，而且面目全非。

作为公司中的一员，时刻与同事相处，对于同事的品质应该有所了解。切不可把鸡毛当令箭，把流言飞语当作真事来传。

如果自己不能时刻觉察到自己有这个毛病，那么，请同事来提醒你，纠正它。加入流言飞语的行列实在是极愚蠢的，害人又害己。

试想一下，当你偶然发现某位跟你十分投机的同事，竟然在你背后四处散播谣言，数说你的不是和缺点，这时你才猛然觉醒，原来平日的喜眉笑目，完全是对方的表面文章！

晴天霹雳之余，你会痛心地想跟他一刀两断，日后也要报复他！

因此凡是有点头脑的人，都会调过来这么想：这次你在我面前说别人的坏话，下次你就有可能在别人面前说我的坏话。这样一来，你在别人的印象中就不可能好到哪里去。

如果遇到别人在你面前说另一个人的坏话，最好不要参加到他的谈论里，并用辩证的思维去考虑这种情况，做个"无言"的倾听者。

不该说的话切记勿说

在办公室里要做有心人，有些话不可乱讲，否则会招来不必要的麻烦，你知道哪些话在办公室是不能随便说的吗？

1. 薪水问题

很多公司不喜欢职员之间互相打听薪水，因为同事之间工资往往有不小的差别，所以发薪时领导有意单线联系，不公开数额，并叮嘱不要让他人知道。"同工不同酬"是领导常用的手法，用好了，是奖优罚劣的一大法宝，但它是把双刃剑，用不好，就容易促发员工之间的矛盾，而且最终会调转枪口朝向，矛头直指领导，这当然是他所不想见到的，所以他对好打听薪水的人总是格外防备。

有的人打探别人时喜欢先亮出自己，比如，先说"我这月工资……奖金……你呢？"如果他比你钱多，他会假装同情，心里却暗自得意。如果他没你钱多，他就会心理不平衡了，表面上可能是一脸羡慕，私底下往往不服，这时候你就该小心了。背后做动作的人通常是你开始不设防的人。

首先你不要做这样的人。其次如果你碰上有这样的同事，最好早做打算，当他把话题往工资上引时，你要尽早打断他，说公司有纪律不谈薪水；如果不幸他语速很快，没等你拦住就把话都说了，也不要紧，用外交辞令冷处理："对不起，我不想谈这个问题。"有来无回一次，就不会有下次了。

2. 私人生活

无论你是失恋还是热恋，别把情绪带到工作中来，更别把故事带进来。办公室里容易聊天，说起来只图痛快，不看对象，事后往往懊悔不迭。可惜说出口的话如同泼出去的水，再也收不回来了。

职场上风云变幻、错综复杂，把自己的私域圈起来当成办公室话题的禁区，轻易不让公域场上的人涉足，其实是非常明智的一招，是竞争压力下的自我保护。"己所不欲，勿施于人"。如果你不先开口打听别人的私事，自己的秘密也不易被打听。

千万别聊私人问题，也别议论公司里的是非短长。你以为议论别人没关系，其实用不了几个来回就能"烧"到你自己头上，引火烧身，那时再"逃跑"就显得被动了。

3. 家庭财产

不是你不坦率，坦率是要分人和分事的，从来就没有不分原则的坦率，什么该说什么不该说，心里必须有谱。

就算你刚刚新买了别墅或利用假期去欧洲玩了一趟，也没必要拿到办公室来炫耀，有些快乐，分享的圈子越小越好。被人妒忌的滋味并不好受，因为容易招人算计。

无论露富还是哭穷，在办公室里都显得做作，与其讨人嫌，不如知趣一点，不该说的话不说。

4. 雄心壮志的话

在办公室里大谈人生理想显然滑稽，打工就安心打工，雄心壮志回去和家人、朋友说。在公司里，要是你没事整天念叨"我要当领导，我置办产业"，很容易被领导当成敌人，或被同事看做异己。如果你说"在公司我的水平至少够副总"或者"35 岁时我必须干到部门经理"，那你很容易把自己放在同事的对立面上。

做人要低姿态一点，是自我保护的好方法。你的价值体现在做多少事上，在该表现时表现，不该表现时就韬晦一点儿也没什么不好，能人能在做大事上，而不是能在说大话上。

不乱说话不等于不说话，一定要分场合。谈公司里的事情最好在比较适合、公开的场所，比如，部门主管征询意见时，你不说就不妥，或者开讨论会时，该发言就不能闷着，老不说话领导以为你没主意，但私底下的闲话少，麻烦也少。

工作间歇，大家很愿意找些话题来放松一会儿，为了不让闲聊入侵私域，最好有意围绕新闻、热点、影视作品聊天，避开个人隐私，放得开而且无害。

对同事说话需要宽容

工作中，同事之间难免有不同意见，要尽量避免生硬的伤害他人自尊心的言语，以商量的态度提出自己的看法。如果遇到不合作的同事，也要表现出你的宽容和修养。学会耐心倾听对方的意见，并对其合理成分表示赞同，这样不仅能使不合作者放弃对抗状态，也会开拓自己的思路。

某同事得罪过你，或你曾得罪过某同事，虽说不上反目成仇，但心里确实不愉快。如果你觉得有必要，可主动去化解僵局，也许你们会因此而成为好朋友，也许只是关系不再那么僵而已，但至少减少了一个潜在的对手。这一点相当难做到，因为大多数人就是拉不下脸来！要允许别人犯错误，也允许别人改正错误。不要因为某同事有过失，便看不起他，或一棍子打死，或从此另眼看待对方，一过定终身。

同事所犯的错误有时候会给你带来一定的损害，或在某种程度上与你有关。因此，能否用一种宽容的态度对待这种"过"，就是衡量人的素质的一个标准。原谅别人是一种美德，有时尽管自己心里并不痛快，但却应该设身处地地为同事着想，考虑一下自己如果在他那个位置会如何做，做错了事之后又有何种想法。

小张和小杨合作共同完成一项工程。工程结束后，小张有新任务出差，把总结和汇报的工作留给了小杨。正巧赶上小杨的孩子生病，小杨因为忙于给孩子看病，一时疏忽，把小张负责的工作中一个重要部分给弄错了。总结上报给主管以后，主管马上看出了其中的毛病，找来小杨。小杨怕担责任，就把责任推给了小张。因为工程重要，主管立刻把小张调回来。小张回来后，莫名其妙地挨了主管一顿训斥。仔细一问，这才明白了是怎么回事，赶快向主管解释，才消除了误会。小杨平时与小张关系不错，出了这事后，心里很愧疚，又不好意思找小张道歉。小张了解到小杨的情况，主动找到小杨，对他说："小杨，过去的事就让它过去吧，别太在意了。"小杨十分感动，两人的关系又近了一层。

其实只要你愿意做，你的风度会赢得对方对你的尊敬，因为你给足了他面子。

宽容大度是一种胸怀，为一点小事斤斤计较，争吵不休，既伤害了感情，也无益于成大事，甚至最后伤害的还是自己。

虽然有的时候，对别人宽容是要以付出痛苦为代价的，但是当你显示出自己的宽容和大度时，机会也就随之而来了。

别人论己时切莫打断

在特定的环境下，沉默常常比论理更有说服力，尤其是当听到别人谈论自己的时候。很多人容易犯这样一个错误：一旦别人谈到自己时，尤其是不利于自己的情况时，往往会打断别人，进行争论。其实，这是最不明智之举。

伊利亚·爱伦堡的长篇小说《暴风雨》出版后，在社会上引起震动，褒贬不一，莫衷一是。某报主编不知从哪里了解了斯大林对《暴风雨》有看法，说是"水杯里的暴风雨"。

显然该书应该被批判。为了讨好领导，该报就组织编辑部讨论这部小说，以表示该报的政治敏感和高度的警惕性，表明其鲜明的立场。

讨论进行数小时，发言人提出不少批评意见。由于主编的诱导，每个人的言辞都很尖刻，如果批评成立的话，足以让作家坐几年牢。可是在场的爱伦堡极为平静，他听着大家的发言，显出令人吃惊的无动于衷，这使与会者无法忍受，纷纷要爱伦堡发言，从思想深处批判自己的错误。

在大家的再三督促下，爱伦堡只好发言。他说："我很感谢各位对鄙人小说产生这么大的兴趣，感谢大家的批评意见。这部小说出版后，我收到不少来信，这些来信中的评价与诸位的评价不完全一致。这里有封电报，内容如下：'我怀着极大兴趣读了您的《暴风雨》，祝贺您取得了这么大的成就。斯大林。'"

主编的脸色很难堪，以最快的速度离开会场，那些批判很尖刻的评委们，也纷纷离开了。爱伦堡轻轻地摇摇头："都怨我，这么过早地发言，害得大家不能再发言了。"

爱伦堡的聪明在于，如果他据理反驳，必能激起同仁们更加尖锐地批评，这种场合，最明智的做法就是保持沉默，褒贬随人。

在职场上，如果同事批评或者谈论你时，你不必急于否认或者急于表现自己。于是有人问，如果他们批评得不对，明明自己是被冤枉的，还不申冤那不就显得自己太窝囊了吗？如果你真是被冤枉的，大家都在七嘴八舌地指责你，你当场据理力争就只会让自己陷入更深一轮地语言轰炸中，非但不能洗刷冤屈，还会让他人更加团结起来打击你。

所以，有时候保持沉默很重要。沉默的力量是无边的，它可以帮你说服反对你的人，让你向成功迈进。我们要学会沉默，学会在别人论己时保持沉默。

当然也不是让你一直保持沉默，只是等其他人都已经批评累了，没有兴致的时候，你再适时回击。这样一来，别人已经无暇继续反驳你，二来你也可以替自己洗刷掉了冤屈。

避免与同事"交火"

工作中同事之间容易发生争执，有时搞得不欢而散甚至使双方结下芥蒂。发生了冲突或争吵之后，无论怎样妥善地处理，总会在心理、感情上蒙上一层阴影，为日后的相处带来障碍，最好的办法还是尽量避免它。

中国人常用这么一句话来排解争吵者之间的过激情绪：有话好说。这是很有道理的。据心理学家分析，争吵者往往犯三个错误：第一，没有明确清楚地说明自己的想法，含糊、不坦白；第二，措辞激烈、武断，没有商量余地；第三，不愿以尊重的态度聆听对方的意见。另一项调查表明，在承认自己容易与人争吵的人中，绝大多数人不承认自己个性太强，也就是不善于克制自己。

某公司的一个部门里有两位职员，工作能力难分伯仲，互为竞争对手，谁会先升任科长是部门内十分关心的话题。但这两个人竞争意识过于强烈，凡事都要对着干。快到人事变动时，他们的矛盾已经激化到了不可收拾的地步，好几次互相指责，揭发对方的短。科长及同事们劝都劝不开，最后结果，两个人都没有被提升，科长的职位被部门其他的同事获得了，因为他们在争执中互相揭短，在众人面前暴露了各自的缺点，让领导认为两个人都不够资格提升。

退一步说，即使和同事没有竞争关系，没有提升不提升的前途问题，而只是彼此看不惯，也不必非说一些撕破脸皮的话。相互之间有了不同的看法，最好以商量的口气提出自己的意见和建议，语言得体是十分重要的。应该尽量避免用"你从来也不怎么样……""你总是弄不好……""你根本不懂"这类绝对否定别人的消极措辞。每个人都有自尊心，伤害了他人的自尊心，必然会引起对方的反感。即使是对错误的意见或事情提出看法，也切忌嘲笑。幽默的语言能使人在笑声中思考，而嘲笑使人感到含有恶意，这是很伤人的。真诚、坦白地说明自己的想法和要求，让人觉得你是希望与他人合作而不是在挑别人的毛病。同时，要学会聆听，耐心地听对方的意见，从中发现合理的部分并及时给予赞扬或同意。这不仅能使对方产生积极的心态，也给自己带来思考的机会。

如果遇到一位不合作的人，首先要冷静，不要让自己也成为一个不能合作的人。宽容忍让可能会令你一时觉得委屈，但这不仅表现你的修养，也能使对方在你的冷静态度下平静下来。当时不能取得一致的意见，不妨把事情搁一搁，认真考虑之后，或许大家能找到解决问题的好办法。善于理解、体谅别人在特殊情况下的心理、情绪是一种较高的修养。有的人生性敏感，遇到不顺心的事就发泄怒气，这就可能是造成态度、情绪反常或过激的原因。对此予以充分谅解，会得到相应的回报。

心胸开阔是非常重要的。任何人都会出现失误和过错，别人无意间造成的过错应充分谅解，不必计较无关大局的小事情。有句话叫："得饶人处且饶人，"何况同事之间还是合作关系，抓住别人小辫子不放手，或者跟同事争吵都是不明智的选择。聪明的讨人喜欢的人应该学会忍让，不做"嘴巴不饶人"的辣椒。

谦虚人生能行万里路

在职场中，当你明显比同事强时，你在感情上还是要和大家在一起，千万不能与他们拉开距离，同事们也就不会再嫉妒你了，同时也会在心里承认你的优位是靠自己努力换来的。当你处于优位时，注意突出自己的劣势，就会减轻妒忌者的心理压力，产生一种"哦，他也和我一样无能"的心理平衡感觉，从而淡化乃至消除对你的嫉妒。

小李是大学刚毕业的新教师，对最新的教育理论有较深的研究，讲课亦颇受同学欢迎，以致引起一些任教多年却缺乏这方面研究的老教师的强烈妒忌。为了改变自己的处境，小李便故意在办公室的同事面前大曝自己的劣势：教学经验一点都没有、对学校和学生的情况很不熟悉，等等，最后还一再强调"希望老教师们多多指教"。

就这样，小李自曝劣势后，终于有效地淡化了自己的优位，衬出对方的优位，弱化了老教师对他的妒忌。

身在职场处于优位时，自然是可喜可贺之事。如果别人一提起一奉承，你就马上陶醉而喜形于色，这会在无形中增强别人的嫉妒。所以，面对同事的赞许恭贺，应谦和有礼、虚心，这样不仅能显示出自己的君子风度，淡化同事对你的嫉妒，而且能博得同事对你的好感。

"小姜毕业一年多就提了业务经理，真了不起，大有前途呀！祝贺你啊！"在外单位工作的朋友小叶十分钦佩地说。

"没什么，没什么，老兄你过奖了。主要是我们这儿水土好，领导和同事们抬举我。"小姜见同一年大学毕业的小吴在办公室里，便压抑着内心的欣喜，谦虚地回答。小吴虽然也嫉妒小姜的提拔，但见他这么谦虚，也就笑盈盈地主动招呼小姜的朋友小叶："来玩了？请坐啊！"

不难想象，小姜此时如果说一些"凭我的水平和能力早可以提拔了"之类的话，也许会让小吴心里不舒服，进而与小姜难以相处。

有的年轻人，初入职场，说话"慷慨激昂"，锋芒太露，一般在某个企业都待不久。有句俗语说得好，"小心驶得万年船"，同样，我们也可以说"谦虚能行万里路"，事实如此，谦虚能避免别人妒忌甚至是怨恨，这样你走的时间才能更长，路才能走得更远。

谦虚除了从自己口中直接陈述，还有别的表现，比如说"不耻下问"。古人云："人之恶在于好为人师"。可见一般人都有这样的心理：除了爱听奉承话之外，还愿做别人的老师。

在日常生活和求职就业的过程中、在与他人交往时，你也不妨做一个忠诚的听众。把别人都当成自己的老师，少说多听，做一个学生，给对方充分表现自己的机会，最后达到自己的目的。这就是"甘为人徒"法的根本所在。

每个人都有强烈表现自己的欲望，以此获得的自我感觉比别人略高一筹。这正是人们既可爱又愚蠢的地方。

以人为师，少说为佳，并不是不说话。而是指在说话时投其所好，不懂就问；有时即使是懂得，也要暂时装作不懂去问。你提问的方式，要能使对方口若悬河，使对方心理有一种满足感和被尊重感。这时你的谦虚形象，自然就勾画出来了。

职场上的路是靠自己走出来的。在你不耻下问的过程中，你与工作中其他人员的关系往往会更加紧密，从而创造出更加美好的成果。

说话要学会亡羊补牢

亡羊补牢的成语故事可谓家喻户晓了，大家都知道亡羊后在于怎么把"牢"补上。我们生活在一个人与人构成的社会当中，交流是必要的，既然要说话，难免有口误，尤其是在办公室这样一个特殊的环境里，说错话并不是少有的事。

当你在上司面前言行失误时，心里不要紧张和恐慌，这时关键是要施以巧言挽回失误。有几种方法可供参考。

1. 坦率道歉

有一次，小王在和同事聊天时，开玩笑地说上司"像个机器人"，不巧正好被上司听到了。于是，小王给上司写了一张条子，约他抽空谈一谈，上司同意了。

"显而易见，我用的那个词绝无其他用意，我现在倍感悔恨。"小王向上司解释道，"我之所以用'机器人'之类的字眼，只不过想开个玩笑，我感到您对工作一丝不苟，但对我们有些疏远，因此，'机器人'三个字只不过是描述我这种感情的一种简短方式。请您谅解！以后我会注意自己的表达方式。"

上司为小王合情合理的解释和自我批评的行为而深受感动，他甚至当即表态，说要努力善解人意，做个通情达理的领导。

小王的坦率道歉，让他和上司化干戈为玉帛。有些人在对上司说了不敬的话后，往往会一味地自我谴责甚至自我羞辱，然后低声下气地去道歉。但许多情况下，仅靠一句"对不起"不会取得上司的谅解。道歉要坦率，更为关键的是，要通过道歉把问题讲清楚，只有这样才能促成和上司的充分沟通，从而顺利解决自己言行失误带来的感情危机。

2. 真心巧表，妙用修辞

在上司面前做错了事，道歉并不总是唯一正确的选择。因为道歉过后，上司可能只是原谅了你，怨气消了不等于喜气来了，而如果能给自己的失误加上一个美丽的修饰，错误反而成了向上司表达忠心的举动，难道不令人拍案叫绝吗？

3. 先恭维，再说道歉

余先生被调派到分公司工作了半年，一回到总公司，马上就赶着去问候以前很照顾他的陈科长。余先生对过去陈科长经常不辞辛苦地跑到分公司给予指导的事，反复致谢，可是，不知怎么搞的，对方反应似乎很冷淡。

当余先生纳闷地走出门时，一名同事才过来告诉他："陈科长已经升为副处长了呀！"

不知道对方已经升官，依然用以前的职称称呼，可能会使对方的心里觉得不舒服。余先生顿时恍然大悟，后悔自己没有事先确认对方的职位是否已经有所变化，所以失了言，但说错的话已经收不回来，怎么办？他想了想，马上返回到陈处长的办公室，开口说："陈处！真是恭喜您了！您也真是的，刚才也不告诉我一下。我在分公司难免消息不灵通。不过，错漏您升官的消息，总是我的不是，真对不起，请原谅！"

像这样明白地讲出来，并把衷心的祝贺表达出来，自然也就化解了陈处长心中的不快。

犯了类似无心之过时，先用甜言蜜语恭维一番你的上司，再真诚地分析自己的失误，表示你的歉意，不失为消除上司心中不快的好办法。

要是与同事之间因为某些言行不够谨慎，言谈欠周到、细致而发生一些误会，我们也要积极想办法去消除，做到亡羊补牢，补牢才能不亡羊，使自己与同事能尽快地轻松、舒畅起来。

1. 当面说清楚

虽然误会的类型各种各样，但解决的最简捷、最方便的方法便是当面说清楚。大多数人也都喜欢这种方法。

因此，如果有误会需要亲自向对方做出说明，你千万不要找各种借口推脱。你一定要战胜自己的懦弱，克服困难，想方设法地当面表明心迹，千万不要轻信第三者的只言片语。

2. 不要放过好时机

解释缘由，消除误会，必须选择好时机，一定要考虑对方的心境、情绪等情感因素。你最好选择升职、涨工资或婚宴等喜庆日子，因为这时对方心情愉快，神经放松，胸怀也就较为宽广。你如果能抓住这些时机进行表白，往往能得到对方的谅解，重归于好。

3. 请同事帮忙

你与同事的误会常常是在工作中产生的，双方的误解涉及许多方面。个人解决可能会受到限制，有时候不能明白透彻地说清楚，这时候，你可以请其他同事帮忙，把事情彻底地弄清楚。当然，你也不必兴师动众，叫上一帮同事大费口舌。当误会不便于直说，你们双方又都觉得心里不愉快，产生了生疏和隔阂时，你只需要让同事帮忙为你们提供一个畅谈的机会。在和谐、友好的气氛中，彼此间心理上的距离便会缩短，许多小误会和不快都会自然消失。

遇到和上司、同事之间的不愉快，尤其是因为自身原因引起的，不要刻意回避，问题一日不解决，你的损失就越来越大。

甩开不受欢迎的同事

相当多的人在工作场所和同事会发生摩擦，这实在让许多人感到头疼，在这里，我们可以提供几点建议教你甩开那些"包袱"同事。

1. 口蜜腹也蜜

对同事的能力、道德恶意中伤很容易，尤其是你们其中一方或双方都认为自己身处热战中。处理难缠同事最重要的方法是刻意努力用尊敬的用语，去称赞你同事过去的功绩或现在的指导哲学。正面增强是指利用刺激（例如赞美或注意）来支持或鼓励正面特质或建设性行为。一个真正难缠和表现不称职的同事，当他没把事情搞砸时，也需要别人的注意。

这里并不是说要你进行谄媚。事实上，虚伪的称赞对你的伤害超过助益，你必须寻找机会，不论在关系紧张之前或紧张之中，清楚地让你的同事知道，你们有共同且重要的目标，并且你对他过去的成就、过人的精力及洞察力，持有一定的敬意。

2. 不要浪费精力

处理和难缠同事之间问题的好方法之一，是知道何时保持机智的沉默。然而，靠机智的沉默有时还不够，你要克服难缠同事对你造成破坏的同时，还需要和有同样志向的团队成员，建立起某种程度的同盟关系。

有时你必须寻找团队中其他成员的支持，以应付难缠同事对你的反对。但不要混淆短期的合作关系及长期打击对方的活动。

在你有了利用电子邮件进行行销的点子时，别因为你难缠同事对新的网络行销活动有很深的疑虑，你为了取得他的支持而辩称："他从不欣赏有创意的行销策略。"即使那是你心灵深处真正的感受，但仍应保留此情绪于你内心。把焦点摆在讨论中的优点上，并非评估他长期是否适合做一个市场专家。

宿仇浪费精力！别让短期的反对成为长期的"愤怒"，消耗你的精力。不要为建立联盟而牺牲你独立评估未来创意的能力，即使创意来自于难缠的同事。

3. 自己的事情自己办

"我已经全部都存档了，可否请你帮我再做一次检查？这花不了你多少时间的，对吗？"

"你对数字最在行了！你可否帮我再检查一下这份明天要做的简报资料？若发觉有任何问题，也请帮我改正。"

"我需要一位最棒的作家！这份新闻稿必须明天送出去，而我还不知道该怎么办。"

可能在日常工作生活中，最令你气愤的难缠同事，就是这类期望你去做他们分内该做的事的人。

当然偶尔同事之间需要相互照应一下。因为最终大家会扯平，但对某些人而言事情永远不会扯平。一个人似乎总在帮另外一个人克服每天的危机。

打破这种互动模式的第一步很简单，别让对方谄媚的话或危急的情况，或两者的混合，成为我们谈话的话题。

当碰上运用谄媚或总是以十万火急为诉求，而使你看不清自己优先顺序类型的同事时，你必须重新掌握谈话的内容，或者对于对方所提起的事情不做任何决定。

有时候同事令你很难对他说"不"。他们告诉我们面对了特殊的状况，他们说出个人重大的困难，他们以友谊和责任感向我们诉求，他们说我们是他们的唯一希望，把我们捧上了天。

这种情绪性的诉求很难漠视不理，但他们不可以此将他们的要求合理化。有一位同事习惯性地把他的工作移到你的办公桌上，也把话题集中在你优越能力或他紧急的危机上，在这种情形下，你会很难胜过他，真正的话题应该是你是否有足够的时间和资源，给予一臂之力，但不影响到你自己的责任。

躲开"抱怨王"的妙招

若要成功地应付只会抱怨的人，关键就在于击破他们那种自认被动性、怪罪他人、充满无力感的循环，同时坚持强调以解决问题代替抱怨的重要性。以下便是应付的方法：

1. 专心地倾听他们

不幸的是，尽管做起来艰苦万分，专心倾听对方谈话却是应付抱怨者的第一个步骤；无论艰苦与否，若是所听的内容及时间适当，再加上若干技巧——而最重要的是凝神静听，那么，倾听乃是进行有效沟通的工具，对于应付抱怨者来说，专心倾听对方谈话尤为重要。

2. 有所表示及承认

应付抱怨者的第二个步骤便是就对方所说加以表示或承认过失，表示你已明白他们所说的话，也了解他们的感受，同时必须表示你是以严肃的态度来对待这些问题的。最简易的方式便是讲述你所认为对方话语中的重点所在，最后则以你个人的最佳猜测为结论，表示你了解对方对于这项可怕事件所必然产生的感受。

3. 做好打断对方谈话的准备

你若想对抱怨者有所表示，往往必须打断对方的谈话，否则某些抱怨者一开口似乎就没完没了，他们话语中一连串的"还有""但是"等连接词正是让你打岔的最适当空当。此外，一旦你已发现了对方抱怨的重点所在，应立即阻止他们继续说下去，阻止时务须尽量表现出礼貌但却非常坚定的态度。至于若能利用打岔来操纵对方的谈话结构——例如，当他们要说出某一事件的发生时间时，即加以打岔或阻止，将可立即削减抱怨内容对抱怨者的"价值"。

4. 使用较具限制性的形容词来回答

抱怨者最喜欢使用诸如"常常""永不"等字眼来形容任何事，譬如他们宣称你"永不"回电话，或该移交的工作"经常"迟迟未交等。因此，你在向对方有所表示时，若能把对方所抱怨的特殊时间、地点或事实牢牢钉住，用较具限制性的形容为有限度的承认，将有助于对方抱持有望解决问题的想法——这也正是这些应付方法的最终目标。

当然，你必须握有正确的资讯才可这样回答，如果企图以微妙的手法来改变事实，则只会导致对方对你不信任，以及更多的抱怨。所以，如果确实记得对方何时打电话来你没有回电，便有助于你的回答，你可以如此较具限制性地表示："你在星期二和星期五打电话来过，而当时确是响了八九声才有人去接的。"

提拔时怎样面对同事

在现代社会，提拔有德有才之士到领导岗位上是平常的。这些人，一旦到了领导岗位，就必须掌握说话的艺术和技巧。在被提拔之前，你或许只是个芝麻大的小官，或许是个平民百姓，话说得好不好，对你的影响不太大；可现在不同了，你到了更高一级的职场上。

小张和小王几乎是同一时间被公司招来的，年龄差不多，因而他们成了无话不说的好哥们儿。一起下班一起吃饭喝酒，有时候也不免一起调侃公司里的领导。可是两人性格终有差别，小王没有太强的事业心，对工作只是完成就好。而小张有强烈想证明自己的野心，又善于和领导打交道，对待工作也非常认真，于是没多久，小张就获得了提升，成了小王的上级。小王对此本来也没什么异议，因为他也不是贪得功名的人，谁来当他的上级也无所谓，可是让小王非常不满的是：小张开始摆起了架子。言谈举止总是提醒小王，我已经是领导了，你不要像以往那样没大没小，拿我开玩笑或者给我找麻烦了……而且小张也不再跟旧同事吃饭喝酒，而是开始和领导谈笑风生，甚至开始回避以前共事的同事。

结果到年底综合评分的时候，小张因为群众基础不好，而被扣了奖金还挨了上级批评。

故事里的小张虽然被提拔当上了领导，可由于没有摆正自己的位置，也没有和原来的同事进行有效沟通，结果让自己因为人缘不好吃了亏。这实在遗憾。

如果他能把话说得动听，即便有人心里确实不满也不会故意难为他。大多数人认为，职场之妙，妙在心机和口舌。可见学会说话已是你当务之急。在你被提拔之后，原来的领导或许成了你的同仁，而原来的同事成了你的下级，这样在你与他们之间就突然有了一种很微妙的距离感。你如何说话才能尽快打破这种局面，下面的方法可以一试。

1. 对新同事的说话技巧

"各位领导，原来你们是我的上级，曾经不断鼓励我上进，并给了我许多机会展示自己的能力和才华，才使我在众多候选人中脱颖而出，得到提升。"

"我很感谢各位对我的扶持和帮助，也希望在今后的工作中继续给我指出努力和前进的方向。"

"对于做领导的艺术和学问，我没有你们在行，你们从事领导工作的时间比我长，所以在许多方面都是我的老师，我要好好向你们请教学习……"

2. 对旧同事、新下级的说话技巧

"以前我们大家是同事，在一起打打闹闹，处得非常愉快，现在虽然没有更多机会和大家热闹，但我们还和过去一样是平等的，在工作中希望大家支持我；工作之外，和过去没有任何区别，你们有什么意见和要求可随时提出来，有什么建议和不满也随时反映，我一定会尽自己的能力尽快地给予解决。希望大家理解和支持我的工作！希望大家配合我把工作做得更好！"这样一番话说下来，相信谁也不会与你为难，对你心存芥蒂了。

总之，被提拔以后也不要骄傲，毕竟你的工作是需要得到上级的肯定和下级的支持的，如果和以前的同事划清界限，那么你的工作就可能得不到下级的支持，而导致无法进行下去。如果又一味和下级保持以前那种没大没小乱开玩笑的状况，也会让你丧失威信，在领导面前无法交差。所以，别小看一次简单的提升，它会考验你说话水平的高低。

汇报工作，教你几招

在现代企业管理中，下级向上级汇报工作是再常见不过的了，特别是对那些经常要与领导打交道的员工或下属来说，在每一项领导所交办的工作完成之后，向领导进行必要的工作汇报，更是必不可少的业务程序。

原则上说，只要是领导直接交办或委托他人交办的工作，无论大事小事，无论工作的结果是否圆满，均应向领导如实汇报。

从管理的角度看，领导准确地掌握下属总结的工作材料，有利于及时掌握工作进度及管理运行状况。对于员工和下属而言，如能掌握相应的汇报工作技巧，不仅有利于其自身素质的提高，而且会进一步改善其在领导心目中的能力形象。

汇报工作，不能太简单，也不能太啰唆，关键是要说到点子上，没有哪一个上司会喜欢啰啰唆唆而又政绩平平的汇报者。汇报工作有时采取书面汇报，有时采取口头汇报，但不管是采取书面的形式，还是当面口头汇报的形式，需要掌握的具有共性的技巧有四个方面：

1. 怎样理清思路

你在向领导汇报工作之前，应冷静地对工作过程进行反思。至于先说什么、后说什么，哪些问题简略地叙述、哪些问题详细地说明，都必须理出一个比较清晰的思路来。如果，对待一个问题你自己都没有比较完整、比较清晰的思路，那么，你是无法或难以说服别人的。

汇报工作也是这样，如果不事先理清自己的思路，你是难以有条理地、层次分明地、有说服力地把自己做过的工作向领导汇报清楚的。

在向领导汇报工作之前，特别是在向领导汇报那些重大问题之前，必须先打腹稿，即先在脑海中把要汇报的问题以提纲的形式列出一个分条目的小标题，记在心中，在汇报时逐条道来。当然，你也可以把这些提纲写在小本子上，作为向领导汇报工作时的备忘录。

2. 如何突出重点

任何一项工作都有重点，即在任何工作程序中各个环节的轻重缓急都是不同的。把握重点，常常意味着抓住了工作的要害，而这些要害问题又往往关系着企业和领导事业的大局或重大利益。所以，领导听你的汇报，或看你的汇报材料，他关心的根本问题，就是你对工作中的重点问题的处理结果如何。在具体操作时，你应掌握俗语所讲的"事不过三"的原则，即在一般情况下员工或下属向上司或领导汇报工作时，每次交谈的重点事项、关键问题，只谈一个或一件，最多不要超过三个或三件。

也许我们身边有很多这样的上级，他们在总结工作或提出指示时，一般情况下总是"讲三条内容"或提"三点建议""希望大家从三方面去做好工作"。事实说明，那些往往把问题、意见或指示归纳为三个数，而加以罗列的领导人，大多都比较干练，且办事效率相当高。尽管这不是绝对的现象，却是一个有趣的现象。

因此，员工或下属在向领导汇报工作或交谈问题时，注意每次只强调一个问题，只突出一个重点，最多不超过三个问题或三件事情，不仅有利于领导或上司理清思路，迅速决断，同时还会使领导或上司对你的能力和效率表示好感。

所以，从一定意义上讲，善于掌握重点，突出重点，并把重点问题向领导描述清楚，不仅是一个方法和技巧问题，更是一个素养和能力问题。

3. 怎样删繁就简

无论是做口头汇报，还是做书面汇报，你都必须注意删繁就简的问题，因为它不仅是技巧，而且是原则。

所谓删繁就简，就是要把一切不必要的话语从汇报中予以删除，否则就会出现两种不利的影响，一是让人感到你思维混乱，思路不清，不知所云；二是让人感到你文风不正，似有哗众取宠之嫌。更何况还有"话多有失"的时候。删繁就简，与其说是一种技巧，不如说是一种原则。

4. 恭请领导评点

当你向领导汇报完工作之后，不可以马上一走了事。聪明人的做法是：主动恭请领导对自己的工作汇报予以评点。

通常而论，领导对于下属的工作总结大多都会有一个评断，不同的是有一些评断他可能公开讲出来，而另一些评断他则可能保留在心里。事实上，那些保留在心里的评断，有时却是最重要的评断，对此，你绝不能大意。反之，你应该以真诚的态度去征求领导的意见，让领导把心里话讲出来。

对于领导诚恳的评点，即便是逆耳之言，你也应以认真的精神、负责的态度去细心反思。因为，领导之所以能够站在领导的位置上，他肯定在很多方面或某些方面有着强于你的优点。

领导对你进行诚恳的评点，无疑是把自己的聪明智慧无偿地奉献给你，你何不乐而接受呢？同时，也只有那些能够虚心接受领导评点的员工和下属，才能够再一次被领导委以重任。那些经常与领导打交道的员工和下属，如能掌握上述汇报工作的技巧，必定能不断提高工作能力和文化品位，同时也会受到领导的信任与赏识。

接待工作中称呼禁忌

进行人际交往，在使用称呼时，一定要回避以下几种错误的做法。其共同的特征，是失敬于人。

1. 使用错误的称呼

使用错误的称呼，主要在于粗心大意，用心不专。常见的错误称呼有两种：

（1）误读

误读，一般表现为念错被称呼者的姓名。比如"郇""查""盖"这些姓氏就极易弄错。要避免犯此错误，就一定要做好先期准备，必要时不耻下问，虚心请教。

（2）误会

误会，主要指对被称呼的年纪、辈分、婚否以及与其他人的关系做出了错误判断。比如，将未婚妇女称为"夫人"，就属于误会。

2. 使用过时的称呼

有些称呼，具有一定的时效性，一旦时过境迁，若再采用，难免贻笑大方。比方说，法国大革命时期人民彼此之间互称"公民"。在我国古代，对官员称为"老爷""大人"。若将它们全盘照搬进现代生活里来，就会显得滑稽可笑，不伦不类。

3. 使用不通行的称呼

有些称呼，具有一定的地域性，比如，北京人爱称人为"师傅"，山东人爱称人为"伙计"，中国人把配偶、孩子经常称为"爱人""小鬼"。但是，在南方人听来，"师傅"等于"出家人""伙计"肯定是"打工仔"。而外国人则将"爱人"理解为进行婚外恋的第三者，将"小鬼"理解为"鬼怪""精灵"，可见更为南辕北辙，误会太大了。

4. 使用不当的行业称呼

学生喜欢互称为"同学"，军人经常互称"战友"，工人可以称为"师傅"，道士、和尚可以称为"出家人"，这并无可厚非。但以此去称呼"界外"人士，并不表示亲近，没准还会不为对方领情，反而产生被贬低的感觉

5. 使用庸俗低级的称呼

在人际交往中，有些称呼在正式场合切勿使用。例如，"兄弟""朋友""哥们儿""姐们儿""死党""铁哥们儿"等一类的称呼，就显得庸俗低级，档次不高。它们听起来令人肉麻，而且带有明显的黑社会人员的风格。逢人便称"领导"，也显得不伦不类。

6. 使用绰号作为称呼

对于关系一般者，切勿自作主张给对方起绰号，更不能随意以道听途说来的对方的绰号去称呼对方。至于一些对对方具有侮辱性质的绰号，例如，"北佬""阿乡""鬼子""鬼妹""拐子""秃子""罗锅""四眼""肥肥""傻大个""北极熊""黑哥们"等，则更应当免开尊口。另外，还要注意，不要随便拿别人的姓名乱开玩笑。要尊重一个人，必须首先学会去尊重他的姓名。每一个正常人，都极为看重本人的姓名，而不容他人对此进行任何形式的轻视。

口才加油站

礼物

在战国时期，齐国有个出身卑微的人，叫淳于髡，他虽然身材矮小但口才很好，善于讲幽默笑话，使听者在笑声中受到启发。于是齐威王派他作为齐国的使臣，出使各国。由于他有雄辩的口才，因而每次都非常出色地完成了使命，深得齐威王的器重。

一次，楚国发兵进攻齐国，齐威王派遣淳于髡带着黄金百斤、驷车十乘为礼物，前往赵国求救兵。淳于髡接到命令之后，放声大笑，直笑得前仰后合，浑身颤动，连帽子缨带都断了。

齐威王问他道："先生是不是嫌我送给赵王的礼物太轻了？"

淳于髡回答说："我怎么敢呢？"

齐威王又问："那么，你为何这样大笑呢？"

淳于髡答道："不久前，我从东面来，看见路上有一个人正在向土地神祈祷。他拿着一块肉，捧着一杯酒，嘴里念念有词，'高地上粮食满筐，低地上收获满车，五谷丰登，全家富足'。我看见他奉献给土地神的少，而向土地神索取的多，所以觉得好笑。"

齐威王听到此处明白了，淳于髡是在用隐语来谏劝自己增加礼物，于是决定把礼品增为黄金一千镒（每镒二十两）、白璧十对、驷车一百乘。淳于髡于是带着礼物前往赵国，说动了赵王，答应发兵救齐。

在职场中，我们常常会碰到各种各样的矛盾，有的甚至是十分棘手的难题，这就需要我们妥善解决它。我们可以以幽默的语言打开局面，给上司以智慧的启迪和美的享受。所以，职场上离不开幽默的语言。

第十九章　谈判口才

看成内行，抬高对方

在谈判的时候，摆出一种把对方当作内行的姿态，会使他产生良好的感觉。对方的感觉虽然好多了，可是现在又觉得有一种压力："这一下可不敢随便讲话喽。"

如果谈判的内容属于自己的专业范围，你有必要向对方提出建议。而对方既然是有工作的人，想必也有自己的专业，水平高低则另当别论，至少他也有内行人的自尊心。这里，将计就计也是谈判的一种技巧。

比如，对手是电脑公司生产厂家的经理，你说："有关电脑方面的问题，经理是内行，我在这里只不过是班门弄斧……"把自己学到的一些有关电脑的知识和信息讲给他听，当然其中也含有对手不知道的信息。如果形成你方在教对手的局面，则有伤对方的自尊心。在这种毫无意义的地方破坏了对方的情绪是不应该的。

如果你想把对方再抬得高一点儿，你就应当对你的同伴说："我们是外行，根本不懂。对于经理来说，这些只不过是常识问题。"这么一来，气氛被烘托起来，就可以提出问题与对方谈判了："我作为广告方面的内行，是这样想的。也希望您给予我们指教。"逼迫对方意识到自己是内行，就不能提出让人耻笑的意见。

给对手戴上了一顶内行的帽子，谈判也就不会在无意义的地方卡壳了。因为内行人往往说话不多，只是在关键问题上把一把关。而外行人往往是东拉西扯，喋喋不休，只顾枝叶而忽视本质，一旦卷入这种讨论之中，话题将越扯越远。在同一个问题上说来说去则是会谈中最该避免的。谈判不可倒退，而应以既定的方针为前提不断前进。

即使对手是个外行，你硬把他当成专家来对待，那种毫无意义的倒退也可以防患于未然。对方既然摆出了不懂装懂的样子，他就要自尊自重，对细节问题的提问和指责也变得十分谨慎，这样你方就可以经常处于主动状态，畅通无阻地展开谈判的内容。

不同的人，不同说话

谈判可以说是一场顽强的性格之战。因为我们要接触的谈判中的对手千差万别，无论经验如何丰富，要做到万无一失也很难。因此，对于各种不同的谈判对象，可以视其性格的不同而加以调整，采取不同的策略。

1. 霸道的对手

由于具有自身的优势，这种人常十分注意保护其在对外经济贸易以及所有事情上的垄断权。在拨款、谈判议程和目标上受许多规定性的限制。与这种人打交道，一般应做到：准备工作要面面俱到；要随时准备改变交易形式；要花大量不同于讨价还价的精力，才能压低其价格；最终达成的协议要写得十分详细。

这种人的性格使得他们能直接向对方表示出真挚、热烈的情绪。他们十分自信地步入谈判大厅，不断地发表见解。他们总是兴致勃勃地开始谈判，乐于以这种态度取得经济利益。在磋商阶段，他们能迅速把谈判引向实质阶段。他们十分赞赏那些精于讨价还价，为取得经济利益而施展手法的人。他们自己就很精于使用策略去谋得利益。同时，希望别人也具有这种才能。他们对"一揽子"交易怀有十足的兴趣。作为卖者，他希望买者按照他的要求做"一揽子"说明。所谓"一揽子"，意指不仅包括产品本身，而且要介绍销售该产品的一系列办法。

2. 死板的对手

这种人谈判特点是准备工作做得完美无缺。他们直截了当地表明他们希望做成的交易、准确地确定交易的形式、详细规定谈判中的议题，然后准备一份涉及所有议题的报价表，陈述和报价都非常明确和坚定。死板人不太热衷于采取让步的方式，讨价还价的余地大大缩小。与之打交道的最好办法，应该在其报价之前即进行摸底，阐明自己的立场。应尽量提出对方没想到的细节。

3. 好面子的谈判对手

这种人顾面子，希望对方把他看做是大权在握、起关键作用的人物。他喜欢对方的夸奖和赞扬，如果送个礼物给他，即使是一个不太高级的礼物，往往也能取得良好的效果。

4. 犹豫的对手

在这种人看来，信誉第一重要，他们特别重视开端，往往会在交际上花很长时间，其间也穿插一些摸底。经过长时间的、广泛的、友好的会谈，增进了彼此的敬意，也许会出现双方共同接受的成交可能。与这种人做生意，首先要防止对方拖延时间和打断谈判，其次必须把重点放在制造谈判气氛和摸底阶段的工作上。一旦获得了对方的信任，就可以大大缩短报价和磋商阶段的时间，尽快达成协议。

针对以上四种人，我们总结出九条经典应对策略：

1. 对凶悍派特别有效的方式是引起他们的注意，必须把他们吓醒，让他们知道你忍耐的底线在哪里。其目的不是惩罚，而是要让他们知道你忍耐的极限。

2. 指出对方行为的失当，并且建议双方应进行更富建设性的谈话，在这种情况下对方也会收敛火气。这时最重要的是提出进一步谈话的方向，给对方一个可以继续交涉下去的台阶。

3. 对于逃避派或龟缩派，要安抚他们的情绪，了解他们恐惧的原因，然后建议更换时间或地点进行商谈，适时说出他们真正的恐惧，让他们觉得你了解他们而有安全感。这种方法对凶悍派也有效，只要他们产生了安全感，自然也不会失去控制。

4. 坚持一切按规矩办事。凶悍派、高姿态派、两极派都会强迫你接受他们的条件，你应拒绝受压迫，而且坚持公平的待遇。

5. 当对方采取极端立场威胁你时，可以请他解释为什么会产生这样极端的要求，可以说："为了让我更了解如何接受你的要求，我需要更多地了解你为什么会这样想。"

6. 沉默是金。这是最有力的策略之一，尤其是对付两极派，不妨可以这样说："我想现在不适合谈判，我们都需要冷静一下。"

7. 改变话题。在对方提出极端要求时，最好假装没听到或听不懂他的要求，然后将话锋转往别处。

8. 不要过分防御，否则就等于落入对方要你认错的圈套。在尽量听完批评的情况下，再将话题转到："那我们针对你的批评如何改进呢？"

9. 避免站在自己的立场上辩解，应多问问题。只有问问题，才能避免对方进一步的攻击。尽量问"什么"，而避免问"为什么"。问"什么"时，答案多半是事实；问"为什么"时，答案多半是意见，就容易有情绪。

轻松言语，软化气氛

作为一个谈判人员，在谈判开始阶段，首先要做好的一项非常重要的工作就是营造洽谈的气氛，它对谈判成败有非常重要的关系。

谈判气氛是谈判的相互态度，它能够影响谈判人员的心理、情绪和感觉，从而引起相应的反应。倘若你经历过一次谈判，你对那次谈判的气氛应该记忆犹新吧？那或许是冷淡的、对立的；或许是松弛的、旷日持久的；或许是积极的、友好的；也可能是严肃的、平静的；甚至还有可能是大吵大闹的……

你也应当清楚，那种积极友好的气氛对一次谈判将有多大帮助，它使谈判者轻松上阵，信心百倍，高兴而来，满意而归。

卡耐基认为，对于任何谈判者，理想的气氛应是严肃、认真、紧张、活泼的。这可以说是总结了历来胜利而有意义的谈判气氛而得出的一个伟大结论。

1. 人可以貌相

打开你的心灵之窗——眼睛；适当的手势语可以化繁为简；放松身体，动作自然得体。

2. 避免谈判开头的慌张和混乱

宁肯站着谈判，因为那样会更轻松、更自由、更灵活；做好充分的准备，战略上藐视敌人，战术上重视敌人；凝神、坦然直视对方；轻快入题。

3. 调整、确定合适的语速

谈判中切忌滔滔不绝，那会给人慌慌张张的感觉；也不可慢条斯理，倒人胃口；更不要让自己无话可说；你应该在说的过程中察言观色，捕捉信息。

卡普尔任美国电报电话公司负责人时，在一次董事会上，众位董事对他的领导方式提出质疑，会议充满了紧张的气氛。人们似乎都已无法控制自己的情绪了。

一位女董事发难："公司去年的福利你支出了多少？"

"九百万。"

"噢，你疯了，我真受不了！我要发昏了！"

听到如此尖刻的发难，卡普尔轻松地用了一句："我看那样倒好！"

会场意外地爆发了一阵难得的笑声，连那位女董事也忍俊不禁，紧张的气氛随之缓和下来了。

谈判气氛多数情况下是人为营造的。不同的谈判气氛任何谈判者都能遇到。能运用谈判气氛影响谈判过程的谈判者，自是精明之人，他们知道，谈判气氛对谈判的成败影响很大。

谈判桌上，需要装傻

大多数人认为，一个优秀的谈判家应该是一个风度翩翩、伶牙俐齿、反应敏捷和精明干练的强者。其实，在实际的谈判场合中，往往表面上弱势的人，比如，口才笨拙、个性愚钝的人，反倒容易达到目标，在别人看来很明显的缺陷反而转变成了有利条件。

很多著名的谈判专家都谈到过和那些犹豫不决、愚笨无知或固执一端的人打交道时所产生的挫折感。如果一个人听不进另一个人的解说，就如同让野兽去享受贵重祭品，让飞鸟欣赏高雅的音乐。的确，在一个根本听不懂你在说什么的人面前，再精辟的见解、再高深的理论、再高明的技巧，又能起什么作用呢？没有了对手，你还有什么精神去冲锋陷阵呢？

所以，在适当的时候，你可以收敛自己的锋芒，向对方示弱，以消除对方的排斥感和敌对心理；松懈他的警惕性，助长他的同情心，使谈判朝着有利于你的方向发展。你不妨常常把"对不起""我不太理解""你能再说一遍吗？"或者"我全都指望你帮我了"之类的话挂在嘴边。直到对方兴致全无，一筹莫展，完全丧失毅力和耐心。

日本某航空公司和美国一家公司谈判。谈判从早 8 点开始，美国人完全控制了局面，他们利用手中充足的资料向日本人展开攻势。他们通过屏幕向日本人详细地介绍、演示各式图表和计算结果。而日本人只是静静地坐在那里，一言不发。两个半小时之后，美国人关掉放映机，扭亮电灯，满怀信心地询问日方代表的意见。

一位日方代表面带微笑、彬彬有礼地答道："我们不明白。"

"不明白？什么地方不明白？"

另一位代表回答："都不明白。"

美国人再也沉不住气了："从哪里开始不明白？"

第三位代表慢条斯理地说："从你将会议室的灯关了之后开始。"

美国人傻了眼："你们要怎么办？"

三个日本商人异口同声说："请你再说一遍。"

美方代表彻底泄了气。他们再也没有勇气和兴致重复那两个半小时的场面。他们只得放低要求，不计代价，只求达成协议。

美方代表是有备而来的，日方代表如果和他们正面交谈，肯定很难占到便宜，日方代表索性收敛锋芒，宣称自己什么也不懂，反倒打乱了对方的阵脚，获得了成功。

在谈判中，我们有时会遇到攻击型的对手，他们咄咄逼人、气势汹汹。对这种人，采用"装傻"示弱的方法，往往能收到很好的效果。

一般说来，攻击型的人都认定对方会激烈抵抗自己的攻击，所以，一旦对方不加反驳，反而坦白承认自己的错处时，这就会狠狠地挫败攻击者的气势，令他不知如何是好。这就好像一个人运足了全身的力气挥拳向你击来，你不但不还手，反而后退走开，对方那种尴尬的感觉恐怕比挨一顿揍还要难以忍受。

气氛如何，你来决定

大幕拉开后，谈判双方正式亮相，开始彼此间的接触、交流、摸底甚至冲突。当然这也仅仅是开始，它离达成正式协议还有相当漫长的过程。但是在谈判开始阶段，你首先要做好一项非常重要的工作，那就是营造洽谈的气氛。

谈判气氛是谈判对手之间的相互态度，美国谈判学家卡洛斯认为，大凡谈判都有其独特的气氛。善于创造谈判气氛的谈判者，其谈判谋略的运用便有了很好的基础。我们有理由认为，合适的谈判气氛亦是谈判谋略的一个重要组成部分。良好的谈判气氛有助于谈判者发挥自己的能力。

你也应当清楚，那种积极友好的气氛对谈判将有多大的帮助，它能使谈判者轻松上阵，达成最终的目的。

不同的谈判气氛，对于谈判有着不同的影响，一种谈判气氛可以在不知不觉中把谈判朝某个方向推进。热烈的、积极的、合作的气氛，会把谈判朝达成一致的协议的合作方向推动；而冷淡的、对立的、紧张的气氛则会把谈判推向更为严峻的境地，很难真正地解决问题。

在一次重要的谈判中，双方以前未有过任何接触，气氛略显沉闷。这时甲方的代表开口了："王经理，听说你是属虎的，贵厂在你的领导下真是虎虎有生气呀！"

"谢谢，借你吉言。唉，可惜我一回家，就虎威难再了！"

"噢，为什么呀？"

"我和我的夫人属相相克啊，我被降住了！"

"那么你妻子……"

"她属武松！"

双方你来我往，不经意的几句幽默话语，就让原来的沉闷一扫而光，彼此间很容易就建立起一种亲近随和的关系。

谈判室是正式的工作场所，容易形成一种严肃而又紧张的气氛。当双方就某一问题发生争执，各持己见、互不相让，甚至话不投机、横眉冷对时，这种环境更容易使人产生一种压抑、沉闷的感觉。在这种情况下，可以采用上文提到的"杀手锏"——幽默；也可以建议暂时停止会谈或双方人员去游览、观光、出席宴会、观看文艺节目；还可以到游艺室、俱乐部等处娱乐、休息。这样，在轻松愉快的环境中，大家的心情自然也就放松了。更主要的是，通过游玩、休息、私下接触，双方可以进一步增进了解，清除彼此间的隔阂，增进友谊，也可以不拘形式地就僵持的问题继续交换意见，将严肃的讨论置于轻松活泼、融洽愉快的气氛之中。这时，彼此间心情愉快，人也变得慷慨大方。谈判桌上争论了几个小时无法解决的问题，在这时也许会迎刃而解。

软硬兼施，破除坚冰

在谈判中，一味地用和气、温柔的语调讲话，一个劲地谦虚、客气、退让，有时并不能让对方信赖、尊敬及让步，反而会使一些人误认为你必须依附于他，或认为你是个软弱的谈判对手，可以在你身上获得更多更大的利益。

相反，如果你一开始就以较强硬的态度出现，从面部表情到言谈举止，都表现高傲、不可战胜、一步也不退让，那么留给对方的将是极不好的印象。这样，会使对方对你的谈判诚意持有异议，从而导致失去对你的信赖和尊敬。

正确的做法应当是"软硬兼施"。须知，强硬与温柔相结合，能使人的心态发生很大的变化。强硬会使对方看到你的决心和力量，温柔则可使对方看到你的诚意，从而可以增强信任和友谊。在商务谈判中，软硬兼施的策略被谈判者普遍采用。凭软的方法，以柔克刚；又用硬的手段，以强取胜。

有这样一个生动的例子：

1923 年，苏联国内食品短缺，苏联驻挪威全权贸易代表柯伦泰奉命与挪威商人洽谈购买鲱鱼。

当时，挪威商人非常了解苏联的情况，想借此机会大捞一把，他们提出了一个高得惊人的价格。柯伦泰竭力进行讨价还价，但双方的差距还是很大，谈判一时陷入了僵局。柯伦泰心急如焚，怎样才能打破僵局，以较低的价格成交呢？低三下四是没有用的，而态度强硬更会使谈判破裂。她冥思苦想终于想出了一个办法。

当她再一次与挪威商人谈判时，柯伦泰十分痛快地说："目前我们国家非常需要这些食品，好吧！就按你们提出的价格成交。如果我们政府不批准这个价格的话，我就用自己的薪金来补偿。"挪威商人一时竟呆住了。

柯伦泰又说："不过，我的薪金有限，这笔差额要分期支付，可能要一辈子。如果你们同意的话，就签约吧！"

挪威商人们被感动了，经过一番商议后，他们同意降低鲱鱼的价格，按柯伦泰的出价签订了协议。

在商务谈判中，当谈判一方处于被动或劣势的时候，可以先软后硬，硬了再软，或一波三折，软硬交叉，来促使谈判成功。

谈判中有一种"红白脸"策略经常被使用，这种策略可以说是软硬兼施的最佳表现。所谓红白脸策略，是指在商务谈判过程中，以两个人分别扮演"红脸"和"白脸"的角色，或者由一个人同时扮演这两种角色，软硬兼施，使谈判的效果更好。

这种策略的基本做法是，在谈判过程中，由小组的一个成员扮演强硬派即"白脸"的角色，在谈判开始时果断地提出较高的要求，以后又必须坚定不移地捍卫这个目标，在谈判中态度坚决、寸步不让，几乎没有任何商量的余地。此时，由小组的另一个成员扮演温和派即"红脸"，寻求解决问题的办法，然后在以不损害"白脸"的"面子"的前提下建议做出让步。

采取这种策略要求本方的谈判者必须配合默契，在重大问题的处理上事先要有共识和约定，能进退自如。什么时候应当坚持强硬立场，什么时候持合作态度，什么问题必须达到本方要求，什么问题可以满足对方，在时机与火候上都应把握好。初涉谈判或经验并不丰富的谈判者，要谨慎地运用这种策略，否则可能会适得其反。

三十六计"走"为上

商务谈判过程大都紧张而激烈，需要谈判者付出大量的精力，谈判者因而也极易产生情绪，使双方争执不下，互不相让，致使谈判出现僵局。适时地暂停谈判，采取"走为上"的谈判策略，可以使双方冷静地考虑自己的处境和对方的情势。实践证明，"走为上"的谈判策略，确实能为运用者带来利益。

1984年，我国与突尼斯SIAP公司的商务代表、技术代表就在我国建化肥厂的有关事项进行谈判。中突双方对该建设项目都非常重视，动用了10多名专家，历时3个多月，耗资20多万美元，完成了可行性研究报告，经有关人员反复论证，选择了秦皇岛市作为建厂地点。可行性研究报告刚一完成，科威特石油化学公司便立即表态，愿意参与此项目，与我方合资办厂。这样，谈判由两方变成了三方，形势也复杂起来。

第一次谈判，科威特一方派出了国际化肥组织主席、声威显赫的公司董事长做主谈。他在科威特的地位仅次于石油大臣，他的公司在突尼斯的不少企业中拥有大笔的股票。该董事长精明干练，极具谈判经验。当我方代表刚介绍完中突双方所进行项目的前期工作时，他就断言："厂址选在秦皇岛不合适。你们所做的一切工作都是毫无用处的，再从头开始。"一席话震惊了中突双方的代表：前期工作耗费了相当多的人力、物力、财力！而对赫赫有名的董事长，中突双方代表都难以提出反驳意见，谈判陷入了僵局，气氛也十分紧张。就在这时，我方一位秦皇岛市的政府代表起身发言，他说："我代表地方政府声明，为了建设这个化肥厂，我们安置了一处靠近港口、地理位置优越的场地；为了增进我们的友谊，在许多合资企业希望得到这块土地的使用权时，我们都拒绝了。如果按董事长的提议，这个建设项目要无限期地拖延下去了，那我们也只好把这块地让出去！对不起，我还有别的事情需要处理，我宣布退出谈判。今天下午我等候你们最后的决定。"说完，拎起皮包走出了谈判室。

30分钟后，我方工作人员高兴地向秦皇岛市政府代表报告消息说，这一招真灵，这一炮放出去，形势急转直下，那位董事长表态，他们强烈要求马上得到那块场地。以后的谈判进展顺利，在厂址选择的问题上，中方的要求得到了满足，从而避免了双方的大量准备工作付诸东流。

三十六计，走为上计，说穿了，这就是一种以退为进的策略。

"以退为进"是军事上的用语，暂时退让输赢未定；伺机而进，争取成功。谈判也如打仗一样，亦是互相交锋，争斗激烈。有时要继续谈下去，有时则要暂时休会；有时要据理力争、讨价还价。

有时候，即使双方都做了许多让步，但双方的谈判立场仍有很大差距，似乎谈判已钻进了死胡同。在确信谈判双方有许多共识，并且主动权在我方手里时，便可采用以退为进的方法，逼迫对方答应我方条件。当然，这需要谈判者娴熟口才技法的运用，以免对方识破。

日本松下公司早在 1937 年就与荷兰飞利浦公司有业务往来，后来因第二次世界大战而中断联系。1951 年，松下公司为了发展电子事业，积极与飞利浦公司洽谈合作事宜。开始，飞利浦公司开出的条件是认购 30% 的股份，再由松下公司付技术报酬 6%。松下公司认为，接受对方的技术指导，付给报酬是应该的，但合资公司成立后，经营管理方面的事务工作全部由日方承担，那么，松下公司也应收取"经营指导酬金"。

松下公司的条件提出后，飞利浦公司大为惊讶，因为二战后，日本是战败国，当时处于国力十分虚弱的非常时期，松下公司正急切地寻找合作伙伴，而在这种情况下，松下公司竟在谈判中将自己置于与飞利浦公司的对等地位，这是飞利浦方面所不能容忍的。

谈判从一开始就陷入了僵局。

松下公司的谈判代表高桥君在飞利浦公司的强硬态度面前，毫不让步，严正表明了松下公司的立场。这样，谈判再也进行不下去了。

这时，高桥毫不妥协，在高压下撤身而退，以表示松下公司"宁为玉碎，不为瓦全"的态度。这一来，飞利浦公司反而软下来了，因为与松下公司合作，他们可以得到很多好处，他们担心松下公司会去找别的合作伙伴。

飞利浦公司作了让步，谈判最终取得了成功。

当我方遭遇对方无理需求，对方又咄咄逼人的时候，我们可以采取"佯退"。当然在语言运用上要掌握好尺度，讲求技法，一方面要坚决、果断，不要留余地，使对方看不出我方的真正意图；另一方面又要给对方再次谈判的希望，不能让对方认为谈判彻底无望了，然后另觅他途，这样只会陷我方于绝境。

吹毛求疵，偶要为之

在商务谈判中，谈判者如能巧妙地运用吹毛求疵策略，会迫使对方降低要求，做出让步。买方先是挑剔个没完，提出一大堆意见和要求，这些意见和要求有的是真实的，有的只是出于策略需要的吹毛求疵。

有一次，某百货商场的采购员到一家服装厂采购一批冬季服装。采购员看中一种皮夹克，问服装厂经理："多少钱一件？""500元一件。""400元行不行？""不行，我们这是最低售价了，再也不能少了。""咱们商量商量，总不能要什么价就什么价，一点儿也不能降吧？"服装厂经理感到，冬季马上到来，正是皮夹克的销售旺季，不能轻易让步，所以，很干脆地说："不能让价，没什么好商量的。"采购员见话已说到这个地步，没什么希望了，扭头就走了。

过了两天，另一家百货商场的采购员又来了。他问服装厂经理："多少钱一件？"回答依然是500元。采购员又说："我们会多要你的，采购一批，最低可多少钱一件？""我们只批发，不零卖。今年全市批发价都是500元一件。"这时，采购员不急于还价，而是不慌不忙地检查产品。过了一会儿，采购员讲："你们的厂子是个老厂，信得过，所以我到你们厂来采购。不过，你的这批皮夹克式样有些过时了，去年这个式样还可以，今年已经不行了。而且颜色也单调。你们只有黑色的，而今年皮夹克的流行色是棕色和天蓝色。"他边说边看其他的产品，突然看到有一件衣服，口袋有裂缝，马上对经理说："你看，你们的做工也不如其他厂精细。"他仍边说边检查，又发现有件衣服后背的皮子不好，便说："你看，你们这衣服的皮子质量也不好。现在顾客对皮子的质量要求特别讲究。这样的皮子质量怎么能卖这么高的价钱呢？"这时，经理沉不住气了，并且自己也对产品的质量产生了怀疑，于是用商量的口气说："你要真想买，而且要得多的话，价钱可以商量。你给个价吧！""这样吧，我们也不能让你们吃亏，我们购50件，400元一件，怎么样？""价钱太低，而且你们买的也不多。""那好吧，我们再多买点，买100件，每件再多30元，行了吧？""好，我看你也是个痛快人，就依你的意见办！"于是，双方在微笑中达成了协议。

同样是采购，为什么一个空手而回，一个却满载而归？原因很简单，后者采用了吹毛求疵策略，他让顾主变得理亏，同时又让顾主觉得他很精明，是内行，绝不是那种轻易被蒙骗的采购，从而只好选择妥协。

再来看看谈判专家库恩先生是怎样将他的花招带入日常生活中的，他可谓将吹毛求疵演绎到了极点。

有一次，库恩到一家商店买冰箱，营业员走上前来询问他需要的冰箱规格，并告诉他该冰箱每台售价为 485.95 美元。库恩先生走近冰箱左看右看，然后对营业员说："这冰箱外表不够光滑，还有小瑕疵。你看这儿，这点小瑕疵好像还是个小划痕，有瑕疵的东西一般来说都是要降价的呀！"接着，库恩先生又问营业员："你们店里这种型号的冰箱共有几种颜色？可以看看样品吗？"营业员马上带他看了样品。库恩看完后选择了现在店里没有的颜色。他解释说："这种颜色与我家厨房里的颜色很相配，而其他颜色则会令人感到不协调。颜色不好，价钱还那么高，如果不重新调整一下价格，我只好另选购买商店了，我想别的商店可能有我需要的颜色。"库恩先生打开冰箱门看过后问营业员："这冰箱附有制冰器吗？"营业员回答说："是的，这冰箱 1 天 24 小时都可为你制造冰块，而每小时只需 2 分钱电费。"库恩先生听后大声地说："这太不好了！我的孙子有慢性喉头炎，医生说绝对不能吃冰，绝对不可以的。你可以帮我把这个制冰器拆下来吗？"营业员回答说："制冰器无法为您拆下来，这是冰箱的一个重要组成部分。"库恩先生接着说："我知道了，但是这个制冰器对我来说毫无用处，却要我为此付钱，这太不合理了。价格不能再便宜点吗？"

经过他的百般挑剔，冰箱的价格只得一降再降。

吹毛求疵谈判方法在商贸交易中已被无数事实证明，不但是行得通，而且卓有成效。有人曾做过试验，证明双方在谈判开始时，倘若要求越高，则所能得到的也就越多。因此，许多买主总是一而再、再而三地运用这种战术，把它当作一种"常规武器"。

总的来说，如果你能巧妙地运用吹毛求疵策略，无疑会为你增益不少。吹毛求疵并不难，但注意一定要把话说到位。

最后通牒，原是陷阱

在谈判中，有些谈判者支出架子准备进行艰难的拉锯战，而且他们也完全抛开了谈判的截止期。此时，你的最佳防守兼进攻策略就是出其不意，发出最后通牒并提出时间限制。这一策略的主要内容是，在谈判桌上给对方一个突然袭击，改变态度，使对手在毫无准备且无法预料的形势下不知所措。对方本来认为时间挺宽裕，但突然听到一个要终止谈判的最后期限，而这个谈判成功与否又与自己关系重大，不可能不感到手足无措。由于他们很可能在资料、条件、精力、思想、时间上都没有充分准备，在经济利益和时间限制的双重驱动下，会不得不屈服，在协议上签字。

美国汽车王亚科卡在接管濒临倒闭的克莱斯勒公司后，觉得第一步必须先压低工人工资。他首先将高级职员的工资降低了 10%，自己也从年薪 36 万美元减为 10 万美元。随后他对工会领导人说："17 元一小时的活有的是，20 元一小时的活一件也没有。"

这种强制威吓且毫无策略的话语当然不会奏效，工会当即拒绝了他的要求。双方僵持了一年，始终没有进展。后来亚科卡心生一计，一日他突然对工会代表们说："你们这种间断性罢工，使公司无法正常运转。我已跟劳工输出中心通过电话，如果明天上午 8 点你们还未开工的话，将会有一批人顶替你们的工作。"

工会谈判代表一下傻眼了，他们本想通过再次谈判，从而在工薪问题上取得新的进展，因此他们也只在这方面做了资料和思想上的准备。没曾料到，亚科卡竟会来这么一招！被解聘，意味着他们将失业，这可不是闹着玩的。工会经过短暂的讨论之后，基本上完全接受了亚科卡的要求。

亚科卡经过一年旷日持久的拖延战都未打赢工会，而出其不意的一招竟然奏效了，而且解决得干净利落。

所谓"最后通牒"，常常是在谈判双方争执不下、陷入僵持阶段，对方不愿做出让步以接受交易条件时所采用的一种策略。事实证明，如果一方根据谈判内容限定了时间，发出了最后通牒，另一方就必须考虑是否准备放弃机会，牺牲前面已投入的巨大谈判成本。

美国底特律汽车制造公司与德国谈判汽车生意时，就是运用了最后通牒策略而达到了谈判目标。

当时，由于双方意见不一致，谈判近一个多月没有结果，同时，别国的订货单又源源不断。这时，美国底特律汽车制造公司总经理下了最后通牒，他说："如果你还迟迟不下定决心的话，5 天之后就没有这批货了。"眼看所需之物抢购殆尽，德方不由得焦急起来，立刻就接受了谈判条件，于是，一场持久的谈判才告结束。美国这家公司使用的就是最后通牒法，迫使对方最后做了让步。

可见，在某些关键时刻，最后通牒法还是大有裨益的。但是，该方法并非屡试不爽，一旦被对方识破机关，最后通牒的威力可能会反作用到自己身上来。这里有一个范例：

美国通用电器公司与工会的谈判中采用"提出时间限制"的谈判术长达20年。这家大公司在谈判开始的时候，使用这一方法屡屡奏效。但到1969年，电气工人的挫败感终于爆发。他们料到谈判的最后结果肯定又是故伎重演，提出时间限制相要挟，在做了应变准备之后，他们放弃了妥协，促成了一场超越经济利益的罢工。

发通牒一定要注意一些语言上的技巧，要把话说到点子上。

1. 出其不意，提出最后期限，要求谈判者时必须语气坚定，不容通融

运用此道，在谈判中首先要语气舒缓，不露声色，在提出最后通牒时要语气坚定，不可使用模棱两可的话语，使对方存有希望，以致不愿签约。因为谈判者一旦对未来存有希望，想象将来可能会给自己带来更大的利益时，就不肯最后签约。故而，坚定有力、不容通融的语气会替他们下定最后的决心。

2. 提出时间限制时，时间一定要明确、具体

在关键时刻，不可说"明天上午"或"后天下午"之类的话，而应是"明天上午8点钟"或"后天晚上9点钟"等更具体的时间。这样的话会使对方有一种时间逼近的感觉，使之没有心存侥幸的余地。

3. 发出最后通牒言辞要委婉

必须尽可能委婉地发出最后通牒。最后通牒本身就具有很强的攻击性，如果谈判者再言辞激烈，极度伤害了对方的感情，对方很可能由于一时冲动铤而走险，一下子退出谈判，这对双方均不利。

循序渐进，提出要求

在谈判的时候，谈判双方都想争取最大利益，这也正是谈判产生的主要原因。但是如何为自己争取最大利益呢？如果一下子就把自己的终极要求提出来，对方一看你胃口如此之大，肯定非常生气，也会对你这个谈判对象产生不信任。其实想要尽量得到自身最大利益的同时又不得罪对方，有一个很好的方法，就是用"切香肠"的方式一点一点地提出要求。

这就好像蚕吃桑叶一样，一点一点、一片一片地统统吃光的谈判策略，就是传统的"蚕食"谈判策略，又被称为"切香肠"策略。该策略的具体内容是：要想获得一尺的利益，则每次谋取毫厘的利益，就像切香肠一样，一片一片地把最大利益切到手。"切香肠"谈判策略出自这样一个典故：在意大利，一个乞讨者想得到某人手中的一根香肠，但对方不给，这位乞讨者乞求对方可怜他，给他切一薄片，对方认为这个要求可以，于是答应了。第二天，乞讨者又去乞求他切一片，第三天又是如此，最后整根香肠全被乞讨者得到了。

一般来说，人们对对方比较小的要求容易答应，而对较高的要求就会感到比较为难。因此，有经验的谈判者绝不会一开始就提出自己的所有要求，而是在谈判的过程中把自己所需要的条件一点一点地提出，这样累计起来，就得到了比较优惠的条件。该策略在商务谈判中运用得十分广泛。谈判桌上常常听到"不就是一角钱吗？""不就多运一站路吗？""不就是耽误一天吗？"等等，当你碰到这种情况，应当警觉，也许对方正在使用"蚕食计"。特别是在谈判双方讨价还价的阶段，有的谈判者总是试探着前进，不断地巩固阵地，不动声色地推行自己的方案，让人难以觉察，最终产生"得寸进尺"的效果。

如果你在谈判中想要得到更多，那就不要一下子提出所有要求，应该像切香肠一样，把自己的要求切成小片，切得越薄越好，而且提出一点点要求，都要给对方相应的回报。这种办法给人以一种假象，好像很"公平"，让双方都感到满意，其实你在无形中已经占了对方很大的便宜。

房屋抵押贷款保险的服务对象为向银行申请分期贷款购买住宅的客户。客户一旦参加了这种保险，当遇到不可抗拒的因素而导致贷款人死亡，或者遭遇不测而不能偿还银行的分期贷款时，保险公司则代为缴纳，以分担银行和贷款人双方的风险。一家刚刚成立的保险公司想要开展这方面的业务，但又比其他同行慢了一步。

于是，他们决定采用新战术打开门路，以便在这一市场上占有一席之地。经过一番周密的策划，公司派出业务员与银行洽谈："我们公司正计划推行一种崭新的服务办法，我们绝不会像贵银行所指定的那家保险公司那样向客户叩头拜托，也不会像现在一些保险公司那样，客户一到银行办完贷款手续就马上登门推销。我们的办法完全两样，我们要用邮寄广告的方式来扩展业务，所以请贵银行把尚未加入保险的客户名单抄一份给我们。如果你们的贷款由我们的保险来做加倍保障的话，你们也可以放心了。"对于这家保险公司的这种要求，银行方面没有理由拒绝接受，加之邮寄宣传的配合，经过一番努力之后，新的服务方式获得了极大的成功，占据了房屋抵押贷款保险业80%的份额。第一步取得了成功之后，这家保险公司又派出代表到各大银行游说："目前我们公司已经争取到了整个市场80%的份额，你看我们该不该争取到100%？"就这样，该公司成了当地唯一被银行指定的保险公司。

在这里，保险公司成功地运用了"切香肠"策略，取得了与银行谈判的成功。在蚕食的过程中，首先，从银行那里得到尚未参加保险的客户名单，用新的服务方式招徕越来越多的客户投保。其次，以初步的成功再向银行提出新的要求，进而争取到100%的当地市场份额。最后，以取得的成功为基础，采取同样的策略向全国出击，最终在同行业中遥遥领先，从而实现了自己的最高目标。

对方意见，我来说出

把方案带到客商那里去的时候，应当事先就料到对方会提出哪几种反对意见。如果坐到谈判席上，在意想不到的情况下突遭对方的反驳后再支支吾吾地招架，则有失体面。

事先估计到人家会反驳，但只准备一些应答的对策还不够，仍容易被对方打败。在争论中占据上风并不是谈判的根本目的，充其量不过是谈判形势的走向问题。

那么，应当如何对待意料之中的反对意见呢？

当估计对方会予以反驳时，有这样一种对付的办法：在他们还没有说出之前，你让同伴将预料中的反面意见说出来，然后将其否定。

首先与同伴进行磋商，列举几条反对意见，事先布置好："估计对方会以此为理由攻击我们，你先主动地把这个问题提出来！"在谈判中，当同伴讲出了这个意见以后，你马上指出："不对，这种观点是错误的。"如此这般，将这些反对意见一个个都化为乌有。同时，你方的几个人之间还可以故意发生争执。这样做不会在对方面前露出什么破绽，反而会在保全对方面子的情况下使其接受你方的方案。

反对意见多种多样，有的可以从理论方面回答，有的无法用语言去解释，只能凭自己的感觉去理解。对方提出的意见可以用道理来说明的部分很好处理，至于那些难以解释的问题，最好还是用内部争吵的方法来解决。比如数落自己的同伴："你总是提出这类问题，什么时候才能有点出息呢？"只有这种语言才能处理好这种反对意见。

坐在谈判席上，总是有意识地将与会者分为说服的一方和被说服的一方，这种想法是错误的。对方有 3 个人，你方也有 3 个人，我们应当把这看做是与会的 6 个人正在共同探讨着同一个问题，而不是 3 比 3 的对话。

所以，你方的与会人员有时最好也处在相互敌对的关系上。因为如果总是保持一致对外的姿态，对方就会产生一种随时有可能遭到你方攻击的顾虑。把既成的事实强加于人，这是被说服一方最厌恶的一种做法。

当你方内部互相争论的时候，很容易形成一种在场的所有人都在议论的气氛，结论也仿佛是在对方的参与下得出来的。于是在大家的思想中能够形成一种全体参与、共同协商的意识。但是，若只有你一个人在场的时候又该怎么办呢？

无论事先做过多么周密的准备，一旦到了谈判桌上，仍然会察觉到要有某种反对意见出现。这时，你可以把它处理为临来之前曾经听到公司里有人提出过这种意见。这样，当你发觉这种反对意见即将提出的时候，就抢先说道："在公司里谈论这个方案的时候，有个家伙竟然这样说……"这么一来，不管持这种意见的人有没有，都会产生敲山镇虎的效果。说完以后，你还要征求对方有什么感想。听你这么一说，只要不是相当自信的人就很难说出"我也是这么想的"这句话。即使摩拳擦掌准备提出这种反面意见的人，也不愿落得与"这个家伙"相同的下场，所以只得应付说："是嘛，这么说可就太奇怪了。"

用这个办法，将对方的反面意见压制住，哪怕只有一次，在以后的谈判过程中对方就不会轻易反驳了。你方大致预料到反面意见的内容时，抢先说："谈到这里，肯定会有个别糊涂虫提出这么一种反对意见……"于是对方唯恐提出不恰当的反对意见，以后被人耻笑为"个别糊涂虫"。

还有一个办法：抢先说出对方从他们自己的立场出发所产生的不安和所要承担的风险。如说："我如果是经理的话，这种事情太可怕了，恐怕不敢瞎说。"也可以说："也有出现这种情况的可能，所以我如果站在经理的立场上，也许会想办法回避。"把自己所预料出现风险的可能性间接地表达出来。在达成协议还是谈判破裂的岔口上，语气再稍微强硬一些也未尝不可："如果站在经理的立场上，我会认为，造成谈判破裂要比被迫接受对方的条件可怕得多。"

无论怎么说，反正不能让对方把反对意见先说出口，这与你方的意见让对方说出令对方感到满足是一样的道理。对方的反对意见从你方嘴里说出来，这样做给人留下了对方反驳的观点你方已经研究透了的印象，就可以不费吹灰之力地将其扼制住。

口才加油站

投人所好，得自己所求

美国纽约的迪巴诺面包公司生产的面包质量好，信誉也好，价格适中，深受各地顾客的欢迎，可以说是远近闻名。

可奇怪的是，该面包公司附近的一家大饭店始终没有向这家公司买过一次面包。面包公司的经理迪巴诺为了让自己的产品打入这家大饭店，使用了各种促销手段，诸如每天给饭店经理打电话介绍自己生产的面包的特色及种类，每周都前往饭店拜访经理，参加饭店组织的各种活动，甚至在这家饭店包了个房间，住在那里谈生意。

这样一直坚持了4年多都无济于事，真是费尽周折，然而一次次的推销面包的谈判都以失败告终。迪巴诺发誓一定要把自己的面包打入这家大饭店。他意识到问题的关键是要找到实现谈判目标的技巧。

于是，他一改以前的做法，开始对饭店经理本人关注起来。通过多方面的调查了解，他知道了饭店经理的个人爱好和所热衷的事物：饭店经理是美国某一饭店协会的会长，非常热衷于自己的事业，不管协会在什么地点、什么时间开会，一定前往。迪巴诺了解了这一情况后，又下工夫对该协会做了较彻底的研究。当他再去拜访饭店经理时，只字不提推销面包的事，而是以饭店协会为话题大谈特谈。

这一招很灵验，果然引起了饭店经理的极大兴趣，双方的心理距离一下子拉近了。饭店经理神采飞扬、兴趣浓厚，和迪巴诺谈了35分钟有关协会的事，还热忱地请迪巴诺也加入该协会。几天以后，迪巴诺面包公司就接到了这家大饭店采购部门打来的电话，请他把面包的样品和价格表送过去，饭店准备订购该公司的面包。这个消息着实让迪巴诺惊喜万分，4年多的努力终于没有白费。饭店的采购人员也好奇地问迪巴诺："我真猜不透你使出什么绝招，让我的领导如此赏识你呢？"迪巴诺也暗自庆幸自己明智地找到了打动饭店经理的策略，否则，怎能赢得谈判的成功呢！

第二十章　辩论口才

论辩首要，务须主动

论辩首要在于"争"，争什么？不是争辩，而是争主动。

有一次，晋平公和臣子们在一起喝酒。酒兴正浓时，他得意地说："哈哈！没有谁比做国君的人更快乐了！他的话没有谁敢违背！"著名乐师师旷正在旁边陪坐，听了这话，便拿起琴朝他撞去。晋平公连忙收起衣襟躲让，琴在墙壁上撞坏了。

晋平公说："乐师，您撞谁呀？"

师旷故意答道："刚才有个小人在胡说八道，因此我气得要撞他。"

晋平公说："说话的是我吗。"

师旷说："哟！这可不是做国王的人应该说的话啊！"

左右臣子认为师旷犯上，都要求惩办他。晋平公说："放了他吧，我要以此作为鉴戒。"

一个普通乐师敢撞国君，若非巧妙地掌握辩论的主动权，岂不是要人头落地？

我国古代还有不少这样的辩例。

据《贞观政要》载：唐朝初年，唐太宗李世民任用魏征做谏议大夫。魏征由于为人正直，得罪了一些人，遭到非议。李世民派温彦博去责备魏征。魏征因此去见唐太宗说："我希望陛下让我做一个良臣，不要让我做忠臣。"李世民听了很吃惊，赶紧问："良臣和忠臣不是一样吗？"魏征答道："不一样，像古之稷、咎陶，就是良臣；像龙逢、比干，就是忠臣。良臣'以国事为重，公而忘私'，本身享有美名，君主获得好的声誉，子子孙孙传下去，国运无穷。忠臣则不然，唯唯借口之流，只为个人打算，君主会为他而落得个昏庸的恶名，甚至国亡家灭。这就是忠臣和良臣的区别。"

魏征在这里使用了定义正名的方法，间接委婉地批评了皇帝只喜欢唯唯诺诺之派，并暗示了这样做的恶劣后果。由于魏征牢牢地掌握着主动权，一步步地将李世民引入他所设置的话语中，论辩深刻有力，令李世民大为感动，达到了求谏的效果。

可见，争取主动权能决定辩论的成败。

只有在进攻、进攻、再进攻中才能始终把握主动权。但不能盲目进攻，要掌握进攻技巧，才能取得好的效果。

1. 正面进攻

与对方短兵相接，面对面地直接驳斥对方的论点，尤其是中心论点，指出对方论点的错误和明显违背事实和常理的地方，使其主张不能成立，是辩论制胜的法宝。这就是所谓正面进攻。这是大规模的正规军决战常用的手法，最常用，也最难以掌握。

2. 包围进攻

包围进攻是指当对方分论点很杂时，可以分割包围对方核心论点周围的分论点及论据逐一进行驳诘，最后推翻对方的核心立论。既然对方分论点不能成立，其核心立论自然不成立。

3. 迂回进攻

迂回进攻是指不与对方近距离接触，而先远距离地进攻，如从挑剔对方的论辩态度不妥或论辩风度有失开始诘难，进而抓住对方的论辩企图，深入进行驳诘。用这种方法，往往使对方措手不及，难以应答。

在正式的辩论中，我们要学会用各种方式来争取主动权，在生活中，非正式的辩论也是无处不在的，要想成功赢得辩论，也必须争得主动，而争取主动的首要条件就是你有一种从容不迫的心态。

无论是正式的辩论场合还是平时日常争辩，要想制敌，必须将主动权握在自己手中，这是辩论成败的关键。

摆明事实，不辩万辩

人们常说"事实胜于雄辩"，在具体的事实面前，即使再蛮横、再能狡辩的人，也不能置事实于不顾，睁着眼睛说瞎话。大家一定还记得那个小时候听过的关于爱因斯坦的"板凳"故事：

一次手工课，爱因斯坦把自己"制造"的一张很不像样的"板凳"交给了老师。

老师看后很生气，举着"板凳"问孩子们："你们见过比这更糟糕的凳子吗？"

小朋友们都一个劲地摇头表示"没见过"。但爱因斯坦却从课桌里拿出了另外两张"板凳"，说："比这更糟糕的凳子还是有的。"他指着拿出来的那两张"板凳"说："这是我第一次和第二次制作的。刚才交老师的已是第三张板凳了，虽然它做得并不好，但比这两张好多了。"

结果，老师被说得哑口无言。

这就是摆事实最直接的办法——示物助说。

作为一个成熟的辩手，挖掘例证来源的能力应该是非常强的。大凡好的例证都能感化别人。

在辩论中，雄辩者及时抓住现场的某些事物用作论据反击敌论，这种辩论技巧，就是就地取证战术。由于这些事物都是辩论者在现场的所见所闻所感，是大家有目共睹的，生动具体，直观性好，一点就明，一说就透，因而具有很强的雄辩力量。

釜底抽薪，直逼要害

锅里的水沸腾，是靠火的力量，而柴草则是产生火的原料。止沸的办法有两种：一是扬汤止沸；二是釜底抽薪。古人说："故扬汤止沸，沸乃不止；诚知其本，则去火而已。"

论辩双方所持的论题，都是由一定的论据支持的，如果将一个论题的根据——论据抽掉，那么，论题这座大厦就会轰然倒塌。

在许多情况下，仅凭口头议论难以弄清楚的问题，借助一些具体的动作行为，就可以明辨真假。这是因为动作行为具有强烈的直观性，它的真假当场就可以验证，具有不容置疑的雄辩力量。

我们有时可能直接指出对方论据的虚假，但当情况还不明朗时，我们可以创造条件，戳穿对方虚假的论据。其要领是以某种动作行为为论据，同时辅以一定的语言叙述进行论证。

有一天，李老头家丢了一头60多斤的牛，怀疑是邻村一个叫矮冬瓜的人偷的，于是官司打到县衙。听过原告申诉，知县问被告是否属实。

矮冬瓜说："牛走得慢，偷牛人怕被发现，是不敢在地上赶牛走的，所以他们偷时，总是将牛背在肩上。你看小人瘦骨嶙峋，手无缚鸡之力，如何背得动这头肥牛呢？"

知县打量了他一会儿，说："确实如此，我听说你向来清白无辜，又可怜你家贫困，这样吧，现在赏你一万钱，回家好好做点小本生意，切莫辜负我的一片苦心。"

矮冬瓜得钱，连连磕头谢恩，把钱理好后，就麻利地套在肩上，转身要走。

知县喝道："慢！被告，这一万钱不止60斤吧？"

矮冬瓜一愣，掂了掂说："嗯，差不多。"

知县冷笑道："你既说自己手无缚鸡之力，怎么如此重的钱像没什么分量似的背上就走？可见那60斤重的牛你也是背得动的。"

矮冬瓜无法抵赖，只好招供了自己的罪行。

无论在谈判桌上还是在辩论台前，都会碰到咄咄逼人或是气势汹汹的对手，其语言攻势如同锅中热水，往往达到了沸沸扬扬的程度。面对这种情况，舌战的当务之急就是抑制对方逐渐高涨的气势，而抑制的最佳方法就是抽去"锅下的柴火"，从根本上解决问题。

单刀直入，开门见山

辩论中的单刀直入是比较常用的。这主要是在面对特殊的话题或特殊的对手，使自己难以组织说理性的攻击时而采用的一种较为简便但又能慑服对手的一种辩论战术。

开门见山式的辩词通常是雄辩者在事先准备好的。在参辩之前，对辩论的题目乃至对对手的实力进行理性的分析后，制定一两句能让对方躲闪不及又必须正视的辩词来应对，以此搅乱对方的正常心态，使之在昏乱中做出对其不利的反应。

在充分研究材料、掌握对方情况的前提下，抓住要害、单刀直入、开门见山，一开始就接触问题的实质，趁敌方未加防范时，使对手失去平衡，以夺取论战中的精神优势，获得先机之利。

战国时，齐国的孟尝君主张合纵抗秦，他的门客公孙弘对孟尝君说："您不妨派人到西方观察一下秦王。如果秦王是个具有帝王之资的君主，您恐怕连做属臣都不可能，哪里顾得上跟秦国作对呢？如果秦王是个不肖的君主，那时您再合纵跟秦作对也不算晚。"孟尝君说："好，那就请您去一趟。"公孙弘便带着十辆车前往秦国去看动静。

秦昭王听说此事，想用言辞羞辱公孙弘。公孙弘拜见昭王，昭王问："薛这个地方有多大？"公孙弘回答说："方圆百里。"昭王笑道："我的国家土地纵横数千里，还不敢与人为敌。如今孟尝君就这么点地盘，居然想同我对抗，这能行吗？"公孙弘说："孟尝君喜欢贤人，而您却不喜欢贤人。"昭王问："孟尝君喜欢贤人，怎么讲？"公孙弘说："能坚持正义，在天子面前不屈服，不讨好诸侯，得志时不愧于为人主，不得志时不甘为人臣，像这样的士，孟尝君那里有三位。善于治国，可以做管仲、商鞅的老师，其主张如果被听从施行，就能使君主成就王霸之业，像这样的士，孟尝君那里有五位。充任使者，遭到对方拥有万辆兵车君主的侮辱，像我这样敢于用自己的鲜血溅洒对方的衣服的，孟尝君那里有十个。"

秦国国君昭王笑着道歉说："您何必如此呢？我对孟尝君是很友好的，并准备以贵客之礼接待他，希望您一定要向他说明我的心意。"公孙弘答应了，然后就回国了。

有的时候，一言就能定输赢，紧紧抓住要点，一针见血，给人一种简洁、干练的感觉，冗长的客套话往往会引起对方反感。

因此，一般情况下，开门见山的发问，是最好的方式。这种发问方式对被问者来说是不好对付的。正由于此，被问者在慌乱中往往会出现词不达意或越答越错的现象，这样，发问者便可轻而易举地将对手击败了。

现实生活中，开门见山的表达方法，可以说明自己的信心、信念和不可动摇的意愿，并以一定的口吻促使对方改变原来的主意，不再犹豫，不再因考虑细小枝节而在关键性的问题上和你抗衡。

开门见山战术在辩场上常以发问形式出现。如果对方避而不答，可追问他们不答复的理由。若答复不能自圆其说，或其所说不利于发问者，因发问者早有准备，胸有成竹，可立即进行辩驳。

绵里藏针，柔中带刚

先说软的，可以在强敌面前取得进一步论辩的机会；再说硬的，就可以显示一些威胁的力量。软的为绵，硬的为针，是为绵里藏针。

"绵里藏针法"的运用常常跟喂小孩子吃苦药的道理一样，要用糖衣包着药片，或者就着糖水送服，招数因人而异，窍门却一通百通。

春秋时期的晋灵公奢侈腐化。某年下令兴建一座九层高的楼台，群臣劝说，他火了，干脆又下了一道命令，敢劝阻建九层台者斩首。这样一来便没人敢说话了。

只有一个叫孙息的大臣很讨灵公喜欢。他就告诉灵公说他能把九个棋子摞起来，上面还能再摞九个鸡蛋。灵公听了，觉得这事儿挺新鲜，立即要孙息露一手让他开开眼界。孙息也不推辞，就把九个棋子摞在一起，接着又小心翼翼地把鸡蛋往棋子上摞，放第一个，第二个……

孙息自己紧张得满头大汗，战战兢兢，看的人也大气不敢出一口。如果孙息不能把鸡蛋摞好，就犯了欺君大罪，是会被杀头的。

这时，灵公也憋不住了，大叫："危险！"孙息却从容不迫地说："这算什么危险，还有比这更危险的事哩！"灵公也被勾起了好奇：

"还有什么比这更危险？"

孙息便掂掂手中的鸡蛋，慢吞吞地说："建九层台就比这危险百倍。如此之高台三年难成，三年中要征用全国民工，使男不能耕，女不能织，老百姓没有收成，国家也穷困了。而国家穷困了，外国便会趁机打进来，大王您也就完了。你说这不比往棋子上摞鸡蛋更危险吗？"

灵公吓得出了一身冷汗，立即下令停工。

孙息让晋灵公看了一场不成功的杂技表演，更受了一次形象生动的批评，那味道确实是又甜又苦。正在气头上的人，是难以与他正面争辩的。何况他还有无上的权威支持，那更是老虎屁股——摸不得。然而，"绵里藏针法"每每在这样的关键时刻，能起到扭转乾坤的作用。

庄重显力量，风趣显风度。在论辩中做到既庄重又风趣，可以叫对方无力招架，自叹弗如。

绵里藏针，话里藏话，总体上有两个基本功：一是能够听出对方的弦外之音，恶毒之意，否则便会成为笑柄，白白赔了笑脸；二是要委婉含蓄地表达自己，话要说得很艺术，让听话之人心领神会，明白你话中的锋芒所在。

口才加油站

诡辩能辩亦可辩

某校禁止学生在教室里穿拖鞋。一天下午，某班的"捣蛋鬼"梁勇又穿着一双拖鞋啪嗒啪嗒地进了教室，班主任王老师发现后让他从座位上站起来。

"我三令五申禁止穿拖鞋，你为什么还穿？"王老师问。"对不起，我没穿拖鞋。"梁勇大声回答。

"什么，你脚上穿的不是拖鞋？"王老师提高了嗓音。

"不是，是凉鞋。"梁勇语气坚定，还有意低下头望着自己脚上的鞋子。

全班同学的目光都移到了那位男生的鞋子上。这双鞋子原来是一双普通塑料凉鞋，不过现在鞋后跟全被剪掉了，看上去与拖鞋没有两样。

"鞋后跟全剪掉了，怎么是凉鞋？"王老师恼火地问。

"当然是凉鞋！这就像一个人的腿断了，他还是人，而不是狗！"梁勇昂起了头，大声反驳。

班上绝大多数同学都为王老师捏了一把汗，担心他下不了台。王老师先是一愣，但很快镇定下来。他盯着梁勇，不紧不慢地说："你的话好像很中听，不过，你的辩解是错误的。凉鞋之所以是凉鞋而不是拖鞋，最重要的在于凉鞋有鞋后跟，这就像一个人，如果他连最重要的头部都没有，那他就不再是人了。"梁勇顿时像泄了气的皮球，低下了头。

王老师对这名男生诡辩的反击可谓是直逼要害，他抓住了问题的关键——凉鞋的根本特征在于有鞋后跟，从而构造了另一个诡辩：掉了头的人便不是人了，来击破对方的言论，后发制人，以谬制谬。

诡辩的语言如果含糊不清，模棱两可，可通过对其语言进行判断、分析，解释批驳对方的荒谬之词，阐明自己的观点。

论辩中，我们的种种努力，不过就是找出或者制造出对方的错误。对方以诡辩作为武器，那我们就立即抓住诡辩的辫子，进行毫不留情地反"诡辩"。

只要把话说得滴水不漏，诡辩能辩亦可辩。

偷皇冠的强盗

1671 年 5 月，伦敦发生了一起迄今为止英国历史上最大、最著名的刑事犯罪案。一个以布勒特为首的五人犯罪团伙，混入马丁塔里，偷走了英国的"镇国神器"——英国国王的皇冠。

然而，这伙罪犯运气不佳，刚刚冲出伦敦塔，就被卫队围住，经过一番搏斗，五名罪犯全部被擒。

国王查理二世对这些目无法纪、胆大包天的歹徒非常感兴趣，决定亲自提审为首分子布勒特。在审问时，布勒特充分发挥了他的雄辩才能，灵活而巧妙地运用"虚心恭维"而赢得了国王的赏识。

查理二世："你在克伦威尔手下时诱杀了艾默思，换来了上校和男爵的头衔？"

布勒特："陛下，我只是想看看他是否配得上您赐给他的那个高位。要是他轻而易举地被我打发掉，陛下就能挑选一个更适合的人来接替他。"

查理二世沉吟了一会儿，仔细打量着囚徒，觉得他不仅胆子大，而且口齿伶俐，于是又问道："你胆子越来越大，这回竟然偷起我的皇冠来了！"

布勒特："我知道这个举动太狂妄了，可是我只想以此来提醒陛下关心一下一个生活无着的老兵。"

查理二世："你不是我的臣民，要我关心什么？"

布勒特："陛下，我从来不曾对抗过您，英国人之间互相兵刃相见已经很不幸了，现在天下太平，所有的人都是您的臣民，我当然也是您的臣民。"

查理二世尽管觉得他是个十足的无赖，但还是继续问道："你自己说吧，该怎么处理你？"

布勒特："从法律角度来说，我们应当被处死。但是，我们五个人每一位至少有两个亲属会为此落泪。从陛下您的立场看，多十个人赞美你总比多十个人落泪好得多。"

查理二世绝没有想到他如此回答，他几乎感觉不到地点了点头，然后又问："你觉得自己是个勇士还是懦夫？"

布勒特："陛下，自从你的通缉令下达以后，我没有一个地方可以安身，所以去年我在家乡搞了一次假出殡，希望警方相信我已死亡而不再追捕，这不是一个勇士的行为。因此，尽管我在旁人面前是勇士，但是在您——陛下的权威下只是一个懦夫。"

查理二世对他的这番话非常满意，不但免除了布勒特的死刑，还赏给他一笔数目不小的财物。

　　在论辩中，虚心地恭维对方，维护和提高对方的自尊心，可以缓和论辩双方的关系，麻痹对方的意志，从而达到你要达到的目的，这就是"虚心恭维"的雄辩技巧，这种方法对那些貌似强大的对手尤为管用。

第二十一章　销售口才

赢得可靠的第一印象

在工业社会中，那些前途远大的人所面临的竞争是严峻的。一年接着一年，实业家们苦心研究年轻人在学校里的成绩，审查他们的申请，为符合理想的人们提供特殊的优越条件。然而，他们发现大脑、精力、实际能力，这一切固然都是需要的。但这些只能使一个人获得某种程度的成功，如果一个人要攀上高峰，担当起指挥决策的重任，那么还必须加上一个因素，拥有使人信赖的品质。有了它，一个人的能量才可以发挥出双倍、三倍的效力。

而这一点体现在说话上是需要动一番脑筋的。

日本推销之神原一平对打消客户的疑惑、取得客户对自己的信任有一套独特的说话方式，话虽不多，但却能句句说到对方心坎里：

"先生，您好！"

"你是谁啊？"

"我是明治保险公司的原一平，今天我到贵地，有两件事专程来请教您这位附近最有名的领导。"

"附近最有名的领导？"

"是啊！根据我打听的结果，大伙儿都说这个问题最好请教您。"

"喔！大伙儿都说是我啊！真不敢当，到底是什么问题呢？"

"实不相瞒，是如何有效地规避税收和风险的事。"

"站着不方便，请进来说话吧！"

"……"

突然地推销，未免显得有点唐突，而且很容易招致别人的反感，以至于被拒绝。先拐弯抹角地恭维客户，打消客户的疑惑，取得客户的信赖，推销便成了顺理成章的事。

在推销过程中，顾客是形形色色的，对于那种非常顽固的顾客，你不妨使用一些直率、诚挚的话语来打动他，从而取信于他。

一次，日本推销大师夏目志郎去拜访一位绰号叫"老顽固"的董事长。不管夏目志郎怎么滔滔不绝，怎么巧舌如簧，他就是三缄其口，毫无反应。

夏目志郎也是第一次接触到这样的客人，于是，他用起了激将法。

夏目志郎故作冷漠地说："把您介绍给我的人说得一点没错，您任性、冷酷、严格，没有朋友。"

这时，这位董事长面颊变红了，望着夏目志郎开始有反应了。

夏目志郎继续说："我研究过心理学，依我的观察，您是面恶心善、寂寞而软弱的人，您想以冷淡和严肃筑起一道墙来防止外人侵入。"

这时，董事长第一次露出了笑脸："我是个软弱的人，很多时候我无法控制自己的情绪。我今年73岁了，创业成功50年，我是第一次见到像你这样直言不讳的人，你有个性。是的，我拒绝别人，是为了保护自己，不让别人靠近我身边。"

"我想这是不对的。您知道中国汉字中的'人'字是怎么写的吗？'人'这个字，包含着人与人之间相互支持与信赖的意思，任何生意都从人与人的交往产生。人不需伪装，虚伪的面具会使内容变质。"

自此以后，他们聊得越来越投机，董事长已经把夏目志郎当成了朋友来对待，自然他也成了夏目志郎的长期客户。

现代营销充满竞争，产品的价格、品质和服务的差异已经变得越来越小。推销人员也逐步意识到竞争核心正聚焦于自身，懂得"推销产品，首先要推销自我"的道理。要推销自我，首先必须赢得客户的信任，没有客户的信任，就没有展示自身才华的机会，更无从谈起赢得销售成功的结果。

不管是用独树一帜的方法还是采取直率的态度打动对方，推销首先要设法做成功的一件事就是取信于对方，而这一环节离不开说话。因此，我们应学会如何在短时间内突出重点，达到目的。

以顾客感兴趣话题开头

推销通常是以商谈的方式来进行，但是如果有机会观察推销员和客户在对话时的情形，就会发现这样的方式太过严肃了。

所以说对话之中如果没有趣味性、共通性是行不通的，而且通常都是由推销员迎合客户。倘若客户对推销员的话题没有一点点兴趣的话，彼此的对话就会变得索然无味。

推销员为了要和客户之间培养良好的人际关系，最好尽早找出共通的话题，在拜访之前先收集有关的情报，尤其是在第一次拜访时，事前的准备工作一定要充分。

打过招呼之后，谈谈客户深感兴趣的话题，可以使气氛缓和一些，接着进入主题，效果往往会比一开始就立刻进入主题来得好。

天气、季节和新闻也都是很好的话题，但是大约1分钟左右就谈完了，所以很难成为共通的话题。

关键在于客户感兴趣的东西，推销员多多少少都要懂一些。要做到这一点必须靠长年的积累，而且必须靠不懈地努力来充实自己。

被推销者通常对推销者敬而远之，说得不客气，是深恶痛绝，这是劣质推销文化造成的。经验丰富的人甚至练就了拒绝推销的高招，拟好了各种各样的借口和理由，准备给来犯的推销员当头一棒。聪明的推销员会审时度势，有时候避免正面推销，从对方意想不到的角度切进去。那就是：投其所好。

投其所好，对对方最热心的话题或事物表示真挚的热心，巧妙地引出话题后，多多应和，表示钦佩。

美国超级推销员乔·吉拉德曾因一时分心丢了一笔到手的生意。那一次，一位即将签约的准客户兴致勃勃地说起他上医学院的儿子，而乔·吉拉德心不在焉，侧耳听其他推销员讲的话，准客户突然说他不想买车子了……后来，吉拉德好不容易弄清对方是因为他在说"儿子、儿子、儿子"时，吉拉德都念叨"车子、车子、车子"，才转而找别人买了车！

19世纪法国作家大仲马有个儿子，人称小仲马。小仲马的《茶花女》获得极大成功后，他向父亲报喜："就像当年您的杰作一样受欢迎！"

大仲马微笑道："我最大的杰作就是你，我的孩子！"

朝鲜有句俗话："喜欢老婆，看到丈人家的木桩都要拜。"

……

光知道这些道理还不够。

股票、体育、影视、文学、曲艺、商业……人的兴趣多种多样，一个人不可能样样精通。除了对一些重要人物的特殊嗜好下工夫钻研（比如见到一位大人物家中挂着猎枪，就对射击进行一番研究）外，你没有必要什么都学。人的精力是有限的，你了解一些常识就够了。你要做的仅仅是引起特殊话题，多多应和。如果在交谈中,你的知识确实不足以跟上对方的思路,欣赏不了奥妙的境界,那又有什么大不了?你可以说:"我一直想学××(或了解××),可就是学不好。你这么精通,真是了不起!"

一个出色的推销员,是利用种种因素积极行动的人。怎么做?一点都不难。难的是你问过的事情一定要记住,不要问好几次同一件事情,却依然记不住,那可就表明你根本没有诚心!

主动承认产品的缺点

俗话说"家丑不可外扬",对推销员来说,如果把自己产品的缺点讲给客户,无疑是在给自己的脸上抹黑,连王婆都知道自卖自夸,见多识广的优秀推销员怎么能不夸自己的产品呢?

其实,宣扬自己产品的优点固然是推销中必不可少的,但这个原则在实际执行中是有一定灵活性的,就是在某些场合下,对某些特定的客户,只讲优点不一定对推销有利。在有些时候,适当地把产品的缺点暴露给客户,是一种策略,一方面可以赢得客户的信任,另一方面也能淡化产品的弱势而强化优势,适当地讲一点自己产品的缺点,不但不会使顾客退却,反而赢得他的深度信任,从而更乐于购买你的产品。因为每位客户都知道,世上没有完美的产品,就好像没有完美的人,每一件产品都会有缺点,面对顾客的疑问,要坦诚相告。刻意掩饰,顾客不但不相信你的产品,更不会相信你的为人。

而平庸的推销员奉行一个原则,就是永远讲自己产品的优点,从来不讲自己产品的缺点。他认为,那样自曝家丑,怎能卖出去产品呢?而优秀的推销员就懂得这个道理,他知道在什么时候巧用这个规则可以使推销取得成功。下面就是这样一个优秀的推销员的例子。

一个不动产推销员,有一次他负责推销 K 市南区的一块土地,面积有 80 平方米,靠近车站,交通非常方便。但是,由于附近有一座钢材加工厂,铁锤敲打声和大型研磨机的噪音不能不说是个缺点。

尽管如此,他打算向一位住在 K 市工厂区道路附近、在整天不停的噪声中生活的人推荐这块地皮。原因是其位置、条件、价格都符合这位客人的要求,最重要的一点是他原来长期住在噪音大的地区,已经有了某种抵抗力,他对客人如实地说明情况并带他到现场去看。

"实际上这块土地比周围其他地方便宜得多,这主要是由于附近工厂的噪音大，如果您对这一点不在意的话，其他如价格、交通条件等都符合您的愿望，买下来还是合算的。"

"您特意提出噪音问题，我原以为这里的噪音大得惊人呢，其实这点噪音对我家来讲不成问题，这是由于我一直住在 10 吨卡车的发动机不停轰鸣的地方。况且这里一到下午 5 时噪音就停止了，不像我现在的住处，整天震得门窗咔咔响，我看这里不错。其他不动产商人都是光讲好处，像这种缺点都设法隐瞒起来，您把缺点讲得一清二楚，我反而放心了。"

不用说，这次交易成功了，那位客人从 K 市工厂区搬到了 K 市南区。

优秀的推销员为什么讲出自己产品的缺点反而成功了呢？因为这个缺点是显而易见的，即使你不讲出来，对方也一望即知，而你把它讲出来只会显示你的诚实，而这是推销员身上难得的品质，会使顾客对你增加信任，从而相信你向他推荐的产品的优点也是真的。最重要的是他相信了你的人品，那就好办多了。

因此，假如你是汽车推销商，对于那些学历高的客户，在某种程度上既要讲车的优点又要强调它的缺点；对于学历低的人要尽量强调长处；对于那些在某种程度上有独立见解的人，如果光讲长处，说得过于完美，反而会引起他们的疑心，产生完全相反的看法。

有的产品的缺点即使一时看不出来，顾客回去打听也很容易得知，你还不如当时就给他讲清楚。理智型的顾客明白，任何产品都是不可能没有缺点的，你讲出来，他会觉得很正常，他还会觉得其他产品的缺点不过是推销员不告诉他罢了。如果那个缺点不是什么大缺点，无关紧要，而对方又比较懂，那么只会对你的推销有利。

优秀的推销员善于灵活使用这个方法，他会根据商品的不同情况，根据客人的不同情况，清楚地说出商品的缺点和优点，从而取得客户的信任，促成购买。

利用客户最重视人物

有些东西，为之埋单的人可能并不感兴趣，往往是因为他所重视的人需要而将货物买下。就比如说有些东西，一旦你提到孩子，百分之百能让大人心动。孩子就是家长的宝贝，家长总是会欣然为孩子花钱。

连续几个月，推销员李力一直想向某私立大学著名教授推销教育保险。根据以往的经验，这种保单是很好做的，教授和教授夫人应该都是极重视教育的人。可这次不管李力如何说服，他们对保险仍兴致不高。

　　某天李力又去，只有教授夫人一个人在家，李力又跟她说起教育保险，她仍然没什么兴趣。

　　李力放眼在屋子里寻找，一眼看见了立柜上的照片，就挺有兴趣地走了过去，一张一张看起来。"噢，这位是……""是我父亲，他可是位了不起的医生。""医生这一行可真了不起，救死扶伤。""是啊。我一直很崇拜的，可惜我丈夫是个文学教授……"

　　说到这里，李力觉得自己有了点儿想法，或许可以试一试，就又把话题扯开，聊起了教育保险。当谈话无法进行之时，李力就不无遗憾地对她说："太太，我今天来这里以为会碰上一个真正关心子女的家长，看来是我错了，真遗憾！"

　　好强的教授夫人，对这一"诱饵"迅速做出反应，说："天下父母哪有不希望儿女成才的。哎，我那个儿子，一点儿也不像他父亲，头脑不灵光。他父亲也说，这孩子不聪明，无法当学者。"

　　李力甚表惊讶地说："父母是父母，孩子是孩子，你们随随便便地认定孩子的将来是不对的，父母不能只凭自己的感觉就为孩子定位。"然后，李力诚恳地说："您和您丈夫是想让孩子读文科吧！"

　　"是啊，他父亲一直想让孩子在文学上有所成就，可这孩子对文学没什么兴趣，倒是对理工科挺感兴趣。这孩子挺喜欢待在外公的诊所里，而且他理工科成绩还不错。"

　　"这样的话，你们应该让孩子自己来选择自己的专业。"李力由衷地说。教授夫人也接受了李力的观点，并开始计算起孩子的成绩，做了归纳分析，一时显得挺高兴的。

　　之后，李力就不断地提供意见给教授夫人：如果上医学院，至少要花 20 万元，还有其他琐碎的开销……

　　其实，教授夫人一直期盼儿子能青出于蓝而胜于蓝，希望孩子能够上医学院，以证明他的能力不输给父亲。李力看出了这一点，一下子打动了她，不断扩大一个母亲的梦想，于是她当场买下李力推荐的"5 年期教育保险"。

　　观察客户周围的事物，设法找到客户的心结，然后打开它，客户就没有理由拒绝你。一流的推销员一定都是善于利用各种各样的资源为推销铺路的人，他们绝对不会放过客户最重视的人或物这一环节。

　　以孩子作为突破点，不仅是女性的软肋，男性照样吃这一套。有句话就是：可怜天下父母心。不过如果对方没有子女或者尚未婚娶，就没必要非要从孩子入手，可以尝试发现他别的爱好。比如，家里放着吉他，也许是因为吉他有什么来历；家里的椅子非常别致，你可以夸赞他的椅子设计出色，一定价值不菲，等等。

当你推销受阻、无计可施时，别忘了想想客户身边什么最重要，让这些为你的销售开路。

诚实是赢得顾客的根本

"金无足赤，人无完人"是至理名言，而现实中的许多人却一味追求完美，比如，有一些推销人员面对客户经常刻意打造"超人"形象，极力掩饰自身的不足，对客户提出的问题和建议几乎全部应承，很少说"不行"或"不能"的言语。从表象来看，似乎产品的无懈可击将给客户留下值得信任的印象，殊不知，任何人和物毕竟还是现实的，都会有或多或少的毛病，不可能做到面面俱美，你的完美宣言恰恰在宣告你的不真实。

其实，宣扬自己产品的优点固然是推销中必不可少的，但这个原则在实际执行中是有一定灵活性的，就是在某些场合下，对某些特定的客户，只突出优点对推销不一定有利。在某些时候，适当地把产品的缺点暴露给客户也是一种策略，一方面可以赢得客户的信任，另一方面也能淡化产品的弱势而强化优势。适当地讲一点自己产品的缺点，不但不会使顾客退却，反而能赢得他的深度信任，从而对你的产品产生兴趣。

不妨适当夸大自己产品的缺点，当客户检查时，会意外地发现原来不像你所说的那么坏，他的心里就会更加踏实了，同时也加速了交易的成功。切忌胡乱吹嘘。

吹嘘是很愚蠢的，也是非常没有必要的。有一种复印系统的复印质量非常高，如果印量不是很大，那会是很理想的产品。在一般情况下，一次复印25页至30页之间，它都能维持在高质量的状态，但推销员们决定还是保守一些，对外保证在25页内都能有高质量的结果。

现在，如果他们这么对客户说："我们一次可以印出25页清晰的复印品，如果你对复印机的加热系统有所了解，而且控制良好，也许可以再多增加几页，但是不能每次都这样，还是以25页为标准。"这样很好，客户得到25页的良好影印品，偶尔还可得到30页，他们会很高兴。

但是，那些"聪明"的推销员却这么说："这是非常了不起的产品，一次可印30页以上。"客户买了以后，它的印量虽能维持在25～30页之间，但请注意，这位客户却很生气，因为他被推销员的过度吹嘘欺骗了。

日本某著名企业家出身贫寒，20 岁时在一家机器公司当推销员。有一段时期，他推销机器非常顺利，半个月内就同 43 位顾客做成了生意。一天，他偶然发现他正在卖的这种机器比别家公司生产的同样性能的机器贵一些。他想：假如客户知道了，一定以为我在欺骗他们，会对我的信用产生怀疑。深感不安的他立即带着合约和订单，整整花了五天的时间，逐个拜访客户，如实向客户说明情况，并请客户重新考虑。

这种诚实的做法使每个客户都很感动，结果，43 个客户中没有一个解除合约，反而都成了他更加忠实的客户。

有些商品的缺点是显而易见的，即使你不说，对方也一定能发现。但你先把它说出来，显示出推销员身上诚实的品质，会使顾客对你的信任倍增，从而使他对你所说的产品优点更加深信不疑。

真诚、老实是绝对必要的，千万别说谎，即使只说了一次，也可能使你信誉扫地。如果你自始至终保持真诚的话，成交就离你很近。正如《伊索寓言》的作者所说："说谎了，即使你再说真话，人们也不会相信。"

相反，如果你在客户面前展示了你诚实的品质，也许你不需要太多的说话技巧或者花言巧语，交易很快就达成了。因为客户会认为，你如此诚实，购买你的产品不会被蒙骗。

因此，请记住这样一个真理：不管时代往前推进多少，诚实都是赢得顾客之本。

给客户戴一顶"高帽子"

恐怕这世上没有人会拒绝被别人抬高，虽然很多人都知道抬高的背后也许会有什么需要掏腰包的事情，可是客户还是想戴"高帽子"，而推销员也继续在推销过程中怀揣若干顶"高帽子"，适当的时候就给对方扣上一顶。这样下来，事情会比你想象的好办得多。

"高帽"就是对客户的能力和品格进行美化，这是销售成功必备的细节。想想看，谁不愿意听到美化自己的语言呢？谁又不认同美化自己的人呢？找到客户身上的闪光点，将它在合理的范围内合理放大，相信你总是受欢迎的。

有的推销员更是胜人一筹，在推销自己的产品之前，先对对方的某个产品大赞一番，人们崇尚礼尚往来，我说你的产品好，再提到我的产品时，你还会给我泼冷水吗？

"我工作时，常用贵公司制造的收音机。那台收音机的品质极佳，我已经用了5年，还完好如新，没发生过故障。真不愧是贵公司生产的，就是有品质保证。"一个纸张推销员在推销本公司产品之前这样对客户说道。

当然，他非常懂得怎样去丰富他的赞美之词，他不仅说出自己对对方公司的商品有兴趣，还具体地说明了他实际使用后，该商品的特征与性能，从而使自己评价的重点有了价值：

"或许大家不知道，我现在仍使用贵公司20年前生产的扩音器。其间，我也买过好几次别的产品，但不是发生故障，就是声音难听，结果还是买贵公司的产品划算。贵公司的产品真是好用，即使用了20年，比起现在的新产品也毫不逊色，真是令人佩服。"

"是的，本公司生产的扩音器都是采用进口技术的，材料把关也相当严格，所以非常耐用。现在市场上这样有质量保障的品牌为数不多，你真是有眼光。我看你们公司的产品也挺不错嘛，能让我试用一下吗……"对方再也忍不住要和他沟通起来。

伊斯曼曾经在曼彻斯特建过一所伊斯曼音乐学校。同时，为了纪念他的母亲，还盖过一所著名戏院。当时，纽约高级坐椅公司的总裁亚当森想得到这两座建筑里的大笔坐椅订货生意。

亚当森被领进伊斯曼的办公室，伊斯曼正伏案处理一堆文件。

过了一会儿，伊斯曼抬起头来，说道："早上好！先生，有事吗？"

亚当森满脸诚意地说："伊斯曼先生，在恭候您时，我一直欣赏着您的办公室。我很羡慕您的办公室，假如我自己能有这样一间办公室，那么即使工作辛劳一点儿我也不会在乎的。您知道，我从事的业务是房子内部的木建工作，我一生还没有见过比这更漂亮的办公室呢！"伊斯曼回答说："您提醒我记起了一样差点儿已经遗忘的东西。这间办公室很漂亮，是吧？当初刚建好的时候我对它也是极为欣赏，可如今，我每来这儿时总是盘算着许多别的事情，有时甚至一连几个星期都顾不上好好看上这房间一眼。"

亚当森走过去，用手来回抚摸着一块镶板，那神情就如同抚摸一件心爱之物。"这是用英国的栎木做的，对吗？英国栎木的组织和意大利栎木的组织就是有点儿不一样。"

伊斯曼答道："不错，这是从英国进口的栎木，是一位专门同栎木打交道的朋友为我挑选的。"

接下来，伊斯曼带亚当森参观了那间房子的每一个角落，他把自己参与设计并监造的部分——指给亚当森看。

这时候，他们的谈话已进行了 2 小时了。当然，亚当森轻而易举地获得了那两幢楼的坐椅生意。

好听的话令人感到开心和快乐，而对于说话的人也没有任何损失。如果你出门多带一些"高帽子"，相信你会比别人少遇到一半的麻烦，它们还会给你带来大量的生意。

当然，给人戴"高帽"也是需要技巧的，不能不分大小地随意戴在客户头上，这样很有可能弄巧成拙。那么，怎样给客户送一顶"高帽子"呢？不妨这样做：对客户自身的能力和品格进行美化，并在合理的范围内进行合理的放大，或者对客户的某个产品大赞一番。

有时候做听众更有用

得人喜爱、快乐地走向成功之路的人，从来不会忽视他人的意愿，也不会认为强迫他人接受自己的主张是对的。

任何一个人都不喜欢被迫去做这、做那，当有人强迫我们时，我们一定会产生强烈的逆反心理。如果一个人一直发表高论，却不肯听听别人的话，那么我们一定会想："你尽管说你的长篇大论，关我什么事？"

一个封住别人的嘴巴、只管自己滔滔不绝说话的人，就好比向装满水的容器继续倾注水，唯有让对方将满肚子的话倾吐出来，才能听得进你所说的话。

西谚云："不为任何言语所惑之人，也必为迷惑自己之言者所惑。"这句话可谓道尽了人类这种奇妙无比的心理。

每一个人都具有强烈的自我主张和表现欲，所以客户高谈阔论，一定比乖乖做一个推销员的听众要过瘾得多。如果有一个人诚恳地听他说话，他一定会对这个人产生好感，因为他觉得找到了知音和尊严。

"我很快发现不能谈论自己，而是让人们向我谈论他们自己。""90% 的顾客向我推销他们自己——如果我让他们开口讲话的话。他们很高兴卖弄自己的学识，他们很喜欢告诉我关于古董的一些事情，然后他们就会买下商品。后来，我总结了一条达成交易的规律，叫作填补自我。当顾客走进来时，我把东西拿给他们看，做几点评论，然后坐回来问他们有什么看法。他们通常会很露脸、很骄傲地告诉我他们所知道的，在这个过程中顾客对自己有个很好的估计，对我亦是如此。我们的生意以友谊、互利为特色，我填补了自我。"

这段发人深省的肺腑之言出自一位古董爱好者之口，在被人预言 6 个月之内定会破产后，她竟然在两年时间内使古董店投资翻了 50 倍。若要问推销的诀窍，归纳她的话就是"倾听客人说话"。

所有高明的推销员，都躬身实践这个原则而获得丰硕的成果。百货店的售货员亦同，当客人有所批评或抗议时，与其费尽唇舌说明解释，不如静静地听客人诉说，即使再严重的抗议，我们只要谨守静听的原则，对方就会觉得满足。不是你口若悬河地说，而是尽量让对方说。当我们如此请教别人时，不仅表示我们承认他的价值，让他有被重视的感觉，同时也满足他喜欢表现的欲望。因此他心里会十分愉快，对这件事情也就兴趣盎然了。

倾听的目的或好处不仅仅是使对方内心愉悦，你也是直接受益者。倾听对方说话，是了解对方内心所想的最简单的办法，静听别人说话，你才能抓住说服对方的重点所在。

只是一味地说，而无重点的说服，就如同手执铁锤，不钉钉子，只敲击旁边的木板一样，有什么意义呢？欲钉铁钉，必须不偏不倚地敲打最重要的地方，否则不是钉不住，就是钉歪了。所以静听别人说话，才能从中掌握住说服的要点，最后把话说到点子上，一举成功。

不过，倾听要求你必须要有耐心。因为推销学家统计指出，我们的说话速度是每分钟 120 ~ 180 个字，而大脑思维的速度却是它的 4 ~ 5 倍。所以对方还没说完，我们早就理解了，或对方只说了几句话，我们就已知道了他全部要说的意思。这时，思维就容易开小差，同时在外表会表现出心不在焉的下意识动作和神情，以致对对方的话语"听而不闻"。

当说话者突然问你一些问题和见解时，如果你只是毫无表情的缄默，或者答非所问，对方就会十分难堪和不快，觉得是在"对牛弹琴"。越是善于耐心倾听他人意见的人，推销成功的可能性就越大，因为聆听是褒奖对方谈话的一种方式，这是会说话的另一种表现。

抬着榜样去进行推销

你知道反馈意见的另一个重要意义吗？机敏的推销员把它幻化成了一个榜样，抬到了推销谈判桌上。

"××先生，我很高兴您提出了关于××的问题。这是因为我们在××方面做了调整。因为我们的设计师认为，经过这样的调整之后，更有××作用，虽然××，但它能够在××方面节约您的成本与开支。"

如果客户说："你们的××产品定价太高，我们可负担不了。"这也就是告诉你："我们的要求其实很低，不需要支付这么昂贵的价格。"发生这种事情时，我们没有必要非得强调我们的价格定得多么合理，这样容易发生口角，伤害与客户之间的感情。你可以换一种方法用柔和的语气说：

"我能理解您此时的感受，××先生，在××公司工作的B先生给我们寄来了感谢信，他说到我们公司产品的一些优点，如果您需要，我可以给您看一看他给我们的来信。"这时，客户也处在犹豫不决的时刻，他也希望有成功应用该产品的案例。

顾客在购买商品之前，会对商品持有一定的怀疑态度，但如果有人使用并认可该物品，顾客就比较放心。推销员如能有效利用这一点，会大大提高业务效率，因为借助于已成交的一批顾客去吸引潜在顾客，无疑增强了推销论证的说服力。尤其是已成交的顾客是非常知名的人物时，你的说服更加有力量了。

乔思转行成为一家珠宝店的推销员。有一次，他到北方一个小城去推销玉镯，当时很多人都笑话他。因为那个地方的人终年都穿着长袖，手臂很少外露，所以，这个地方的人并没有戴玉镯的习惯和喜好，如果有人到这里去卖玉镯、手链之类的装饰品，他的大脑肯定有问题。

刚好当时有一位著名歌手到这个城市演出，他灵机一动通过关系，送了那位著名歌星一对玉镯，唯一的要求就是在演出的时候，一定要戴上。在演出现场，那位歌星白臂玉镯相得益彰，一下子吸引了不少人的兴趣。而且，在演出中，那位歌星更换了多套衣服，有长袖也有短袖，但她一直戴着那对玉镯，而无论她穿什么样的衣服，玉镯的光芒总是忽隐忽现地透露出来。

接下来，他的推销工作开始了，事实上，已经开始一大半了，因为他在推销时说："瞧，那晚××歌星演出时带的就是这对玉镯，相信你带上也能和她一样美丽动人。"

很快，那座城市掀起了一阵佩戴玉镯的风气，乔思的推销工作自然也获得了巨大的成功。

在推销中善用榜样，那种离现实生活不太遥远的榜样更要利用起来，比如，顾客认识的人，甚至是他的亲戚、他的邻居。现实生活中的"榜样"太多了，你应该多用心去发掘，必要时就把他们"抬"出来，他们的说服力比你直接费唇舌要强得多。

一位图书公司推销员对客户说："王主任，你认识县商业局的教育科长老李吗？他刚从我这里买去500本书，我想你们县物资局跟他们那儿情况差不多，也迫切需要有关市场经营与企业管理方面的书籍，你说是吗？"

一位推销家用小电表的促销员向顾客介绍产品时，总是这样开头的："我看你邻居家安装的就是这种型号的电表，可省电啦！"无论这笔生意能否谈成，这样的宣传旁证在顾客心目中都会留下很深的印象，自然会对推销的产品产生兴趣。

制造一种旺销的景象

每一个人都懂得时间的重要性，运用这一点制造紧迫感是非常有效的。如果是推销房地产，你有必要这样对顾客说："我相信你明白生意场上'时间就是一切'的含义。我觉得要是你今天放弃购买这套房屋的话，你会感到很后悔，每个人都能看见房价在飞涨。"

你可以随时从报纸及电视广告中看到那种限时报价，商场和超市都在运用这种技巧出售所有商品，不管是弹簧床垫还是冰镇橙汁。例如，一位零售商会说某某报价在某段规定时间内有效，顾客要是错过的话，就会失去获得好交易的机会。限时报价如此有成效，这就不难理解为什么美国公众常常被铺天盖地的鼓动性广告所包围。

几年前，气流公司的董事会主席韦德·汤普森和总裁莱里·哈托共同做了一个电视广告，表示他们将为那些购买了该公司最新款汽车的客户提供1.5万美元的储蓄公债，而这笔公债只能在规定时间内领取。这个广告尤其吸引了那些常为买了豪华车回家而感到不安的老年夫妇，当他们了解到公债可以最终转让给他们的子孙时，他们的内疚感减轻了许多。

虽然1.5万美元的市政公债要在10年到期后才能兑付，但是在顾客中却产生了轰动效应，很多人都赶在报价到期之前急着购买该公司的汽车。

任何人买东西都有一个理由，所以为了推销成功，你必须向你的顾客提供他为什么应当买你的产品的具体理由。如果你的言语中体现不出这一重点，顾客就无法产生立刻购买的动因。你可以说你的产品存货不多，顾客不尽快买的话，很可能遭遇可怕的后果，这样的说法往往能创造出顾客购买的必要性。

当你推销汽车时，你会有一种感觉，那就是顾客本来急于拥有一辆新车，但不知为什么又犹豫不决。这时你可以说："我们的车库里只剩下一辆这种颜色和款式的车了，要是您想要的话，我可以替您准备好，今天下午就可以取货。但是，如果您选择等一等的话，我担心这辆车会很快被别人买走，我们今天上午就已经卖出了两辆这样的车。当然，我们还有另外一个办法，那就是我给别的推销员打电话，让他们替你选一辆，但那样可能需要等上一个星期，而且，我也不敢保证您就能得到您真正喜欢的车。"

对于那些垄断性产品或别人不易得到的东西更容易制造出紧迫感，因为它是独一无二的，如果你告诉他："如此不易获得的珍品，你一旦与它失之交臂，下一秒它将有可能出现在你隔壁邻居家的客厅里，成为他炫耀的资本，你会后悔莫及。"一般对方都会心动，并行动起来。

口才加油站

抽驴

相传，清朝有个富家小姐叫九凤，嘴尖舌薄，常常以愚弄他人来取乐。一天早晨，九凤站在门口，啃着馒头。这时，一位年过60岁的老人骑着毛驴哼哼呀呀地从她面前经过。九凤灵机一动，朝他喊道："喂！吃馒头吧！"

老人连忙从驴背上跳下来，毕恭毕敬地说："谢谢小姐的好意，我已经吃过早饭了。"九凤一本正经地说："我没问你呀，我问的是你的毛驴。"说完，她得意地一笑。

老人听了非常气愤，猛然转过身子，照准毛驴脸上"啪、啪"就是两巴掌，说道："出门时我问你城里有没有朋友，你斩钉截铁地说没有，没有朋友怎么会有人请你吃馒头呢？"

"啪，啪"，老人又在驴屁股上抽了两鞭，说："看你今后还敢不敢戏弄我！"说完，便骑上驴扬长而去。

九凤本想使用指桑骂槐术愚弄老汉，不想老人以牙还牙，让九凤自取其辱。

在社交中，我们经常会碰到其他人的故意刁难，这时我们不妨采用"指桑骂槐"的方法予以反击，也就是通过骂其他事物而达到骂论敌的目的。

卖药的与卖书的

药剂师走进一个书店，随手从书架上拿起一本书，问书店的领导：

"这本书有趣吗？"

书店的领导认识这位药剂师，他回答道：

"不知道，没读过。"

"天啊！你怎么能卖你自己都没读过的书呢？"

"难道你能把你药铺里的所有药都尝一遍吗？"

书店领导运用"以毒攻毒"的方法制止了对方拿自己寻开心的念头，使对方搬起石头砸到了自己的脚。

第二十二章　说服口才

先抬高再说服

要说服一个人，最好先把他抬高，给他一个超乎事实的美名，就像用"灰姑娘"故事里的仙棒，点在她身上，会使她从头至脚焕然一新。

从孩子的天性，我们可以发现一点：当我们称赞夸奖他们时，他们是何等高兴满足。其实，他们并不一定具有我们所称赞的优点，而只是我们期望他们做到这点而已。这就是一种典型的"戴高帽"之例。在我们与人交往时，何不效仿这一做法呢？因为不管是大人还是小孩子，他们都喜欢别人给自己一个美名，如果他们没有做到这一点，内心里也会朝此目标努力，因为他们知道这样就可以得到一个美名，获得他人的赞许。

假如一个好工人变成粗制滥造的工人，你会怎么做？你可以解雇他，但这并不能解决任何问题。你可以责骂那个工人，但这只能引起怨恨。

亨利·汉克，是印第安纳州洛威市一家卡车经销商的服务经理，他公司有一个工人，工作每况愈下。但亨利·汉克没有对他吼叫或威胁他，而是把他叫到办公室里来，跟他进行了坦诚的交谈。

他说："希尔，你是个很棒的技工。你在这里工作也有好几年了，你修的车子也都很令顾客满意。有很多人都赞美你的技术好。可是最近，你完成一件工作所需的时间却加长了，而且你的质量也比不上你以前的水平。也许我们可以一起来想个办法解决这个问题。"

希尔回答说他并不知道他没有尽到职责，并且向他的上司保证，他以后一定改进。

他做了吗？他肯定做了。他曾经是一个优秀的技工，他怎么会做些不及过

285

去的事呢？

包汀火车厂的董事长撒慕尔·华克莱说："假如你尊重一个人，这个人是容易被诱导的，尤其是当你显示你尊重他是因为他有某种能力时。"

对于那些地位显赫、有权有势的人，想要说服他，更要学会先抬高后说服的策略。

古代，有位宰相请理发师给他修面。那理发师修面修到一半时，忽然停下刮刀，两眼直愣愣地看着宰相的肚皮。

宰相见理发师傻乎乎发愣的样子，心里很纳闷：这平平板板的肚皮有什么好看呢？就问道：

"你不修面，却看我肚皮，这是为什么呢？"

"听人们说，宰相肚里能撑船，我看大人您的肚皮并不大，怎么可以撑船呢？"

宰相一听，哈哈大笑。

"那是讲宰相的度量十分大，能容天容地容古今，对鸡毛蒜皮的小事从不斤斤计较。"

理发师一听这话，"扑通"一声跪倒在地，哭着说："小人该死，方才修面时不小心，将大人您的眉毛刮掉了，万望大人大德大量，恕小的一罪！"

宰相听说自己的眉毛被刮了，不禁怒从心起，正想发作，转念一想：刚才自己还讲宰相的度量很大，我又怎好为这小事给他治罪呢？于是，只好说："不妨，用眉笔把眉添上就行了。"

聪明的理发师以曲折迂回之法，层层诱导宰相进入自己早已设定的能进难退的"布袋"中，避免了一场驾临头上的灾难。

你若要在某方面去改变一个人，就把他看成他已经有了这种杰出的特质。莎士比亚曾说："假如他没有一种德行，就假装他有吧！"给他们一个好的名声来作为努力的方向，他们就会不计前嫌，努力向上，而不愿看到你的希望破灭。

从得意事说起

每个人都有一些自己认为值得终身纪念的事。如果能预先打听清楚，在有意无意之间，很自然地讲到他得意的事情，只要他对你没有厌恶的情绪，只要他目前没有其他不如意的事情，在情绪正常的情况下，他一定会高兴地听你说的，当然此时说服他就容易得多了。

你在说服的时候当然要注意技巧，表示敬佩，但不要过分推崇，否则会引起他的不安。对于这件事情的关键，要慎重提出，加以正反两方面的阐述，使他认为你是他的知己。到了这种境地，他自然会格外高兴，会亲自讲述，你应该一面听、一面说几句表示赞赏的话。如此一来，即使他是个冷静的人，也会变得和蔼可亲。你再利用这个机会，稍稍暗示你的意思，进行试探，作为第二次进攻的基点。这不是失败，而是你说服他的初步成功，对于涉世经验不丰富的人，得此成绩，已不算坏，若想一举成功，除非对方与你素有交情，又正逢高兴的时候，而且你的谈吐又是很容易令人接受的，否则千万不要存此奢望。

不过对方得意的事情要从哪里去探听，那当然要另谋途径。试着在你的朋友之中找一下有否与对方交往的人，如果有，向他探听当然是最容易的。如能留心报纸上的新闻或其他刊物，平日记牢关于对方的得意事情，到时便可以应用。此外，随时留心交际场合中的谈话，像这些时候谈到对方得意的事情，也是很平常的。但是必须注意，对方得意的事情，是否曾遭到某种打击而消灭，如有这种情形，千万别再提起，以免引起对方不快，反而对你不利。因为对方在高兴的时候，你的请求，易于接受；在对方不高兴的时候，虽是极平常的请求，也会遭到拒绝。比如，对方新近做成了一笔生意，你称赞他目光精准，手腕灵活，引得他眉飞色舞，乘机暗示来意，也是好机会。诸如此类的例子很多，全在于你随时留心，善于利用。

不过当你提出请求时，第一，要看时机是否成熟，第二，说服过程中要不卑不亢。过分显出哀求的神情，反而会引发对方藐视你的心理。尽管你的心里十分着急，但说话表情还是要表现大方自然，不要只为自己打算，而是要说出为对方着想的理由来。

发现对方弱点

当你想改变一个人做某一件事的方法，将新方法推荐给他时，他不一定愿意采用你的新方法，他会感觉还是老方法好。即使你是上司，也要记得，说服总比强迫好，用说服的方法会使你得到更大的好处，更长远的好处。

你的目的是让他抛弃他的旧思想，接受你的新思想，但是除非他完全相信你的新方法好于他的旧方法，而且还能给他带来更大的好处，他才可能放弃他的旧思想，接受你的新思想。为了使别人更顺畅地接受你的思想，要引导他客观地、实事求是地检查他自己的情况，以便于你指出并暴露他的弱点。

当你发现了对方弱点的时候，你就可以用这个弱点说服他接受你的观点。当他明白那确实是他的弱点的时候，他就会敞开胸怀接受你的建议。当你想说服某人接受你的观点时，最好是先让他开口说话，让他替他自己的情况辩护。但你心里清楚你占有优势，这样，他说着说着就不可避免地要暴露出自己的弱点，你可以用这些弱点攻破他的防线，但最好还是让他自己发现自身的弱点。

你怎么才能让他透露他的观点呢？不妨向他提出一些主要的问题。为了帮助你尽快掌握这种方法。让我们听听一家大公司的企业关系部主任谢利·贝内特女士是怎么说的。

"如果我的一个新计划或者一种新思想遭遇一个雇员的阻力，我总会想方设法听听他的意见。"贝内特女士说，"他的意见总能给我一些提示，让我找到向他发问的门路。因为他在谈话中，多多少少会暴露出一些弱点，实际上，他也知道这些弱点，但这些弱点对我都是大有帮助的。我请他把反对理由的要点再考虑几次，然后通过询问他还有什么其他想补充的以发掘更多的情况。

通过询问一系列的问题，我能够得到他认为是重要的各种情况。在宣布我的主张之前，我要告诉他我对他的观点很感兴趣。一开始我让他多讲话，但绝不能让他操纵这次对话。我要通过提问来控制形势，我越问，他的话就会越少，到后来就会张口结舌。这样，我就完全掌握了主动权。如果你想确保你的思想方法战胜他的思想方法，你就让他设身处地发现他自己的弱点，那样他就会心甘情愿地接受你的观点了。"

你也可以像她那样做，如果你让说服对象先发表他们的看法，他们就会暴露他们的思想，从而你就会发现他们的弱点。当他们意识到自己在谈话中有漏洞的时候，就会更愿意接受你的观点。

当然，如果你发现他的旧方法比你的新方法更好，则应保留旧方法而丢弃你的新方法，其结果依然对你有利。

巧用"指桑骂槐"

指桑骂槐（漂亮的别名叫"春秋笔法"），即明明对某人某事不满，但并不直接进行攻击，而是采用迂回的方式表露自己的意愿。

有个人在朋友家做客，天天喝酒，住了很久还没有启程之意，主人实在感到讨厌，但又不好当面驱逐。

一次两人面对面坐着喝酒，主人讲了这么一个故事："在偏僻的路上，常有老虎出来伤人。有个商人贩卖瓷器，忽然遇见一只猛虎，张着血盆大口，扑了过来。说时迟，那时快，商人慌忙拿起一个瓷瓶投了过去，老虎不离开，又拿一瓶投了过去，老虎依然不动。一担瓷瓶快投完了，只留下最后一只，于是他手指老虎高声骂道：'畜生畜生！你走也只有这一瓶，你不走也只有这一瓶！'"

客人一听，拔腿就走了。

主人明说老虎暗指客，这种暗示性的警告达到了逐客的效果，避免了主客的正面交锋。

对于某些人的愚蠢行为，通常应该直言不讳，立马制止。然而，在某种特殊情况下对某些特殊人物，直接进行口舌交锋，往往达不到你要的效果。此时，指桑骂槐的说服手法就派上用场了。

当一个上司要责备属下时，也可以使用这种技巧。譬如，虽然你明明是要责备乙的不是，但你并不正面指责，而以指桑骂槐的方式来责备甲，因为此时你若是责备乙，乙的心里必感到难受，对日后的改进不见得就会奏效，何况你们二人之间尚有一段距离。

但是为何又要责备甲呢？因平时你与甲之间已不存在隔阂，即使甲也犯了同样的过错而受到上司的指责，也不会感到十分在意。但是，因为当时乙也在场，他听后心里会想"原来这样的过错我也犯过"，于是乎你的目的便已达到。

而此时的乙也绝不会认为"反正这是别人的错，不关己事"，反而会因为"原来上司是在说我，但他并不责骂我，反而责骂他人来顾全我的脸面"而感激不尽。

指桑骂槐的指责方式，对下属是很奏效的。

指桑骂槐的好处，在于不直接针对具体对象，然而通过故事的情境性，又能转换出受众对强调之物的感受性——所谓说的是那里的闲话，指的其实是这里的事情。

诱导对方点头

一个人的思维是有惯性的，当你朝某一个方向思考问题时，你就会倾向于一直考虑下去，这就是为什么有些人一旦沉醉于某些消极的想法之后，就一直难以自拔的道理。在人际交往中我们应懂得并善于运用这一原理。与人讨论某一问题时，不要一开始就将双方的分歧亮出来，而应先讨论一些你们具有共识的东西，让对方不断说"是"，渐渐地，你开始提出你们存在的分歧，这时对方也会习惯性地说"是"，一旦他发现之后，可能已经晚了，只好继续说"是"。

日本有个聪明的小和尚，他的名字可谓家喻户晓：一休。有一次，大将军足利义满把自己最喜爱的一个龙目茶碗暂时寄放在安国寺，没想到被一休不小心打碎了。就在这时，足利义满派人来取龙目茶碗。

大家顿时大惊失色，不知所措，茶碗已被一休打碎，拿什么去还呢？

一休道："不必担心，我去见大将军，让我来应付他吧！"

一休对将军说："有生命的东西到最后一定会死，对不对？"

足利义满回答："是。"

一休又说道："世界上一切有形的东西，最后都会破碎消失，是不是？"

足利义满回答："是。"

一休接着说："这种破碎消失，谁也无法阻止是不是？"

足利义满还是回答："是。"

一休和尚听了足利义满的回答，露出一副很无辜的神情接着说："义满大人，您最心爱的龙目茶碗破碎了，我们无法阻止，请您原谅。"足利义满已经连着回答了几个"是"，所以他也知道此事不宜再严加追究了，一休和尚和外鉴法师便这样安然地渡过了这一难关。

在说服中，可以先巧设陷阱，在对方没有防备的情况下，诱其说"是"。让对方多说"是"的好处就是使对方在不知不觉中一步步坠入圈套，这时候你便牵住了他的"牛鼻子"，对方于是不得不就范。

促使对方说"是"的方法很多，最简单的方法就是以双方都同意的事开始谈话，这样就可以让对方多说"是"，少说或不说"不"。

很多人先在内心制造出否定的情况，却又要求对方说"好"、表现出肯定的态度，这样做是不可能让对方点头的。假如你要使对方说"好"，最好的方法是制造出他可以说"好"的气氛，然后慢慢诱导他，让他相信你的话，他就会像是被催眠般地说出"好"。

换句话说，你不要制造出他可以表示否定态度的机会，一定要创造出他会说"好"的肯定气氛。

迫使对方点头称"是"的妙方：

1. 从双方都同意的事情开始谈话，这样就可让对方多说"是"。

2. 制造出一种可以说"是"的氛围，然后慢慢诱导对方。

3. 在你向对方发问，而对方还没有回答前，你要先点头称"是"。

让历史做说客

以史为鉴，于人可以知得失，以古为鉴，于国可以知兴替，小到立身，大到治国，历史都是一面镜子。因此，在辩说中引用历史的经验和教训作为论据，极富说服力。

1937 年 10 月 11 日，罗斯福总统的私人顾问亚历山大·萨克斯受爱因斯坦等科学家的委托，在白宫同罗斯福进行了一次会谈。会谈的主要目的是，要求总统重视原子能的研究，抢在德国之前造出原子弹。

萨克斯先向罗斯福面呈了爱因斯坦的长信，接着读了科学家们关于发现核裂变的备忘录，然而，总统对这些枯燥、深奥的科学论述不感兴趣。虽然萨克斯竭尽全力地劝说总统，但罗斯福在最后还是说了一句："这些都很有趣，不过政府若在现阶段干预此事，似乎还为时过早。"这一次的交谈，萨克斯失败了。第二天，罗斯福邀请萨克斯共进早餐。萨克斯十分珍惜这个机会，决定再尝试一次。

一见面，萨克斯尚未开口，罗斯福便以守为攻地说："今天我们吃饭，不许再谈爱因斯坦的信，一句也不许谈，明白吗？"

萨克斯望着总统含笑的面容说："行，不过我想谈一点儿历史。"因为他知道，总统虽不懂得物理，对历史却十分精通。

"英法战争期间，"萨克斯接着说，"在欧洲大陆一往无前的拿破仑，在海战中却不顺利。这时，一位年轻的美国发明家罗伯特·富尔顿来到这位伟人面前，建议把法国战舰上的桅杆砍断，装上蒸汽机，把木板换成钢板，并保证这样便可所向无敌，很快拿下英伦三岛。但是，拿破仑却想，船没有帆就不能航行，木板船换成钢板船就会沉没。他认为富尔顿是个疯子，把他赶了出去。历史学家在评价这段历史时认为，如果拿破仑采取富尔顿的建议，19 世纪的历史将会重写。"

萨克斯讲完后，目光深沉地注视着总统。他发现总统已陷入了沉思。

过了一会儿，罗斯福平静地对萨克斯说："你胜利了！"萨克斯激动得热泪盈眶，他明白胜利一定会属于盟军。

萨克斯的借古谏君术大功告成。

引用史实可以充分发挥历史事实、典故无可辩驳的说服力，生动形象而且引人入胜，有助于人们从中得出结论。

值得注意的是，所用事例要避开那些已被广泛应用的材料，那样会让人觉得平淡无味，丧失兴趣，当然也达不到预期的效果。

软磨硬泡逼近

在处理问题时，西方人喜欢用快去快回的交涉方法，他们对这些没有耐心，希望将事情快点解决，然后就去忙别的。而东方人却喜欢马拉松似的车轮战，问题一个接一个，且非谈出个满意的结果来不可，有时又会像棒球捕手利用迅速不断而又毫无意义的虚晃动作来干扰击球者一样，以期把对方弄得晕头转向，再慢慢解决问题。

以20世纪70年代的巴黎和谈来说，一开始越南代表就在巴黎租了一个别墅，签下为期2年的租约，而美国的代表却只有里兹的旅馆，订下一个按日计算的房间。因为他们根本没有耐心，也不认为交涉会拖得很久，即使美国人过去有过韩国板门店谈判3年的教训，但仍然不习惯作长期交涉。

事实上，正如越是嘈杂的机器，所获得的润滑油就越多。如果能有坚韧的耐心，不厌其烦地把许多问题和资料搅和在一起，让对方已经为目前的问题苦恼万分，还要忍受不断的轰炸。等他疲劳之余，正想撒手放弃，而你却缠着不放，做地毯式的攻击，伺机向对方提出"最后通牒"。对方在不胜厌烦的状况下，一般都会同意看来还算合理的条件，以彻底摆脱烦恼。说服最忌讳的就是遇到困难就退缩的态度，或没有耐心、速战速决的方法。有很多事情，不是一时半会儿就可以解决的，你要找出问题的症结，了解对方冒险的程度、考验对方的实力、找出对方的弱点、知道对方的要求，或者要改变对方的期望程度，等等，都需要时间来完成，甚至应该知道对方处在压力下会做出什么选择，这一切都是需要时间的。如果没有坚强的意志、毅力，是不会达到你理想的目标的。

说服中的步步紧逼还表现在穷追不舍上。面对敏感的问题，有时说服对象表达出现了障碍，说服者无法获得满意的答复，然而，这一答复对于说服又至关重要。面对这种情况，有经验的说服者会设计出一系列问题，或纵向追问，或横向追问，从而"挤"出一种明确的答案，搞清事实。

巴普自办了一个剧场，却总无戏剧评论家前来光顾，他深知没人宣传就没有观众，于是大胆闯入《纽约时报》搬尊神了。巴普点名要见著名评论家艾金森，凑巧艾金森在伦敦访问，巴普干脆待在报社不走："我就等到艾金森先生回来！"艾的助手吉尔布无奈，只好询问其原因。巴普便大施说服之术，说他的演员如何优秀，观众如何热烈，最后摊牌："我的观众大多是从未看过真正舞台剧的移民，如果贵报不写剧评介绍，那我就没经费继续演下去了！"吉尔布见其态度坚决，不由感动了，答应当晚就去看戏。谁知，露天剧场的演出到中场休息时，便遇上了滂沱大雨，巴普一次次地游说，真诚也有，"无赖"也有，斯人斯言到底感动了上苍，几天后一篇半拉子戏的简评见报，巴普剧场也日渐红火起来。

一个名不见经传的小小剧场主，其言何以搬动了《纽约时报》这尊大神？那不正是步步紧逼、巧舌游说的结果吗？言语的力量，正是在那步步紧逼、软缠硬磨中展示出来的。

欲速则不达，要说服成功一定要周密策划，沉着应付。对方施硬，你就来软；对方转软，你要变硬；应该讲法时，对他讲法；应该说理时，和他说理；应该论情时，与他论情；应该谈利害时，向他谈利害；用各种方法来轮番"轰炸"，始终坚持，绝不妥协。在说服过程中，耐心是最强而有力的武器，尤其是当对方已经感到厌烦或放弃与你争论的时候，只要你再做最后的坚持，不利的形势就会好转。

用比喻讲道理

比喻，可谓说辩艺术之精华。比喻是用具体的、浅显的、熟知的事物去说明或描写抽象的、深奥的、生疏的事物的一种手法。说理中，取喻明显，把精辟的论述与摹形状物的描绘糅合为一体，既能给人以哲理上的启迪，又能给人以艺术上的美感。

古希腊哲学家亚里士多德说过："比喻是天才的标志。"的确，善于比喻，是驾驭语言能力强的表现。说理时运用贴切、巧妙的比喻，可以生动地表情达意，增强说理的魅力。

公元前598年（周定王九年），南国霸主楚庄王兴兵讨伐杀死陈灵公的夏征舒。楚师风驰云卷，直逼陈都，不日即擒杀了夏征舒，随即将陈国纳入楚国版图，改为楚县。楚国的属国闻楚王灭陈而归，俱来朝贺，独有刚出使齐国归来的大夫申叔时对此不表态。楚王派人去批评他说："夏征舒杀其君，我讨其罪而戮之，难道伐陈错了吗？"申叔时要求见楚王当面陈述自己的意见。申叔时问楚王："您听说过'蹊田夺牛'的故事吗？有一个人牵着一头牛抄近路经过别人的田地，践踏了一些禾苗，这家田主十分气奋，就把这个人的牛给夺走了。这件事如果让大王来断，您怎么处理？"庄王说："牵牛践田，固然是不对，然而所伤禾稼并不多，因这点事夺人家的牛太过分了。若我来断，就批评那个牵牛的，然后把牛还给他。"申叔时接过楚王的话茬儿说："大王能明断此案，而对陈国的处理却欠推敲。夏征舒弑君固然有罪，但已立了新君，讨伐其罪就行了，今却取其国，这与夺牛的性质是一样的。"楚王顿时醒悟，于是恢复了陈国。

利用同步心理

什么是同步心理呢？同步心理就是凡事想跟他人同步调、同节奏，也就是"追随潮流主义"，是那种想过他人向往的生活、不愿落于潮流之后的心理在作祟。正是由于同步心理的存在，那种不顾自身财力和精力，也不管是否真心愿意而豁出去做的念头，就很容易趁势而入，支配人们的行为，促使人们盲目地做出与他人相同的举动，因而陷入生活拮据的窘境。在国内，这种同步心理相当严重。"大家都这样"等字眼的频繁使用，正是这种"从众"心理的体现。

妻子："听说小张买了房子，而且还是座小型花园别墅，总共有90平方米。真好啊！我们的一些朋友都已经陆续有了自己的家。唉！真是让人羡慕，什么时候我们也能和他们一样呢？"

丈夫："啊，小张？真是年轻有为啊！我们也得加快脚步才行，总不能在这里待上一辈子吧！可是贷款购房利息又沉重得惊人。"

妻子："小张还比你小5岁呢。为什么人家可以，你就不行呢？目前贷款购房的人比比皆是，况且我们家也还负担得起。试试看嘛！不如这个星期我们去看看吧！现在正是促销那种花园别墅的时机呢！买不买是另一回事，看看也不错！"

于是星期天一到，夫妇俩就带着孩子去参观正在出售的房子。

妻子："这地方真好啊！环境好又安静，孩子上学也近，而且房价也是我们负担得起的。一切都那么令人满意，不如我们干脆登记一户吧！"

丈夫："嗯，是啊！的确不错。我们应该负担得起。就这么决定吧！"

这句话正中妻子的下怀。她早看准了丈夫的决心一直在动摇，而用旁敲侧击的方法让他做出决定，这是妻子的成功所在。

这位妻子为何能够如愿以偿呢？因为她懂得去激发同步心理。

上个例子中的妻子成功地掌握了丈夫的同步心理，进而采取相应的说服对策。她先举出邻居张先生的例子，继而运用"大家都买了房子""大家都不惜贷款购屋"等一连串话语来激发丈夫的同步心理。

通常人们在受到这类刺激后就很容易变得没主见，掉入盲目附和的陷阱。所以，推销员或店员经常会搬出"大家都在用"或"有名的人也都用"等推销话语，促使人们毫不犹豫地接受。

保持适当沉默

在说服时，适当地保持沉默，引起对方的好奇心和信赖感，无疑是一种很好的方法。美国前总统尼克松也是善于用"沉默"战术赢得公众支持的领导人。

1960 年美国总统的选举，尼克松和肯尼迪是一对竞争激烈的对手。尼克松以其时任副总统之职，在开始时占绝对的优势，但选举的结果，肯尼迪扭转了形势，获得胜利。

1968 年，尼克松再次竞选美国总统，他汲取上次失败的教训，想要彻底改变形象。他所采用的技巧之一就是沉默说服。

这次的选举对尼克松来说，形势远比上次艰难，因为他首先必须打败洛克菲勒等强劲的对手，取得共和党的提名。所以尼克松在迈阿密的共和党大会中，尽量保持沉默稳重，表现得对自己很有信心。他说话时，除了强调"法和秩序"以及"尽力达到完美境地"外，绝口不提其他具体的策略，希望能借此完全的沉默战略，给人以可信赖感，彻底改变他的"败犬尼克松"的形象。结果，他的战略成功了，他不仅以微弱的优势获得共和党提名，而且在总统大选中，大败民主党对手，荣登美国总统宝座。

在人们的印象中，一般都认为说服应当凭借好口才，用语言攻势，打败对方，让人信服。其实不然，偶尔采取沉默战术同样可以达到说服的效果。沉默可以引起对方注意，使对方产生迫切想了解你的念头。以下我们就来看看一个利用沉默成功说服的例子。

日本一家著名的电机制造厂召开管理员会议，会议的主题是"关于人才培育的问题"。会议一开始，山崎董事就用他那特有的声音提出自己的意见："我们公司根本没有发挥人才培训的作用，整个培训体系形同虚设，虽然现在有新进职员的职前训练，但之后的在职进修却成效不显著。职员们只能靠自己的摸索来熟悉工作情况，很难与当今经济发展的速度衔接在一起，因而造成公司职员素质水平普遍低下、效益不高。所以我建议应该成立一个让职员进修的培训机构，不知大家看法如何？"

"你所说的问题的确存在，但说到要成立一个专门负责培训职员的机构，我们不是已经有这种机构了吗？据我了解，它也发挥了一定的功能和作用，我认为这一点可以不用担心……"社长说。

"诚如社长所说，我们公司已经有组织，但它并没有发挥实际作用。实际上，职员根本无法从中得到任何指导，只能跟着一些老职员学习那些已经过时的东西，这怎么能够将职员的业务水平迅速提升呢？而且我观察到许多职员往往越做越没有信心、越做越没干劲。所以，我认为它的功能不佳，所以还是坚持……"山崎不卑不亢地说。

"山崎，你一定要和我唱反调吗？好，我们暂时不谈这个话题，会议结束后，我们再做一番调查。"社长有些生气。

就这样，一个月后公司主管们重新召开关于人才培训的会议。这次社长首先发言。

"首先我要向山崎道歉，上次我错怪他了。他的提案中所陈述的问题确实存在。这个月我对公司进行了抽样调查，结果发现它竟然未能发挥应有的功效。因此，今天召集大家开会是想讨论一下应该如何改变目前人才培育的方法，请大家尽量发表意见吧！"

社长的话一出口，大家就开始七嘴八舌地提出建议，但令人奇怪的是，这一次山崎董事始终一语不发地坐在原位，安静地聆听着大家的意见，直到最后他都没说一句话。

会议结束以后，社长把山崎董事叫进社长办公室详谈。"今天你怎么啦？为什么一句话也不说？这个建议不是你上次开会时提出来的吗？"

"没错，是我先提出来的。"山崎说，"不过上次开会我把该说的都说了，其实那无非是想引起社长你对这个问题的重视罢了。现在的目的已经达到，我又何必再说一次呢？还不如多听听大家的建议。"

"是吗？不错，在此之前我反对过你的提议，你却连一句辩解也没有。今天大家提出的各种建议都显得很空洞，没有实际的意义，反倒是你的沉默让我感到这个问题带来的压力。这样吧！这件事就交给你去办好了！今天起由你全权负责公司的人才培训工作。请好好努力吧!"社长终于交底了。

"是,谢谢您对我的信任,我一定会努力把这件事做好!"山崎说。

中国有句古话:"不言之言。"还有句俗话:"雄辩是银,沉默是金。"这都说明保持沉默也能达到说服的效果。

上面这个例子是个典型的沉默说服法成功的案例。如果你真能适时地利用沉默,有时发挥的作用可能反而要比说话大得多。

口才加油站

天鹅事件

一次,齐王派遣淳于髡向楚王进献一只天鹅,淳于髡在路上一不小心让天鹅飞跑了,他只好扛着空笼子,在心里编造好一套假话来到楚国。

见了楚王后,淳于髡说:

"齐王派下臣前来进献天鹅,由于途中天气十分炎热干燥,下臣不忍心看天鹅饥渴,便放它出来喝水,没想到它一从笼中出来就飞跑了。当时,下臣想以自杀谢罪,但又担心人们会议论大王为了一只动物而致使一个信士被迫自杀,玷污了大王的名声;下臣也曾想过找一只形状相似的天鹅作为替代,但这样做不仅欺骗了您,也欺骗了我们齐王;下臣还想过干脆逃到别的国家去算了,但这样做会使齐楚两国的交往中断,那我的罪责就更大了。所以,我最后还是下定决心前来认罪,心甘情愿地接受大王的惩罚。"

楚王听了这番辩白之后,连声称赞淳于髡是齐国的诚信之士,非但没有惩罚他,反而给了他相当于天鹅价值一倍的赏赐。

淳于髡在处理"天鹅事件"的成功秘诀在于两点:一是谎言编得真实圆润,合情合理,以至于撒了谎还被夸为"信士";二是善于创造"实话实说"的个人形象,把自己的想法"真诚坦直"地告诉楚王,摆出一副为了齐楚两国着想的姿态。于是,淳于髡成功地说服了楚王。

最妙的法宝

一次,惠盎去见宋康王。康王劈头喝道:"我可不喜欢什么仁义道德的空论,你要教些什么点子给我呢?"

惠盎回答:"臣下有一种比你想知道的还要神秘的东西,有了这个东西,就算是天下最勇猛的人,也别想刺进您身;就算天下最狠的人,也休想击倒您,陛下难道没有兴趣听听?"

康王说:"这正是寡人所喜欢听的。"

　　惠盎见时机成熟，开始进入正题，"说起来，其实这个刺不进身、击不倒您的护身法还不算高明呢！因为这一刺一击毕竟还是有辱您的尊严，更高明的应该是叫那些爱斗好狠的武夫，根本不敢近您的身。这还不够好，因为纵使外表不敢，心里头的敌意却是无法消除掉的；而我的这个法宝就是叫那些人从心眼里对大王就没有敌意，使天下和平祥和，这样的局面难道不是大王最喜欢的吗？"

　　宋王一听，乐不可支，心想：天底下竟有如此妙方，连忙催促惠盎快说。

　　惠盎见宋王的胃口已经被吊起来了，便不紧不慢地说："这个法宝不是别的，正是孔子、墨子两家的学说。这话怎么讲呢，您知道孔子、墨子没有寸土之地，但却可以君临天下；没有一官半职，却名噪一时。普天下的人，没有不引颈长盼这种能使天下人获得幸福的学说早日实现的。如今，您是天下尊主，如果能以孔、墨两家学说作为治国蓝本，那么四海升平就可指日可待。像这种不费一兵一戈，不伤一草一木即能治天下的东西，不是最妙的法宝吗？大王能得到这两样东西，实乃国人之幸啊！"

　　宋康王听毕，深有感触地对左右的人说："惠盎的口才真是不简单，没有人能预料他下边要说什么！"

　　在我们说服领导的时候，先不要急着切入主题，应该从对方感兴趣的问题谈起，然后等到他兴趣最高涨的时候，马上转换正题，使对方防不胜防，最终无法反驳。

第二十三章　电话口才

接听电话说话规矩

除了打电话之外，接电话也是一种不可忽视的艺术。当接起电话之后，首先要说："您好。"再问对方具体事宜。当对方指定了某人听电话时，你必须说一声："请稍候片刻。"然后把电话交给指定的人。有时对方指名的人物刚巧不在场。此时，你不应该只回答"不在"而把电话挂断，你应该尽快去找被指名的人。这时，你不妨对他说："××先生不在场，我现在就去找他，请稍等片刻。"

事情谈完，要说些客套的结束语，如"拜托了、麻烦你了、打扰您了、请多多指教、谢谢、再见"等礼貌用语。还应注意：要等对方挂上电话之后，发话人再轻轻放下话筒。

如果你遇到一个在电话里向你喋喋不休谈话的人，而你确有急事要办，武断地放下电话不听又不礼貌，这时可以向对方说："实在对不起，我现在有个重要的会议，时间已经过了，咱们能不能改日再谈呢？"如果是在家里，你可以说："真不凑巧，有个客人来了，我过一会儿再给您打电话好吗？"

此外，当你正忙于处理某件紧要事情时，会遇到这样的情况，对方不怀好意，无理纠缠。面对这种情况一定要机智对待、冷静处理。如美国一位女演员自有妙法。她经常接到一些无理的纠缠者的电话，当她明白对方不怀好意时，便说："我真高兴你打电话来。你知道，我总是——"咔嚓，电话断了。对方当然想不到她是自己把电话挂断的，还以为出了什么故障，便会立即再打一次。这位女演员便暂时不去接听。所以，她绝不会听任突然打电话来的人的摆布。

有时接电话需要记录，这时要借助书面语，边听边记，不清楚之处主动发问："对不起，这一点请您再讲一遍。"尤其是人名、街名一定要问清如何写法，防止同音词混淆。涉及数字、电话号码等一定要复述一遍再记下。等全部要点记录完毕，应当向对方复述一遍，得到对方认可后方可挂断电话。这样的言语处理固然麻烦些，但能保证重要电话的准确接听。

还有一个情况要注意，如果打电话的是重要客人、上级、长辈等时，谈话结束后，要等对方先挂电话，以表示对他们的尊重和应有的礼貌。

电话交谈应注意什么

随着现代通信技术的发展，一个现代人如果不懂得电话交谈的技巧，会直接影响人际关系的建立。而作为一个员工、领导，就更应该掌握电话交谈的技巧，从而有效地与人沟通，也给自己树立良好的个人形象。

一般而言，电话交谈的技巧主要有以下几点：

1. 说出对方公司的全名

处于传送信息状态的电话，我们称为通话；而当通话途中，传入了第三者的声音时，则称之为私语。

例如："林小姐吗？请稍等，我帮你转给夏先生。""夏先生，林小姐的电话。"此时，夏先生如果大意，不管对方是否听得到自己的嗓门，就说："伤脑筋，你跟他说我不在。"这种话若被对方听到了，人家一定会很生气。

平常我们称呼别人时，都会在名字后面加上先生或小姐作为尊称。但对方如果是公司时，就常常省略而造成对方的不愉快。因此，无论对方是人或是公司，我们都应秉持尊敬的态度称呼他。不嫌麻烦地把对方公司的全名都说出来，才不至于让对方认为我们没有礼貌。

2. 音量适中

有活力的声音最美，与人电话交谈时更要保持活力和热情，否则你的声音会显得十分疲倦、颓丧和消极。

如果你打电话时声音变得愈来愈高，可以采用"铅笔法"：手握一支铅笔，举到距离你约25.4厘米的地方，然后对着它说话。如果感到你的声音在这个距离内显得过高，就把铅笔放在低于电话听筒，或与茶几同高的位置，并提醒自己降低音调，运用共鸣。

3. 保持生动和关注

某些鸟类在它们对异性发生兴趣时，会改变身体颜色来传达爱意，萤火虫则是用闪动的荧光来表示它求偶时刻的到来。你是否想过你在电话中说的"喂"传递了什么样的信息？它很可能包容了你电话交谈中的全部基调，它能表现出你的情绪：可能是随意而松弛的，说明你正闲着；也可能是友好而活泼的，表面似乎是说："我很忙，不得不立刻挂掉电话。"其实可能非常粗鲁无礼，预示着接下来是一场暴风骤雨。

要让这声"喂"真正传递出你所希望传递的意思。有些人说这个字时，显得十分傲慢、冷淡，甚至带有敌意，其实他们自己并不知道会这样。因此，我们在电话中要特别注意"喂"的声调和感情。

4. 以应答促成电话交谈成功

面对面交谈与电话交谈时，听者所注意的重点显然不同。以前者而言，纵然说话失礼，也可以表情弥补。只要谈话气氛和乐，大致不会发生问题。

但电话交谈则不然。往往会由于一句无心的话而得罪对方或招致误解。无论以任何表情表示，也无法消除对方的生气，因为对方看不见表情。

工作正忙碌时，却接到客户的电话，对方只是闲话家常，而且越谈越起劲。虽然你想马上结束谈话，但又担心得罪人，只好勉为其难地应付。随着你的心情焦急，语气从恭恭敬敬的"是"，改成"嗯""哦"。

渐渐的，对方会察觉你的态度不恭，而对你感到不满，但其实，对方根本不了解实情。因此，碰到这种情形时，不妨主动说明事实，以委婉的语气结束交谈。

由于电话交谈纯粹是语言沟通，应避免敷衍了事。此外，若是沉默时间太久，必然引起对方误解，以为你没有专心听讲。所以须趁对方说话告一段落时，插上一句"不错"或"是啊"，促成谈话顺利进行。

通电话时看不见面部表情，因此须特别注意声音，因为声音也能反映表情。倘若感到不耐烦，对方照样能从声音中感应出来。

电话应对以让对方感到受尊重最重要。我们要尽量避免一手握着电话听筒，一手按着计算机，或一面喝茶、抽烟，一面接电话的情况。虽然电话交谈彼此都看不见，但基本的礼貌是不可忽视的。

打错电话时如何处理

生活中难免接到打错的电话，比如，你接其电话说："喂！请问您找谁？""啪！嘟嘟嘟嘟……"当你接到这种电话时，你是会火冒三丈、怒发冲冠，还是守在电话旁等它再一次响起？如果是你打错了电话时你怎么办？

打错电话的情况各种各样，常见的情形如下：

有时一时手痒想赶时髦，便用手边的一支笔快速拨，如此极易将号码拨错或按错键。有时却是因为对方电话号码更改或区域号码变了，而拨不到正确号码，这时你又毫无礼貌地"啪"的一声挂断了。这一挂，不仅对对方失礼，而且对打错的原因不检讨，只会一错再错。因此，在打电话时要先确认一次号码，心平气和地定下心来打电话，如果还是打错时，你可以参照下面的做法：

"喂！您好！这里是 A 公司。"

"请问不是 B 公司吗？"

"不是，是 A 公司。"

"啊！非常抱歉，那可否请问电话号码是否是×××××××？"

"是的，号码是对的，但是我们确实是 A 公司。"

"那非常抱歉，耽误您的时间。"

"没关系，再见！"

"对不起，再见！"而且应先等对方挂电话，然后才可以挂电话。

在家中常接到打错的电话，通常都会骂几句，而自己打错了电话时，反应往往也是那些。在家居生活中关系可能没这么紧张，但是在公司的商务电话中就不得不战战兢兢了。

"喂！请问是××建筑公司吗？"

"不是，是×××外贸公司。"

"完了！打错了！怎么办，哎呀，超快挂掉。"

很多人会选择这样的做法，其实，这是最差劲的方法。挂了之后，不仅对方莫名其妙，而你再一次拨号码时，也有可能重蹈覆辙打到同一地方去，这是见怪不怪的事。

因此，当得知自己打错电话时，一定不可慌张或出言不逊，而一定要经过这样的确认，才可以清楚了解到底是拨错号码打错电话，还是记错了号码，弄清问题症结所在，然后正确打电话给对方。

让电波传递美好形象

在你接电话时，你的第一声即代表了你的形象，也代表了给别人留下的第一印象。此时，美妙适中的声音给人的印象是强烈深刻的，可以代表你自己和整个公司的美好形象。

所以，在接听电话时，你一定要注意以下几点：

首先，注意接打电话的时机，这对你的形象至关重要。在第一声铃响结束后用明快热情的语调接电话，保证你已跨出了成功的第一步。打电话到某公司的时候，如果铃声响了很久无人接听，往往会对这家公司产生不好的印象。电话铃响一次约3秒钟，十次也就30秒了，虽然时间看似短暂，可是心理上的等待时间往往比实际时间更久，也因此更容易使人产生不悦，觉得不被尊重。

因此，为了给对方留下良好的印象必须在铃响第一声后马上接电话，即使是离电话机很远也要赶紧过去接电话，在经过五声之后才拿起来就要先致歉，"抱歉！让你久等了。"如此对方才会感受到你的诚意，觉得你是一位有责任感而又有礼貌的人。

生意上往来的电话在响两声后接听是一个基本礼貌，但也有些情况是令人始料不及的。譬如，某百货公司的柜台人员在接待客户时，如果电话铃响了，即使想要去接，也不能不顾一切地迅速离去，应先致歉："麻烦稍等一下，我先去接一个电话。"这样才不至于得罪客人。

其次，要注意接打电话时的声音，这是电话语言的基础和根本。在电话中过高的声音会使人觉得好似打雷，而过低的声调又让人感觉像含了一颗鸡蛋在嘴里似的，含糊不清。音调要恰到好处，才会给人悦耳的感觉。有些人一讲起电话，分贝就无形中提高了，不知道对方早已把听筒拿到耳朵十几二十厘米远，否则耳膜都将被吼破，而有些人的声音又如猫叫，总会令人不断地反问："什么？再说一次！"这将引起对方的厌烦。所以声音太大太小都不好，适中的声音要比过高、过低的声音更能让人接受，容易给对方留下好印象。因此，在进行电话交谈时，声音要比平常高一点，音量适中，咬字尽量清楚，千万不要让对方听起来劳心费神，在短短的几分钟之间，紧抓客户的心。

最后，还要注意接打电话时自己的坐姿如何，这是不可忽视的重要环节。慵懒的姿势会让人"听出你的困意"和"不尊敬"，搞不好还会哈欠连连，毁了一桩好生意！

别以为对方看不到你，就可以倚在靠背上，跷起二郎腿，夹着听筒，空的手一会儿卷卷电话线，一会儿转转笔。其实，这些懒洋洋的动作，对方早已听出来，你的话中有不敬，声调没精神，就会对你的为人大打折扣！

在同别人进行电话交谈时，如果以为对方又看不到自己的姿势而随便、无理的话，极容易发生意外的挫折。譬如，有个职员正用电话和客户谈重要的生意时，随手抽了根烟，突然对方打了个岔说："对不起，我不喜欢人家抽烟，能否请你先熄掉?"这位职员当场傻了眼，不好意思地直赔不是。名牌打火机"啪"的一声响和不断吞云吐雾的鼻息，很快会让对方敏感地察觉到。

在和别人交谈时，树立良好的形象，不仅仅表现出了我们的诚意，而且也会使事情更加好办。

打电话勿乱用应酬话

有的时候，我们打电话找人，对方传来的声音很和蔼可亲："我们朱经理不在，请留言，我会代转。"

假若听到这样的话，不要以为对方一定会回你的电话。

或许你左等右等地等了个十几二十天也没个回音，因为那个和蔼可亲的声音传给你的只是表面的客气。

应该想到，你要找的人不在时，虽然对方请你留话，但他会不会转到并说明回电，这可是不能确定的。

假如你只是个业务员，而要找的又是公司的经理，那么，这种回电的可能性就更小了。千万不要因为对方的一句应酬语就完全当真。

你只有隔几天再打个电话过去确认，事情才能处理妥帖。

生活中做事情拖泥带水的人太多，做事说话都喜欢模棱两可，常常弄得人莫名其妙，搞不清楚他心里到底在想什么。

在电话交谈中，有一些人也喜欢采取这样的态度，总是"是、是"地随声附和，到底说的"是"是什么，连他自己也不清楚。

还有的人回应电话时，说一声"请稍等"之后便无影无踪，而打电话的人在这边却一个劲地等，以为自己要找的人就在那里，别人帮忙叫去了。

当等了半天没人接时，便心生疑团，以为是对方有意不接自己的电话因而产生误会。

有一次，李先生打电话到某公司找该公司的营销部主任，想询问一笔生意上的事情。

电话打过去以后，一位接电话的女职员很客气地说："请稍等一下，我去叫他。"可是，李先生把听筒拿到手发酸，10分钟都过去了也没见把主任叫来，气得李先生把听筒挂了，懒得再通话。

让铃声响得更久些好

不知你在使用电话沟通时，有没有碰过这样的情形？双休日，你正在家里卷袖扎裤地大搞家庭卫生，突然，电话铃声响了，于是你赶紧把手洗干净，然后赶到放电话的地方拿起听筒，这时，听筒里却传来"嘟嘟"的忙音。

"唉，来晚了一步，不知是谁打来的？"于是你心里的滋味很不好受，再回头继续搞卫生时，就没有了先前的那份好心情。

一般来说，有事要打电话的一方，给对方打了电话，通常两至三声时就会有人来接，打电话的一方大概很快就能与对方进行电话交谈。然而，也有遇到特殊情况的时候，那就是对方不能在电话铃响两至三声时拿起听筒。如果打电话的一方听到铃响两至三声就不耐烦，立即放下电话，那么，说不定就容易失去许多机会。

你想想，对方赶到电话机旁电话正好断掉，心情肯定懊恼，而他在懊恼的同时，你不是也正在为没打通电话感到懊恼吗？因此，你在给人打电话的时候，除非有特殊情况，一般至少让电话响十声再挂。因为你给对方一个机会，也等于在给自己一个机会，说不定多等一会儿，机会便由此而来。

上班族回到家里，总有一些家事，尤其是女性，这样那样的家务事就更多了，没有很多的闲工夫守着电话机。电话铃声响起的时候，说不定对方正在忙自己的事情，等"排除万难"去接电话，自然就有那么一会儿时间。

看起来拨电话、等人接电话似乎与说话技巧没有多大关联，其实，既然电话交谈是一门说话技巧，那么，拨电话、等人接电话就都是电话沟通的辅助程序。正确掌握它们的技巧，对你的电话交谈沟通方式将起到不小的作用。

办公室电话忌聊私事

据统计，普通美国人平均每天要花 1 小时来打电话。按一年 365 小时计算，他们在 25 年中，至少要花相当于一年的时间来打电话。电话在生活中占有如此重要的位置，已成为人们须臾不可离开的工具了。对于许多人来说，每天使用电话的次数比拿刀叉的次数还多。

在工作中，我们时常会与电话打交道。电话是我们与上司、同事、下属、客户、朋友等沟通的媒介。在办公室中打电话是很平常的一件事。但是很多时候我们会碰到这样的人：总是借着办公室的电话给朋友打私人电话聊天，这样可以省去一笔电话费；也有人在别人工作的时候，很大声地与朋友聊私人电话，虽然他使用的不是办公室的电话，但是却影响了身边同事的正常工作。

不管你抱着什么心态，都最好不要在办公室聊私人电话，因为这不仅浪费时间，还会影响到同事的工作；更有甚者，如果刚好被你的上司听到你在办公时间聊私人电话，会让你的上司对你的工作态度产生怀疑，破坏你在上司心中的形象。

很多人把办公室比做是没有硝烟的战场。如果你长期使用办公室的电话打私人电话，会让同事们觉得你公私不分，甚至是吝啬小气，也会影响到你与同事之间的关系。

换个角度试想一下，如果是你的同事在你工作的时候，大声地打私人电话，你的心情会如何？如果你的同事长期使用办公室电话聊私人的事情，你又会作何感想？不管是哪种情况，想必你的心情都不会好到哪里去。

所以，尽量不要在办公室和朋友打私人电话，这是对同事、朋友和自己的尊重。

口才加油站

问出客户的具体需求

电话销售人员：您好，刘总，我是××招聘网站的×××，贵公司已成为我们网站的普通会员，购买了发布招聘信息的功能，对吧？

客户：是的。

电话销售人员：那我想现在做个售后调查，不知道有没有打扰到您？

客户：没关系，你说吧！

　　电话销售人员：好的，请问刘总，贵公司目前的人才招聘，除了用我们网站发布消息以外，还有别的方式吗？（问现状，了解客户基本信息）

　　客户：没有了，就是用你们网站发消息。

　　电话销售人员：那您对公司目前的招聘状况满意吗？（问现状，看现状与客户期望是否有差距，客户是否满意）

　　客户：还可以吧，就是一些高端人才比较难招。

　　电话销售人员：哦，那您是不是希望能通过一种方式，让高端人才招聘也不那么费力呢？（询问客户的具体需求）

　　客户：当然啊，但是通过猎头公司的话招聘费用特别高啊！也没别的办法，难啊！（客户说出对现状的不满）

　　电话销售人员：哦，刘总，这个问题我倒有可能帮上您，我们网站首页的广告位可以帮您订一个。因为您肯定也知道，那样的高端人才一般都很少有时间专门去看一条条的招聘信息的……（得知客户需求后，推荐能够满足其需要的产品）